유교와 종교의 메타모포시스

이 저서는 2018년 대한민국 교육부와 한국연구재단의 지원을 받아 수행된 연구임
(NRF-2018S1A6A3A01042723)

메타모포시스 인문학총서 006

**유교와 종교의 메타모포시스**

초판 1쇄 발행   2020년 12월 30일

저   자 ㅣ  오지석 외
펴낸이 ㅣ  윤관백
펴낸곳 ㅣ  도서출판선인

등   록 ㅣ  제5-77호(1998.11.4)
주   소 ㅣ  서울시 마포구 마포대로 4다길 4 곳마루 B/D 1층
전   화 ㅣ  02) 718-6252 / 6257
팩   스 ㅣ  02) 718-6253
E-mail ㅣ  sunin72@chol.com

정가   26,000원
ISBN   979-11-6068-336-3   93100

· 잘못된 책은 바꿔 드립니다.

메타모포시스 인문학총서 006

# 유교와 종교의 메타모포시스

오지석 외

 도서출판 선인

숭실대학교 한국기독교문화연구원은 1967년 설립된 한국기독교문화
연구소를 모태로 하고 1986년 설립된 〈기독교사회연구소〉와 통합하여
확대 개편함으로써 명실공히 숭실대학교를 대표하는 인문학 연구원으
로 발전하여 오늘에 이르렀다. 반세기가 넘는 역사 동안 다양한 학술
행사 개최, 학술지『기독문화연구』와 '불휘총서' 발간, 한국기독교박물
관 소장 자료의 연구에 주력하면서, 인문학 연구원으로서의 내실을 다
져왔다. 2018년 한국연구재단의 인문한국플러스(HK+) 사업 수행기관으
로 선정되며 또 다른 도약의 발판을 마련하였다.

본 HK+사업단은 "근대전환공간의 인문학 - 문화의 메타모포시스"라
는 아젠다로 문·사·철을 아우르는 다양한 연구자들이 학제간 연구를
진행하고 있다. 개항 이래 식민화와 분단이라는 역사적 격변 속에서
한국의 근대(성)가 형성되어온 과정을 문화의 층위에서 살펴보는 것이
본 사업단의 목표다. '문화의 메타모포시스'란 한국의 근대(성)가 외래
문화의 일방적 수용으로도, 순수한 고유문화의 내재적 발현으로도 환
원되지 않는, 이문화들의 접촉과 충돌, 융합과 절합, 굴절과 변용의 역
동적 상호작용을 통해 형성되었음을 강조하려는 연구 시각이다.

본 HK+사업단은 아젠다 연구 성과를 집적하고 대외적 확산과 소통
을 도모하기 위해 총 네 분야의 기획 총서를 발간하고 있다. 〈메타모포
시스 인문학총서〉는 아젠다와 관련된 연구 성과를 종합한 저서나 단독

저서로 이뤄진다. 〈메타모포시스 번역총서〉는 아젠다와 관련하여 자료적 가치를 지닌 외국어 문헌이나 이론서들을 번역하여 소개한다. 〈메타모포시스 자료총서〉는 숭실대 한국기독교박물관에 소장된 한국 근대 관련 귀중 자료들을 영인하고, 해제나 현대어 번역을 덧붙여 출간한다. 〈메타모포시스 대중총서〉는 아젠다 연구 성과의 대중적 확산을 위해 기획한 것으로 대중 독자들을 위한 인문학 교양서이다.

동양과 서양, 전통과 근대, 아카데미즘 안팎의 장벽을 횡단하는 다채로운 자료와 연구 성과들을 집약한 메타모포시스 총서가 인문학의 지평을 넓히고 사유의 폭을 확장하는 데 기여할 수 있기를 바란다.

2020년 11월
숭실대학교 한국기독교문화연구원 HK+사업단장
장경남

 숭실대학교 인문한국플러스(HK+) 사업단은 아젠다인 〈근대 전환공간
의 인문학, 문화의 메타모포시스〉의 연구 성과를 집적하기 위해 2018년
5월부터 〈메타모포시스 인문학 총서〉 시리즈를 기획하였다. 이미 간행
된 책으로는 제1권 『한국기독교박물관 자료를 통해 본 근대의 수용과
변용』(2019)과 제2권 『근대 전환기 문학예술의 메타모포시스』(2019)와 제
3권 『메타모포시스 시학』(2019)과 『근대 사상의 수용과 변용 I 』(2020)이
있다. 이번에 발간하는 『유교와 종교의 메타모포시스는』는 이러한 작
업과 연속선상에 있다.

 본서는 숭실대학교 인문한국플러스 사업단의 아젠다인 〈근대 전환
공간의 인문학, 문화의 메타모포시스〉 연구 분과 중 '사유와 사상팀'이
그동안 축적하고 학술대회를 통해 발표된 연구 결과물을 중심으로 편
찬되었다.

 19세기에서 20세기에 이르는 시기는 일종의 전환기였다. 전환 공간
속에서 전근대적인 것들이 근대적인 것으로 변화하면서 우리들이 현
재 이해하는 인문학(Humanities)이 형성되었다. 세계를 이해하는 관점과
학문을 보는 시각이 연속성을 가지면서도 단절된 차원을 갖는 것으로
변용되었다.

 표제인 『유교와 종교의 메타모포시스』는 개항 이후 사상사에서 다

양한 영역의 주제가 외래문명 수용과정에서 겪게 되는 충돌과 변용 양상을 다룬 논문들을 모은 것이다. 특히 유교와 종교의 영역에서 이루어진 수용과 변용이라는 주제와 관련된 논문들을 취합하였다. 이러한 변용들을 『엥케이리디온』이나 『고백록』이라는 서양 고전을 통해서 확인하고 관용, 동도서기, 제사 음식이라는 소재를 통해서 논의하거나 최한기의 지구 지식, 예수회의 지리학, 강완숙의 죽음 등의 문제로 다루었다.

책의 구성은 주로 유교나 종교와 관련된 문제가 전근대에서 근대로 변용된 주제들로 이루어졌다. 먼저 오지석 교수의 「동양에 전해진 서양 고전(Classic)의 변용 - 에픽테토스의 『엥케이리디온』의 번안과 번역」은 마테오 리치의 『이십오언』에 나타난 에픽테토스의 『엥케이리디온』의 흔적을 추적하고 있다. 이것이 어떻게 유교적 사유와 만나서 수용되고 변용되었는지를 논의하고 그것이 조선에 전래된 과정을 논의하고 있다.

문시영 교수의 「『고백록』의 한국적 독해 - G. Engel(왕길지)를 중심으로」는 아우구스티누스의 『고백록』의 수용과 해석의 과정을 다루고 있다. 한국 교회가 어떻게 아우구스티누스를 수용했는지의 문제를 G. Engel(왕길지)의 "聖어구스듸노"에 주목하면서 논의한다. 이를 통해 아우구스티누스의 '회심'이 한국교회에 어떻게 전수되었는지를 다루고 있다.

차미란 교수의 「전통적 덕목으로서의 관용과 시민적 덕목으로서의 관용」은 도덕교육의 내용으로서 관용의 의미를 밝히고 있다. 관용이라는 덕목의 의미를 명료히 하고 그 덕목이 도덕교육의 내용으로서 가지는 의미를 논의하면서 서양 역사에서 '똘레랑스' 정신과 동아시아의 유교적 덕목을 비교하면서 논하고 있다.

심의용 교수의 「현대 사회에서 동도서기론(東道西器論)을 어떻게 볼 것인가」는 동도서기론을 김윤식과 관련하여 논의하고 있다. 마테오 리치가 중국에 천주교를 전파한 이래 중국, 조선, 일본에서는 논의의 맥락은 조금씩 다르지만 동도서기론이 논의되었다. 동도서기론은 동양과 서양의 경계가 무너지는 현대에서의 의미를 함께 논하고 있다.

　김문용 교수의 「최한기의 지구 지식은 어떤 문명론적 상상을 낳았는가」는 근대 사회가 형성되는 과정에서 세계관이 어떻게 변화되었는가를 최한기의 지리 지식과 문명관을 대비하면서 논의하고 있다. 여기서 서양 근대와 동아시아 전통의 만남이 있다. 최한기에게 새로운 지리 지식이 문명관에 어떻게 영향을 끼쳤는지를 살펴봄으로써 조선 사회의 근대적 전환에 대한 시각을 파악할 수 있다.

　김선희 교수의 「예수회 세계지도와 조선의 지적 변용」는 조선 말 유학자들에게 서학은 이학(異學)이면서 동시에 신학(新學)이었다는 점을 논의한다. 또한 낯선 신학이나 이질적인 이학의 수준을 넘어 전통 체계와 중첩되고 변용되었다는 점에 주목한다. 이런 사례를 세계지도와 관련하여 논의한다.

　김윤경 교수의 「'강완숙의 죽음'이 가진 종교적·여성사적 의미는 무엇인가」는 천주교 영향 아래 유교의 여성 규범이 어떻게 변용되는가를 다루고 있다. 1801년 강완숙의 죽음이 조선 사회에 불러온 정치 문화 사상적 측면을 고찰한다. 당대 지배층의 인식과 성리학적 세계관 안에서 한 여성의 인식변화를 바라보는 시각을 논의하고 있다.

　심일종 교수의 「유교 제사 음식의 메타모포시스」는 제사 음식이라는 독특한 소재를 다룬다. 특히 1980년대 이후 한국 유교제사 음식의 품목이 다양화되는 양상을 사회문화사적 측면에서 분석하는 것이다.

특히 조선후기 정조대에 접어들면서 처음 등장하는 '가가례'의 개념을 유교제사음식의 변용이라는 측면에서 논의한다. 유교가 근대 종교적 상황 아래 의례적 전환을 모색하는 과정에서 제수와 진설에 어떤 변화가 보이는지를 사회문화사적 측면에서 논의한다.

이번에 발간하는 『유교와 종교의 메타모포시스』는 근대 전환기 서구 문명이 수용되는 과정에서 겪게 되는 다양한 주제의 변용을 유교와 종교라는 사상계의 맥락 속에서 다루고 있다. 이런 주제들을 하나로 묶어 성과물로 내었다는 것이 중요한 성과라고 할 수 있다. 숭실대학교 인문한국플러스(HK+) 사업단은 지속적인 연구를 통해 〈메타모포시스 인문학 총서〉 시리즈를 연속적으로 발간할 예정이다. 연구자들의 많은 관심과 응원을 부탁드린다.

2020년 12월
숭실대학교 한국기독교문화연구원
HK+사업단장 장경남

# 차 례

# 동양에 전해진
# 서양고전(Classic)의 변용
### – 에픽테토스 『엥케이리디온』의 번안과 번역

오지석

# 동양에 전해진 서양고전(Classic)의 변용
## – 에픽테토스 『엥케이리디온』의 번안과 번역

## Ⅰ. 서양 고전의 소통(疏通)과 화통(和通)

16세기부터 시작된 동서양의 교류는 서양의 씨줄과 동아시아의 날줄이 겹치고 짜진 '서학'으로 나타났다. 특히 서양의 기독교(여기서는 가톨릭)를 전하기 위해 예수회 선교사들이 선교현장에서 사용했던 방법과 그들의 의식은 동아시아 세계에 낯선 서양의 학문을 만남의 위치가 어디여야 하는지 분명하게 이야기하고 있다.

전혀 새로운 문명에 접근하는 방식으로서의 적응주의 선교 방식은 알려진 대로 일본에 가톨릭을 전한 하비에르(또는 사비에르)가 일본의 문화적 장벽을 접하면서부터 시작되었다.[1] 이런 하비에르의 문화적 발

---

[1] 김혜경, 『예수회의 적응주의 선교』, 서강대학교출판부, 2012, 386쪽.

견은 발리냐노로 이어졌고, 발리냐노에 의해 적응주의 선교정책은 대화노선으로 수립되었다. 특히 발리냐노는 르네상스 시대에 고전을 통해서 진리를 발견했듯이 토착문화 속에서도 진리가 있을 수 있다는 생각을 하면서 그것을 '하나님의 말씀의 씨앗'으로 이해하였다.

이런 역사적 흐름은 마테오 리치에서 비롯된 문서선교의 계승으로 나타나 동아시아의 지식층 인물들에게 이어지게 되었다. 이 모습은 동아시아가 서양문화를 어떻게 접하게 되었는지에 대한 출발점이 되기도 한다. 또한 마테오 리치를 비롯한 예수회 선교사들은 타문화 또는 다른 종교 사상과 대화를 시도한 학술활동에서 갈등과 벽을 만들기보다는 갈등을 해소하고 서로가 이해할 수 있는 접점을 찾아보려고 시도하였다.

마테오 리치는 이러한 방식을 실천하기 위해 전혀 다른 믿음의 체계를 가지고 있는 중국(명나라) 관료집단, 엘리트 지배층에 가벼운 도덕에 관한 짧은 글들을 가지고 접근했다. 마테오 리치는 자신이 로마에서 교육받을 때 읽고 공부한 스토아 철학자 에픽테토스를 기억하고 그의 짧은 도덕적 언명이 담겨져 있는 『엥케이리디온』에 주목하였다. 그는 과감하게 축약하기도 하고, 순서를 바꿔가면서 중국어로 번역한 후 중국 지식인 사회와 소통을 시도하였다. 그 흔적으로 풍응경과 서광계의 『이십오언』의 서문과 발문을 들 수 있다. 특히 리치와 그들과의 교류는 '리치방식'이라는 동서문화교류의 전형이 되었다. 이 전형을 소통과 화통으로 이해하고자 한다.

우리말 사전은 '소통'을 "의견이나 의사가 서로 잘 전달되는 것", "막히지 않고 잘 통하는 것"이라고 뜻을 새긴다. 얼핏 보면 상통(相通)과 다를 바가 없는 것처럼 보이지만 김혜경의 이해처럼 소통은 어디까지나

주체가 객체를 향한 주체적 관점에서 접근하기 때문에 주체가 객체를 대상화하거나 편향된 관점에서 이해하려는 경우가 생길 수 있다. 콘텍스트를 무시된 채 텍스트만 가지고 자신들의 잣대로 해석하고 소통하면 할수록 그리스도와 기독교는 그 문화 속에서 말살당하고 말 것이다. 소통의 위험을 넘어 상통의 길을 나서다보면 '적응주의'의 한계에 마주친다.[2] 이를 극복하기 위해서는 '나와 너'의 차이를 넘어서 '우리'로 하나가 되는 것을 지향할 수 있어야 할 것이다. 이것을 화통(和通)이라고 할 수 있을 것이다. 이러한 입장은 '나'만을 고집하지 않고 '너'에게 다가가 '더 큰 묶음'을 만들어 내는 자세가 필요하다는 것이다. 기독교 선교와 문화교류의 경계에서 상대방에 대한 존중을 토대로 하는 모습을 서양의 고전인 에픽테토스의 『엥케이리디온』을 발췌 번안해서 중국어로 소개한 마테오 리치의 『이십오언』에서 만나 보려한다.[3]

---

[2] 위의 책, 390~397쪽 참고.

[3] 서학윤리사상은 예수회의 문헌 특히 마테오 리치의 문서 속에서 시작된다. 특히 이지조가 편찬한 『천학초함』에 들어있는 『천주실의』, 『교우론』, 『25언』에 나타난 서양 스콜라시대의 윤리사상과 스토아 윤리사상에 대한 연구가 선행되어야 한다. 이를 위해서는 헬레니즘 시대의 스토아 윤리사상과 중세시대의 윤리사상에 대한 연구자료를 살펴볼 필요가 있다. 특히 에픽테토스의 사상과 기독교 신학사상과 접점을 살펴본 Boter G.의 *The Encheridion of Epictetus and its Three Christian Adaptations* 그리고 마테오 리치의 『25언』과 에틱테토스의 『엥케이리디온』의 상호 연관성을 밝혀낸 스팔라틴 신부의 *Matteo Ricci's Use of Epictetus*(1975), 김재홍의 『엥케이리디온』 번역과 연구와 『왕보다 더 자유로운 삶』(2013), 송영배의 『이십오언』(2000)번역 그리고 최근 김상근이 발표한 「스토아 철학과 명말(明末) 불교의 혼동－에픽테토스의 『엥케이리디온』을 『二十五言』으로 번역했던 예수회 선교사 마테오 리치의 선교 방식에 대한 의미론적 고찰」(2014) 그리고 히라카와 스케히로의 『마테오 리치』(2002)는 동·서 윤리사상의 만남의 자리가 어딘지에 대한 좋은 길잡이라고 할 수 있다. 이것을 바탕으로 삼아 서학윤리사상에 대한 본격적인 연구가 진행될 수 있을 것이다. 지금까지의 서학윤리사상 연구 경향을 보면 『천주실의』에서 나온 스콜라 윤리사상, 특히 토마스주의와 조선 유학자들 가운데 다산 정약용의 윤리사상을 비교하는 것, 동양윤리의 개념 가운데 마테오 리치가 어떻게 사용했는가에 국한되어 있다. 이런 연구를 바탕으로 해서 단순한 외래사상이 아니

## Ⅱ. 『이십오언』을 통해 만난 『엥케이리디온』

"존재하는 것들 가운데 어떤 것들은 우리에게 달려 있는 것들이고, 다른 것들은 우리에게 달려 있는 것들이 아니다." - 에픽테토스, 『엥케이리디온』 (김재홍 역, 2013), 제1장

"대상 사물에는 나에게 달려 있는 (주체적인) 것도 있고, 나에게 달려 있지 않은 (객체적인) 것도 있습니다."(物有在我者, 有不在我者) - 마테오 리치, 『二十五言』(송영배 역, 2000)

"사물 중에는 나에게 있는 것이 있고 나에게 없는 것이 있다." - 마테오 리치, 『二十五言』(하라카와 스케히로/노영희 역, 2002) 〈요체〉 1장

### 1. 에픽테토스와 『엥케이리디온』

에픽테토스는 가난한 노예로 태어나 평생을 절름발이로 살았으나 '왕보다 더 자유로운 삶[4]'을 살았다. 그는 '견뎌라 또 인내하라(anechou kai apechou)!'를 좌우명으로 삼고 살았다. 오늘 '정신적으로 병들고, 세상의 노예처럼 살아가야 하는' 우리에게는 비록 몸은 절름발이 노예로 살아서 외적 자유를 제한 받았지만 진정한 자유를 얻고, 그러한 삶을 산 에픽테토스를 주목할 충분한 이유가 있다.

서태(西泰) 마테오 리치는 『이십오언』을 통해 서양과는 전혀 새로운 세계에 이미 자리 잡고 있는 종교(불교)와 비교하며, 유교와 대화하면서 소통과 존중의 모습에 이르고자 하였다. 마테오 리치의 소통을 넘어

---

라 서양의 사상(기독교사상)이 어떻게 한국사회에 메타모포시스적으로 접목되어 가는가에 대한 연구로 전환할 필요가 있다.

[4] 김재홍은 『엥케이리디온』을 새롭게 번역하면서 그 책의 제목을 『왕보다 더 자유로운 삶(ho eleueros bios mallon e ho Basileus) ─ 에픽테토스의 『엥케이리디온』』이라 하였다.

화통에 이르고자 하는 태도에서 갈등과 경쟁 그리고 폭력으로 물든 한국 사회에서 기독교윤리가 어디에 있어야하는지에 대한 실마리를 찾을 수 있다. 왜냐하면 마테오 리치는 르네상스 휴머니즘의 전통을 따라 인문학적 접근을 통해 동서양, 서로 다른 믿음의 체계 속에서도 서로 갈등하고 존중하면서 살아갈 수 있는 지혜를 우리에게 소개하고 있기 때문이다. 그렇다면 마테오 리치가 동아시아에 소개한 에픽테토스는 어떤 사람인가?

에픽테토스(Epictetus)는 노예와 신의 친구라는 말로 표현할 수 있는 스토아 철학자이다. 그의 이름에는 '획득했다' 또는 '곁다리로 얻은' 업둥이라는 의미가 담겨져 있다고 한다. 당시 대부분의 철학자들의 경우처럼 에픽테토스의 생애에 대한 정확한 정보를 얻을 수 없다. 그는 터키 서남쪽의 피뤼기아 지방의 히에라폴리스에서 기원후 50~60년 경에 태어나 130년 경(혹은 135년 경)에 죽은 것으로 알려져 있다. 『수다(Souda)』라 알려진 고대 역사 백과사전에는 그에 대해 "피뤼기아의 히에라폴리스(현재의 터키 파묵칼레)에서 태어났고, 네로 황제의 경호원 가운데 한 사람인 에파프로디투스의 노예였으며, 류머티즘으로 말미암아 다리를 절었고, 마흔 살 쯤에 아드리아 해 부근 에페이로스(Epeiros)지방의 니코폴리스(Nicopolis)에 정착해 마르쿠스 아우렐리우스 치세에 이르기까지 살았고 많은 것을 썼다."고 전하고 있다.[5] 우리가 알다시피 '스토아학파'라는 이름은 철학자들이 즐겨 토론하던 건물의 형태, 긴 낭하에 기둥만이 세워져 있는 건물의 이름에서 유래한다. 특히 전기 스토아학파를 열었던 철학자들의 원래 작품들은 다 없어지고, 철학사가나 전기 작가들이

---

5) 김재홍, 『왕보다 더 자유로운 삶』, 서광사, 2013, 280~281쪽.

동양에 전해진 서양고전(Classic)의 변용 • 21

전해주는 정보를 통해서 그 조각들을 퍼즐처럼 맞추고 있다. 이에 비해 에픽테토스는 그의 문하생이었던 아리아누스의 덕분에 우리에게 그의 생각을 전하고 있다. 그의 생각은 '소크라테스 사상'의 계승으로 여겨지기도 한다. 그를 사로잡았던 것은 소크라테스의 '검토되지 않는 삶은 살 만한 가치가 없다'라는 삶의 모토다. 이것은 에픽테토스의 삶의 규범이 되었고, 실천으로서의 철학함이라는 철학자로서의 삶을 보여준다.

에픽테토스의 생각을 이해하기 위해서는 아리아누스가 전하고 있는 『대화록』과 『엥케이리디온』을 읽어야 한다. 『대화록』은 모두 8권으로 편집되었으나 오늘날 전해지는 것은 4권의 형태로 전해지고 있다. 『엥케이리디온』은 그것을 53장으로 요약한 것이다. 엥케이리디온(encheiridion)이라는 말은 '손 안에 든 작은 것(en + cheiros + dion)'[6]을 의미한다. 이런 방식은 고대 그리스와 중세에도 많이 사용되었다. 그래서 이것은 책의 제목이라기보다는 편집양식 또는 서술양식을 이야기한다고 할 수 있다. 그래서 이 책을 매뉴얼(Manual of Epictetus)이라고도 한다. 그렇다면 이 책은 무엇에 대한 매뉴얼인가? 이 책은 우선 에픽테토스의 생각에 대한 매뉴얼이라고 이해할 수 있다. 또한 이 책의 내용은 도덕에 대한 언명으로 되어 있다. 그래서 굳이 이름을 붙인다면 '에픽테토스의 도덕에 관한 작은 책' 또는 '도덕 교본', '도덕 교과서'라 할 수 있다. 이 책은 기독교인들이나 세속사람들 모두에게 꽤나 오랫동안 중요한 책으로 여겨졌다. 그래서 이 책은 『성경』이 보급되지 않은 초기 기독교인들이

---

6) '엥케이리디온'은 두 가지 문자적 의미가 있다. 그 하나는 '손 안에 든 작은 것'이며 '소책자', '매뉴얼, 소책자' 등으로 이해할 수 있다. 또 다른 의미는 '소책자', '매뉴얼'에서 도출될 수 있는데, 그것은 '입문서'이다. 이 둘을 합치면 '엥케이리디온'은 '입문적 소책자'라 할 수 있다(이창우, 「왕보다 자유로운 노예의 삶은 어떻게 가능한가?」 - 에픽테토스, 『엥케이리디온: 도덕에 관한 작은 책』, 김재홍 옮김, 까치, 2003」, 『인간연구』 5, 서강대학교 인간학연구소, 2003, 279쪽 참고).

늘 손에 지니고 다니면서 애독했고, 중세 시대 수도원 전통에서 키케로의 『의무론』이나 세네카의 『도덕 서한』처럼 널리 읽혀졌다. 1497년에는 그리스어에서 라틴어로 옮겨져 이탈리아 볼로냐에서 출간되었다. 또한 이 책은 1528년 심플리시우스(Simplicius)의 주석과 함께 베니스에서 헬라어로 출판되었고, 1567년에는 영어로 번역되었다. 그리고 이 책은 기독교의 영향 아래 근대에 이르기까지 꾸준히 대중에게 사랑받아 오고 있으며 교부 신학자 오리게네스나 사상가 파스칼에게도 영향[7]을 미쳤을 뿐만 아니라 스코틀랜드에서는 스코틀랜드 계몽운동 중에도 공립 초등학교에서 교과서로도 사용되었다.[8]

에픽테토스의 『엥케이리디온』은 내용에 따라 네 부분으로 나눌 수 있다.[9] 제1장에서부터 제21장까지는 '우리에게 달려 있는 것과 달려 있지 않은 것', 제22장에서 제29장까지는 '철학을 공부하는 과정에 있는 학생들에 대한 충고', 제30장에서 제47장까지는 '적합한 행위들의 발견을 위한 충고', 제48장에서 제53장까지는 '가르침의 실천에 관한 결론'으로 구성되어 있다.

에픽테토스는 『엥케이리디온』에서 부질없는 인간의 욕망이나 감각 혹은 명예욕에 휘둘리지 않는 삶을 위해 관조적 삶의 방식을 제안한다. 그래서 그는 '자유로운 삶'에 대해 많은 언급을 하고 있다. 에픽테토스의 금욕적이고 영적인 스토아 사상은 기독교의 윤리도덕 규범과 중첩된다. 이런 모습 때문에 그의 생각에 『신약성서』나 기독교적 사상이 연관되어 있으리라고 이해하는 학자들도 등장한다.[10] 그가 히에라폴

---

[7] 이 부분에 대한 최근 우리말 연구는 신경수의 「에픽테토스의 도덕론에 대한 파스칼의 수용」, 『철학논총』 83:1, 새한철학회, 2016이 있다.

[8] https://en.wikipedia.org/wiki/Enchiridion_of_Epictetus

[9] 김재홍의 번역본의 내용을 따라 사용함.

리스에서 유년시절을 보낼 때 기독교의 영향을 받은 텍스트들이나 사상을 읽거나 접했을 수도 있다. 하지만 직접적으로 그에게 기독교적 사유방식 또는 신앙이 영향을 주었는지에 대해서는 단언하기 어렵다. 그렇지만 기독교인들『엥케이리디온』을『성경』처럼 여기고 많이 애독했다. 그 한 예로 파스칼(Blaise Pacal, 1623~1662)을 들 수 있을 것이다.『팡세』로 유명한 파스칼은 에픽테토스를 통해 '신의 길'을 배웠다고 고백한다. '신의 길'은 진리에로의 길이다. 그에게 신은 언제나 숨어 있는 하나님이었다. 그는 '인간의 의무'와 인생의 주된 목적으로서 '신을 바라봄'에 대한 뛰어난 이해를 했고 에픽테토스를 찬양한다.[11] 파스칼은 『엥케이리디온』을 자주 인용하면서『드 사시 씨와의 대화(l'Enteretien avec M. de Sacy)』와『팡세』를 이어간다.

---

10) 에픽테토스는 두 명의 명사 기옴 뒤 베르와 장 골루에게서 세례를 받았다고 한다. A. A. Long, *Epitetus: A Stoic and Socratic guide to life*, Calendon Press, 2002, p.263; 신경수,「에픽테토스의 도덕론에 대한 파스칼의 수용」,『철학논총』83, 새한철학회, 2016, 174쪽에서 재인용.

11) 파스칼의 이런 흔적은 사시의 비서 니콜라스 퐁텐느가 기록한 파스칼과 라 메스트레 드사시(1313~1684) 사이의 대화를 묶은『드 사시 씨와의 대화(l'Enteretien avec M. de Sacy)』에서 잘 드러나는데, 이 책은 7장으로 구성되어 있다. 제1장은 에픽테토스의 윤리학의 주해로서 윤리학의 진수는 최고선 즉, 신에게서만 찾을 수 있기 때문에 사람은 하나님에게 복종해야 한다고 주장한다. 제5장에서 에픽테토스와 몽테뉴 양쪽에 대한 평가, 제7장에서 파스칼은 에픽테토스와 몽테뉴에 대한 상대적 유용성을 언급한다. 파스칼은 에픽테토스를 '인간의 의무들'을 가르치는 교사로 평가하며, 에픽테토스의 텍스트들을 효과적으로 개작하여 에픽테토스의 스토아주의를 아우구스티누스의 생각에 알맞게 각색하는 데 주저하지 않았다(위의 논문, 164~175쪽 참고).

## 2. 마테오 리치의『엥케이리디온』이해

마테오 리치는 왜『엥케이리디온』을 주목했을까? 그 이유를 알기 위해서는 16세기 예수회의 회헌과 교육에 대한 이해가 필요하다.[12] 또한 당시 유럽을 지배하던 르네상스와 휴머니즘의 정신과도 맥을 같이 하고 있다. 꼴레지오마노는 예수회의 가장 중요한 교육기관이며 다른 모든 예수회 교육기관의 모범이었다. 예수회 신학생들의 교육과정은 2년의 수사학, 3년의 철학, 그리고 3년의 신학 연학기로 구성되어 있다. 리치는 수사학을 공부하면서 라틴 고전을 배웠고, 그리스 고전 또한 배웠다. 특히 그는 키케로의 문체를 따랐는데 이것의 흔적은『교우론』과『서국기법』이라는 중국어 저서로 남아있다.

3년의 철학 과정에서 리치는 논리학, 윤리학, 아리스토텔레스의 형이상학, 세네카와 에픽테토스를 비롯한 여러 스토아학파의 윤리학을 공부했다. 또한 예수회의 교육과정에 있어서 수학적 지식은 신학을 배우기 전에 반드시 이수해야만 하는 필수과목이었다. 이것은 훗날 유클리드의 기하학을 동아시아 세계에 전해주는 계기가 되기도 했다.

마테오 리치는『이십오언』의 저본이 된『엥케이리디온』을 어떻게 이해했을까? 마테오 리치는『엥케이리디온』의 저자가 에픽테토스라고 이름을 밝히지 않고 '도덕에 관한 작은 책'이라고『이십오언』을 이야기한다.

마테오 리치의『엥케이리디온』이해의 한 측면으로 에픽테토스가 '내

---

12) 이 분야에 대한 연구는 김상근,『동서문화의 교류와 예수회 선교역사』, 한들출판사, 2006; 심종혁,『초기 예수회의 교육과 마테오 리치의 선교활동』, 서강대학교 신학대학원, 2010; 국제학술심포지엄,『동서양 문명의 만남, 도전과 기회 - 예수회 선교사 마테오 리치 서거 400주년을 기념하여』, 2010을 살펴볼 필요가 있다.

면의 자유'와 자신의 '영혼을 돌볼 것'을 철학의 덕목으로 삼은 데 반하여 인간의 '자유'에 대한 갈망보다는 인간의 외면적인 행위를 규제하는 도덕원칙을 소개하려는 데 주안점을 두었다고 해석[13]한 김재홍의 지적은 타당하다.

리치는 『엥케이리디온』에서 가장 중요한 제1장 "우리에게 달려 있는 것과 달려 있지 않은 외적 대상을 어떻게 다룰 것인가에 대해서"를 『이십오언』의 제1언에 배치함으로써 스토아 철학의 진수 가운데 하나인 에픽테토스의 사상을 전하고 있다. 하지만 스토아 철학 전문용어를 중국어로 옮기는 것이 쉽지 않았기 때문에 중국인들이 이해하기 쉬운 '유교' 언어를 선택해서 그 사상을 충분히 전하는 데 어려움이 있었을 것이다. 그 예로 에픽테토스의 핵심어라 할 수 있는 '노예적인 것, 자유로운 것'이라는 표현이 등장하지 않고 "본성적으로 노예적인 것들을 자유로운 것으로 생각하고, 또 다른 것에 속하는 것들을 너 자신의 것으로 생각한다"라는 구절이 제대로 구현되지 않았다.

또 그는 『엥케이리디온』 제17장을 거의 그대로 『이십오언』의 제17언에 배치한다. 이 장은 마르쿠스 아우렐리우스도 『명상록』에서 인용한 것으로 널리 알려져 있다. 또한 자신이 젊은 시절 배웠고, 익히 잘 알고 있는 것을 옮겼다고 할 수 있다.

그는 『엥케이리디온』 제49장에서 '이론보다는 실천을 보여라'는 주제를 제21언에 옮겨 놓고 있다.

마지막으로 에픽테토스는 제52장에서 학문을 세 가지 영역으로 나누고 그 가운데 가장 중요한 실천의 영역을 이야기한다. 리치는 이 장

---

13) 김재홍, 앞의 책, 409쪽.

을『이십오언』의 제일 마지막 25언에 다음과 같이 시작하면서 옮긴다. "학문의 요체는, 첫째는 실천에 있습니다(第一在乎作用). 일을 (몸소) 실천한다면, 옳지 못한 것은 하지 않습니다."

마테오 리치는『엥케이리디온』에 나타난 에픽테토스의 강조점 '철학의 탐구에서 제일 중요한 첫째 영역인 실천적-도덕적 영역'에 대한 이해를『이십오언』을 통해 펼치고 있다. 그는 실천에 대한 강조를 "행하는 바가 전부 (도리가) 아니면서, 그것을 입으로만 비판해서는 안됩니다."라고 옮기고 있다.

여기서는 에픽테토스의『엥케이리디온』을 마테오 리치가 자신의 선교적 판단에 의해 발췌 번안을 한『이십오언』을 살펴보자.

## 3. 동서양 사상이 소통하고 화통하는 자리 :『이십오언』

"저는 수중에 전혀 책이 없습니다. 그래서 이곳에서 인쇄한 문장의 대부분은 기억으로 썼을 뿐입니다."- 마테오 리치의 보고서
"마테오 리치 선생이 많은 서양서적을 가지고 있었는데 빨리 중국어로 번역되어야 한다." - 서광계의 발문

마테오 리치의『이십오언』을 이해하기 위해서는 마테오 리치의 문서선교의 성격 또는 전략에 대한 선이해가 필요하다. 그는 자신이 알고 있는 지식을 총동원한 기독교 교리 교육을 통해 중국 관료들 사회에서 행해지는 일부다처제의 삶을 일부일처제로 정착시키는 윤리적 변화를 이끌어 동서양 문명을 잇는 가교가 되었다.[14]

리치는 베이징에 정착하게 되면서 본격적으로 중국어로 집필하기

---

14) 김혜경, 앞의 책, 254쪽.

시작한다. 그가 중국어로 중국어 책을 집필한 이유는 기독교 교리와 윤리에 관한 저서들이 중국인 문인 학자, 관료나 회심자 및 예비 신자와 기독교에 친밀함 또는 긍정적인 태도를 보인 사람들만을 위한 것이 아니라 기독교 신앙을 반대하거나 적대적 행태를 보이는 사람들을 대상으로 한 것이기 때문이기도 하다.

그의 문서선교의 전략은 크게 세 가지로 설명할 수 있다. 첫째, 리치는 토착 문화에 대한 깊은 이해와 인식에 따라 책을 출판하였다. 자신이 직접 경험한 것만을 기록, 출판하는 것을 원칙으로 삼았다. 그렇지 못할 경우, 달리 말해 번역자와 해설자의 도움을 받을 경우에는 충분히 대화와 토론을 거쳐 저술하였다. 둘째, 리치가 낸 많은 서학서들은 선교를 최우선으로 삼았다. 선교에 방해가 된다면 거기서 멈추었다. 셋째, 리치는 중국인뿐만 아니라 동아시아 및 한자를 이해하고 사용하는 문화권에서 최상의 선교방식은 서적이라고 생각했다. 왜냐하면 외국인 배척과 해금정책으로 선교사의 활동이 자유롭지 못하고, 선교사가 닿지 못하지만 서적은 유통되는 동아시아의 전통을 이해하였기 때문이다.[15] 이런 특징은 동서양 윤리사상이 소통하고 화통할 수 있는 물꼬를 튼 계기가 되었다.

마테오 리치의 『이십오언』은 어떤 책일까? 에픽테토스의 『엥케이리디온』을 중국어로 부분 발췌해 선교적 판단에 의해 번안까지 한 책이다.[16] 김재홍은 마테오 리치의 기억이 비상해서 『엥케이리디온』 전체를 줄줄이 암기[17]하고 있었으나 에픽테토스의 말과 공자가 전하는 '유

---

15) 위의 책, 254~257쪽.

16) 김재홍은 리치의 『이십오언』에 대해 에픽테토스의 『엥케이리디온』을 부분번역하면서 '발췌해서 소개한 것'이라고 언급한다. 김재홍, 앞의 책, 407쪽.

17) 서양고대에서는 원전 필사본을 읽은 것을 기억해 두었다가 나중에 기록한다거나,

교'적 어록이 유사성이 있다고 보고, 독자들을 기독교로 개종시킬 목적을 염두에 두고 있었기 때문에 가급적 당시 중국인이 이해할 수 있는 만큼의 한계 내에서 옮겼을 수도 있다고[18] 『이십오언』의 성격을 규정하기도 한다. 이에 비해 김상근은 서광계의 서문에 의하면 원전을 직접 보며 번역하였다고 추정할 수 있으며, 에픽테토스의 『엥케이리디온』을 완전히 새롭게 각색한 것으로 본다. 그는 그 이유로 원저자의 이름이 생략되었고, 스토아 철학의 핵심 내용을 완전히 기독교의 교리와 신앙체계로 변형시켜 중국인들에게 소개했다고 생각한다.[19]

『이십오언』은 유럽인들이 자신들의 땅이 아닌 곳에서 야만의 세계, 비이성적인 세상을 만난 것이 아니라 자신들과 다를 바가 없는 인간문화를 접하고 이성적이고 도덕적인 사유양식과 관습을 만나는 경험을 옮긴 서학의 윤리서이며 동아시아인에게 아직 접하지 못했던 새로운 세상과 윤리 사상을 열어 준 열쇠라 할 수 있다.

『이십오언』으로 『엥케이리디온』을 만나다보면 서로 어떤 부분이 같고 다른지 대조하고 싶어진다. 이 부분을 정리한 사람이 스팔라틴 신부이다. 그의 분석에 따르면 이 두 책의 관계를 다음처럼 표로 정리할수 있다.

---

혹은 누구누구의 책으로 그 기록을 보았다는 표현으로 다시 옮겨 자신의 책에 적어 두는 일이 아주 흔했다.

18) 위의 책, 408쪽.

19) 김상근, 「스토아 철학과 명말(明末) 불교의 혼동 - 에픽테토스의 『엥케이리디온』을 『二十五言』으로 번역했던 예수회 선교사 마테오 리치의 선교 방식에 대한 의미론적 고찰」, 『선교신학』 35, 한국기독교학회 선교신학회, 2014 참고.

| 『이십오언』 | 『엥케이리디온』 |
|---|---|
| 제1언 | 11 |
| 제2언 | 2 |
| 제3언 | 25 |
| 제4언 | 상응하는 문장이 없음 |
| 제5언 | 22의 일부 |
| 제6언 | 3 |
| 제7언 | 12 |
| 제8언 | 22 |
| 제9언 | 6 |
| 제10언 | 11 |
| 제11언 | 10? |
| 제12언 | 15 |
| 제13언 | 31? |
| 제14언 | 43 |
| 제15언 | 34 |
| 제16언 | 19를 주로 함 |
| 제17언 | 17 |
| 제18언 | 41 |
| 제19언 | 26 |
| 제20언 | 37 |
| 제21언 | 49 |
| 제22언 | 33, 38 |
| 제23언 | 20, 42 |
| 제24언 | 46 |
| 제25언 | 52 |

리치의 주장이 에픽테토스의 주장과 나란히 이어진 것은 제1언과 제2언뿐이다. 뒤의 것들은 순서가 흩어져 있다. 순서만 이처럼 흐트러진 것이 아니다. 『엥케이리디온』이 『대화록』을 요약한 것이라고 하지만 중국어로 된 『이십오언』은 53개로 구성된 『엥케이리디온』을 25로 축약

한 것이다.[20] 리치는 『엥케이리디온』의 일부만을 사용하거나 고대 그리스의 예를 고대 중국의 고전이나 예로 바꾸었다. 뿐만 아니라 에픽테토스의 스토아적 발상을 중국 선비들의 취향에 맞도록 재배치하고 있다. 이것은 리치의 선교전략과 그 맥을 같이 한다.

그렇다면 한국에서 『이십오언』을 만난다면 어떻게 만났을까? 『이십오언』에 대한 조선 후기의 기록은 이벽이 이승훈에게 부탁하여 북경에서 구입한 『천주실의』, 『칠극』, 『이십오언』이 수록된 『천학초함』 등의 서적을 탐독했다는 것과 1791년 서학서 소각사건에 그 목록이 나와 있는 것이 전부이다.[21] 20세기에 들어서 마테오 리치의 『이십오언』을 만나게 된 것은 한국에서 예수회 신부로 활동한 Christopher Spalatin의 "Matteo Ricci's Use of Epictetus' Encheiridion," *Gregorianum* 56, no.3(1975)을 통해 『이십오언』 존재에 대해 관심을 갖게 되었고, 소현수의 『마테오 리치—동양과 서양의 정중한 만남』(서강대학교 출판부, 1996) 부록에 Christopher Spalatin의 영역을 다시 번역한 것과 송영배 역주의 『교우론, 스물다섯 마디 잠언, 기인십편—연구와 번역』(서울대학교 출판부, 2000), 그리고 히라카와 스케히로의 『마테오 리치—동서문명교류의 인문학 서사시』(노영희 옮김, 동아시아, 2002) 등에 의해서이다. 그리고 21세기의 만남은 김재홍과 김상근의 연구에 의해서 이다.

그렇다면 마테오 리치의 에픽테토스의 윤리사상의 소개를 우리는 어떻게 이해할 수 있을까? 21세기 세상은 소통보다는 불통이 낯설지 않다. 그리고 한국사회는 일방적이고 폭력적인 방법이 난무하고 있다.

---

[20] C. Spalatin 신부와 하라카아 스케히로의 연구에 따르면 마테오 리치는 『엥케이리디온』 총 53장 가운데서 26장 가량을 부분적으로 발췌한 것으로 추정할 수 있다.

[21] 오지석, 「조선후기 지식인 사회의 서학 윤리사상 수용과 이해」, 숭실대학교 박사학위논문, 2010, 139~140쪽.

그래서 주체와 객체가 명확하게 구분되어서 모종의 결함을 품고있는 소통(疏通)보다는 '나와 너'의 차이를 인정하고 존중하는 상통(相通)을 넘어 나와 너의 부족함을 서로가 메워주고 협력하는 가운데 융합을 모색하는 화통(和通)이 필요하고 그런 윤리가 등장해야 할 것이다. 그러기 위해서는 한국의 기독교 지도자들은 16세기 동아시아 건너온 이탈리아의 선교사 마테오 리치가 보여주었던 먼저 문화인이 되고, 하나님의 선교를 위해 그 대상이 되는 사람을 이해하고 더불어 살기 위해서 인문학적 태도와 방식을 체득해야 할 것이다. 그럴 수 있는 실마리를 『엥케이리디온』과 『이십오언』에서 발견할 수 있을 것이다.

## Ⅲ. 이질적 문화를 수용하고 변용하는 과정

　서양의 씨줄과 날 줄로 짜여 졌다고 생각하기 쉬운 기독교윤리 분야에 서양의 씨줄과 동아시아의 날줄이 겹치고 짜진 윤리사상이 존재하고 있음을 우리는 지난 역사와 문화의 현장에서 발견할 수 있다. 우리가 알다시피 우리의 윤리사상 또는 윤리관을 형성하는 과정에서 불교나 유교를 비롯한 종교의 영향이 매우 컸다는 것을 부인할 수 없다. 하지만 기독교의 경우는 다르다. 특히 기독교 윤리의 경우는 더욱 그러하다. 한국사회에서 기독교 윤리는 예로부터 전해온 것도 아니고, 스스로 깨우친 학문도 아니며 생활 속에서 친숙함이 묻어나오는 것도 아니다. 기독교는 서양인 선교사들이 동아시아에 건너와 전파한 종교다. 기독교 윤리도 이들의 활동과 무관할 수 없다. 그리고 번역22)이라는

---

22) 사카이 나오키는 『번역과 주체』 서론에서 '말걸기(to address)'와 '전달하기(to communicate)'

작업을 통해 전해졌다는 것에 주목할 필요가 있다. 또한 기독교는 서양의 학문과 동양의 경전, 고전을 번역 소개하거나, 타종교의 교리와 핵심 개념에 기독교적 관점을 투사하여 해석하는 형태로 동아시아 세계와 만났다. 우리가 수용해서 사용하고 있는 많은 기독교 용어 또는 기독교의 사상을 표현하기 위한 언어들은 앞서 언급한 예수회 선교사들의 활동이 없었으면 불가능했을지도 모른다.

서양의 기독교(여기서는 가톨릭)을 전하기 위해 예수회 선교사들이 선교현장에서 사용했던 방법(적응주의 선교방식)과 그들의 의식은 기독교윤리의 위치가 어디에 서있어야 하는지에 대해 의미하는 바가 크다. 특히 마테오 리치는 이러한 방식을 실천하기 위해 전혀 다른 믿음의 체계를 가지고 있는 동아시아인 특히, 중국(명나라) 관료집단, 엘리트 지배층에 가벼운 도덕에 관한 짧은 글들을 가지고 접근했다. 그것 가운데 하나가 『이십오언(二十五言)』이다. 마테오 리치는 자신이 로마에서 교육받을 때 읽고 공부한 스토아 철학자 에픽테토스를 기억하고 그의 짧은 도덕적 언명이 담겨져 있는 『엥케이리디온』에 주목하였다. 이 책은 『성경』이 보급되지 않은 초기 기독교인들이 늘 손에 지니고 다니면서 애독했고, 중세 시대 수도원 전통에서 널리 읽혀졌다. 이 책은 기독교의 영향 아래 근대에 이르기까지 꾸준히 대중에게 사랑받아 오고 있으며 교부신학자 오리게네스나 사상가 파스칼에게도 영향을 미쳤다. 16세기 르네상스 휴머니즘의 환경 속에서 자란 리치가 예수회의 신학교육을 받

를 이야기하면서 말걸기는 수행표현으로서 그 행위가 달성되는 사태를 배제하는 반면 후자는 그 행위가 달성되는 사태를 예상하고 있다. 그렇기 때문에 '말걸기'는 '전달하기'에 선행해야 한다. 그리고 '말걸기'가 '전달하기'와 구별되는 것은 말을 거는 행위가 메시지의 목적지 도달을 보장해주지는 않는다는 것이다(사카이 나오키, 후지이 다케시 옮김, 『번역과 주체』, 이산, 2005, 49~50쪽). 사카이 나오키의 이런 생각은 예수회 선교사들의 번역작업을 이해하는 데 도움이 된다.

는 동안 특히 3년의 철학 과정에 포함된 세네카, 에픽테토스를 비롯한 여러 스토아학파의 윤리학을 배웠음에도 주목할 필요가 있다. 마테오 리치는 에픽테토스의 『엥케이리디온』(53장)을 가족의 경제적 안정과 개인의 도덕성 계발에 관심을 둔 중국인들이 아주 쉽게 받아들일 수 있도록 과감하게 축약하기도 하고, 순서를 바꿔가면서 중국어로 번역하고 때론 첨언하면서 25장으로 구성된 짧은 글로 소개한다. 그 이유는 윤리서-과학서-종교서 순서로 편찬한 리치의 문서선교 방식과 맞물리기 때문이다. 리치는 '자아'의 회복, 신독(愼獨)에 대해 도그마와 교리의 형태가 아닌 상담하거나 견해를 밝히는 형태로 『이십오언(二十五言)』을 기술했다. 그는 다른 종교나 종파에 대한 논의를 전혀 하지 않고 덕행에 관한 이야기를 스토아 학풍으로 말하지 않고 있는 『이십오언』으로 중국 지식인 사회와 소통을 시도하였다. 풍응경과 서광계의 『이십오언』의 서문과 발문이 그 흔적이다. 에픽테토스의 『엥케이리디온』과 마테오 리치의 『이십오언』을 비교해보면 그 순서가 흐트러져 있을 뿐만 아니라 『엥케이리디온』의 일부분만을 사용하거나, 고대 그리스의 예를 고대 중국의 예로 바꾸거나, 에픽테토스의 스토아적 발상을 중국 선비들의 취향에 맞도록 재배치하고 있다. 그렇기 때문에 마테오 리치의 『이십오언』은 에픽테토스의 『엥케이리디온』의 번역이 아니라 동양의 고전들을 이용하면서 척불보유론(斥佛補儒論)의 전략이 잘 드러나게 치밀하게 번안되었다고 할 수 있다. 『이십오언』에 나타나 있는 스토아 윤리의 가르침은 유교적 전통과 실천적 덕의 지혜와 어울리는 것 같다. 리치는 『이십오언』에서 교리를 가르치기 보다는 신독의 생활을 하려는 이들에게 그 문제를 어떻게 해결할 수 있는지 그리고 도덕적으로 잘 살아갈 수 있는 지에 대한 물음에 답을 준다. 『이십오언』은 스토아주의, 유학, 그리고 기독교라는 확실히 서로 전혀 다른 전통 속에서도 같은 토대의 도덕철학과 덕의 수행을 위해 만나고 나눌 수 있다고 주장한다. 선교사인 리치가 기독교와 양립할 수 있는 것으로 서양 고대의 휴머니즘 작품에 주목한 것은 리치가 기독교와 양립할 수 있는 것으로서 중국의 유교 고전에 주목한 것과 동일한 시각이었다. 마테오 리치의 『이십오언』에서 상대방에 대한 존중을 토대로 하는 사상 그러한 생각이 이질적인 문화의 수용과 변용을 가능하게 하였다.

# 『고백록』의 한국적 독해
## - G. Engel(왕길지)를 중심으로

문시영

# 『고백록』의 한국적 독해
## – G. Engel(왕길지)를 중심으로[1]

# I. 아우구스티누스는 어떻게 수용되었을까

아우구스티누스(Aurelius Augustinus Hipponensis)에 대한 한국교회의 인식은 어떤 것일까? 영어식 이름 '어거스틴'은 한국교회에 친숙하다. 그리고 '탕자에서 성자로 변화된 인물', '모니카의 기도', 그리고 『고백록』 (Confessiones)은 한국교회에 잘 알려진 사실들이다. 그가 널리 알려진 것은 중등교육과정에 포함된 것도 이유이겠지만, 무엇보다도 설교자들의

---

[1] 인명의 표기는 다음 글을 참고했다. 이덕주, 「엥겔(G. Engel)의 선교사역과 신학사상」, 『한국기독교와 역사』 32, 한국기독교역사연구소, 2010, 83~125쪽. 한글이름은 다음 책을 따라 왕길지(王吉志)로 표기했다. 이상규, 『왕길지(Gelson Engel)의 한국선교』, 숭실대 한국기독교문화연구원, 2017. 발음상 유사한 왕길(王吉)과 좋은 소식(吉志)을 전한다는 뜻이 결합된 이름이라고 한다.

역할이 컸다. 회심의 중요성과 기도의 필요성을 강조하는 설교의 예화로 사용되고 있는 덕에, 아우구스티누스는 회심을 설교하는 한국교회에서 결코 빠뜨릴 수 없는 인물이다. 하지만, 짚어두어야 할 것이 있다. 과연, 아우구스티누스는 허랑방탕하던 탕자가 드라마틱하게 변화된 '회심의 아이콘'일까? 그의 회심은 설교자들의 예화에서처럼 갑작스러운 일회적 사건이라고 할 수 있을까? 아우구스티누스의 회심을 통한 참회의 영성을 강조하는 과정에서 놓친 것은 없을까?

이 문제를 다루기 위하여 한국교회가 아우구스티누스를 어떻게 수용했는지 살펴보고자 한다. 개화기 주한 외국인 저술에 나타난 한국사상과 외래사상의 만남을 가정하여, 아우구스티누스의 한국적 수용과 관련된 최초문헌이라 할 G. Engel(왕길지)의 "聖어구스듸노"에 관심하는 이유이다. 아우구스티누스의 '회심'이 한국교회에 어떻게 전수되었으며, 놓치지 말아야 할 요소들은 무엇인지를 짚어보려는 취지이다. 이러한 성찰을 통하여 한국교회가 지닌 참회의 영성으로부터 윤리적 성숙의 과제를 도출할 수 있기를 기대해 본다.


## II. "聖어구스듸노"와 『고백록』의 한국적 읽기

### 1. 아우구스티누스와 한국교회의 참회의 영성

#### 1) G. Engel의 "聖어구스듸노"[2] 다시 읽기

아우구스티누스에 대한 선행연구를 전체를 조망하는 것은 간단한

---

2) 이 글에서 참고한 왕길지의 1차문헌의 서지사항은 다음과 같다. 왕길지, 「聖어구스듸노」, 『神學指南』 1, 신학지남사, 1918.

일이 아니다. 어쩌면 불가능에 가까운 것일 수 있다. 아우구스티누스 자신의 저술의 방대함 탓에 버거운 일이라 할 수 있지만, 그것에 비례하여 연구 또한 엄청난 분량으로 쏟아지고 있기 때문이다. 그럼에도 불구하고, 아우구스티누스의 한국적 수용에 관한 선행연구가 거의 없다는 점은 아쉬운 부분이다.

가톨릭의 한국 전래와 관련하여 아우구스티누스를 영세명으로 사용한 경우가 있었으리라 추정되지만, 학술문헌을 찾아보기는 어렵다. 서양 중세철학의 수용과 번역의 문제를 다룬 정준영은 "1953년까지 아우구스티누스의 『고백록』조차 중역본 1종만 찾아볼 수 있을 정도였다"고 안타까워한다.[3] 같은 맥락에서, "1919년 평양신학교의 「神學指南」에서 '聖어구스듸노'를 다룬 것이 가장 이른 것"이라고 지칭하면서 왕길지의 글을 찾아낸 것은 의미가 있어 보인다.[4] 이 점은 교회사학자들을 통해서 확인할 수 있다.[5]

> 「신학지남」 창간호에 수록한 "聖어구스듸노(St. Augustine of Hippo)"라는 논문에서, 엥겔은 어거스틴의 생애뿐 아니라 그의 저술과 제자까지 상세히 언급하여 교부신학과 중세신학, 그리고 종교개혁 신학의 흐름에서 정통성을 인정받고 있는 어거스틴 연구의 기초정보를 제공하였다.[6]

---

[3] 정준영, 「근대 한국사회에서 서양중세철학의 수용과 번역의 문제」, 『시대와 철학』 30, 한국철학사상연구회, 2003, 26쪽.
[4] 위의 글, 27쪽. *다만, 왕길지의 글이 발간된 것은 1918년 3월로 확인된다.
[5] 이상규, 『왕길지(Gelson Engel)의 한국선교』, 숭실대학교 한국기독교문화연구원, 2017, 125쪽; 이덕주, 「엥겔(G. Engel)의 선교사역과 신학사상」, 『한국기독교와 역사』 32, 한국기독교역사연구소, 2010, 97쪽; 한명근, 「한국기독교박물관 소장 근대자료의 내용과 성격」, 한명근 외, 『한국기독교박물관 자료를 통해 본 근대의 수용과 변용』, 도서출판 선인, 2019, 54쪽.
[6] 이덕주, 위의 논문, 105쪽.

이러한 뜻에서, 왕길지의 글은 주목받을만하다. 다만, 그것이 최초의 문헌이라는 점에서만 의미를 지닌 것인가에 대해서는 좀 더 살펴봐야 한다. 특히, 정준영이 왕길지의 글을 "아우구스티누스의 생애 및 저술에 대한 초보적인 소갯글에 지나지 않는다"고[7] 깎아내린 것은 문제가 있어 보인다. 왕길지의 글이 아우구스티누스 연구가 활발해지고 있는 오늘의 시점에서는 초보적인 것으로 보일 수 있겠지만, 당시의 시대적 맥락과 평양신학교 교수로서 그가 한국의 목회자들을 통해 한국교회에 미친 영향력 등을 충분히 고려할 필요가 있기 때문이다. 이러한 뜻에서, 이 글은 "聖어구스듸노" 다시 읽기를 시도한다.

"聖어구스듸노"에서, 왕길지는 한국적 포맷에 맞추어 세로쓰기 형식에 국한문혼용으로 아우구스티누스를 한국문화에 맞추어 소개하려 노력했다. 글은 전체 3분 구조로서, '내력(來歷)'-'기서(記書)'-'제자(弟子)'를 내용으로 다루고 있다. '내력'에서는 아우구스티누스의 생애를 정리하여 소개했다. 주로 『고백록』의 흐름을 따라 소개했지만, 회심 이후의 사건들도 추가한 것은 눈여겨 볼만한 부분이다. 보통의 경우는 회심까지만 다루는 것에 비해 볼 때, 나름의 전문성을 추가한 것으로 평가할 수 있겠다. 교회의 성직자로 세움을 받는 과정 및 펠라기우스 논쟁, 도나투스 논쟁 등에 대한 짧은 언급도 포함하여 아우구스티누스를 가급적 전체의 모습으로 전수하려 노력한 흔적이 보인다.

'기서' 부분에서는 (1)자복서(自服書, 고백록), (2)철학논문, (3)교리논문, (4)도덕저술, (5)쟁론문, (6)변증문으로 나누어 아우구스티누스의 저술을 소개한다. 『신국론』(De civitate Dei)을 『상제지국』(上帝之國)이라는 이름

---

7) 정준영, 앞의 논문, 30쪽.

으로 소개하면서 교회의 모든 변증문 중 제일 중대한 저술이라고 말하기도 한다.[8] 또한 해석기서(解釋記書)로 시편 주해 등을 소개한다. 그리고 '제자' 부분에는 당대와 후세의 여러 학자의 이름이 등장한다. 특히 개혁교회의 "루터 선생과 칼빈 선생이 어구스듸노 교리를 많이 의지했다."고 기록한 것은[9] 한국교회 신학의 좌표를 '아우구스티누스-루터-칼빈'으로 제시한 것으로 볼 수 있겠다.

이러한 뜻에서, "聖어구스듸노"는 신학적 무게감을 충분히 지닌다. 왕길지가 평양신학교 교수였고 「신학지남」을 창간한 인물이라는 점에서, 그의 글은 신학강의를 위한 부교재로 사용되었거나 혹은 직접적으로 강의에 반영되었을 것으로 추정된다. 이것은 "聖어구스듸노"가 평양신학교 강의노트에 불과하다는 뜻이 아니다. 평양신학교의 학술지「신학지남」에 게재한 것은 평양신학교의 신학교육과 장로교 목회자들의 신학형성에 영향을 끼치려는 의도를 담은 것이라고 하겠다.

참고로, 왕길지는 "1900년 10월 29일 부산으로 와 1937년 3월 25일 한국을 떠나기까지 36년 5개월간 부산과 평양에서 봉사한 선교사였다."[10] "독일 출신으로 영국 국적을 갖고 활동한 독특한 경력의 소유자였던 그는 독일인으로서 타고난 기질과 영국인으로 터득한 지식을 겸비한 선교사로 활동하였으며 귀국 후 1939년 70세를 일기로 별세했다."[11] 주목할 것은 그가 평양신학교에서 교육선교사(강사로 활동한 시기도 포함)로 사역한 1906년부터 은퇴하여 귀국하기까지의 기간이다. 이덕주가 말한

---

8) 왕길지, 앞의 글, 70쪽.
9) 위의 글, 73쪽.
10) 이상규, 앞의 책, 8쪽.
11) 이덕주, 앞의 논문, 89~96쪽.

것처럼, 왕길지의 선교사역에서 "가장 중요한 부분을 차지하는 것은 평양신학교 교수 사역이었다."[12] 평양신학교에서 강의는 왕길지의 중요한 봉사였고 한국교회를 위한 사역이었다.[13] 또한 호주장로회 대표성을 가지고 한국 장로교회 목회자 양성기관에 참여했다는 점에서도 특별한 의미가 있다.[14]

특별히, 「신학지남」의 책임편집자로서, "왕길지는 1918~1921까지 13권의 책을 발간하고 27회의 글을 기고했다. 신학지남은 교육기간이 짧았던 신학생들과 목회자들에게 목회현장에 필요한 자료들을 제공했다. 특히, 아우구스티누스와 관련하여 왕길지는 1918년 5월에 44명이 참가한 강좌에서 〈어거스틴의 생애와 교리〉를 특별강의로 시행했을 정도이다."[15] 왕길지가 아우구스티누스만을 강의한 것은 아니겠지만, 나름의 의도를 가지고 아우구스티누스를 지속적으로 강의하고 전수하려 했을 것으로 추정되는 부분이다.

이렇게 보면, 왕길지의 글을 아우구스티누스에 대한 '초보적인 수준에서의 소개'라고 말하는 것은 무리가 있다. 해석상의 독창성 혹은 논점이 없었다고 비판할 여지는 있겠다. 하지만, 그것을 두고 초보적이라고 말하는 것은 불편해 보인다. 왕길지가 아우구스티누스를 한국교회와 목회자들에게 전수하려 했던 측면을 읽어내야 한다는 뜻이다.

---

12) 위의 논문, 92쪽.

13) 이상규, 앞의 책, 117쪽.

14) 이덕주, 앞의 논문, 91쪽.

15) 정병준, 「호주장로교 선교부의 대부(大父) 왕길지 선교사」, *https://blog.naver.com/jbjoon63/30094892957 (2020.5.16. 접속).

## 2) 한국적 맥락에서 이해된 회심과 참회

왕길지가 아우구스티누스를 통하여 한국교회에 전수하려던 가치 중에서 눈여겨 볼 것은 회심과 관련된 참회의 영성이다. 말하자면, 아우구스티누스의 회심 사건을 중심으로 왕길지가 한국교회에 참회의 영성을 전수하는 데 기여했을 것으로 추정해 볼 수 있겠다. 평양신학교가 발간하는 학술지에서 아우구스티누스를 다룬 것은 단지 한 사람의 신학자를 소개하려는 의도는 아니었을 것이기 때문이다.

누군가처럼 왕길지를 '한국교회의 교사(Doctor ecclesiae Corea)'라고까지 추켜세울 필요는 없지만,[16] 평양신학교의 신학생들과 목회자들의 신학적 교양이 풍요로워져야 한다고 보았던 왕길지가 한국교회의 지도자들에게 준 영향력은 분명해 보인다. 왕길지가 1918년 3월 창간한 「신학지남」의 창간취지에서도 읽을 수 있는 부분이다. 교역자 및 교양있는 지식인들에게 지식과 정보를 제공하려는 했다는 점은 이러한 취지를 잘 반영하고 있다. 말하자면, "장로교회의 목사와 신학생들에게 신학의 향방을 지남(指南)하려는 목적이었다."[17]

이러한 「신학지남」에 아우구스티누스를 다룬 것은 신학적 교양의 함양을 위해서는 물론이고, 아우구스티누스가 보여준 참회의 영성을 전수하려는 의도가 반영되었던 것으로 읽을 수 있다. 특히, 아우구스티누스를 소개할 때 빠뜨릴 수 없는 부분 즉『고백록』에 나타난 회심을 다룸으로써 한국교회를 이끌어갈 신학생들에게, 그리고 졸업하여 활동 중인 목회자들에게 참회의 영성을 전수하는 데 직·간접적으로 기여한

---

16) 이상규, 앞의 책, 16쪽.
17) 위의 책, 122쪽.

것으로 읽어야 한다는 뜻이다.

주목할 것은 아우구스티누스를 소개할 때 어디에 방점을 두었는가 하는 점이다. 왕길지의 관심은 개화기의 한국적 맥락과 무관하지 않다. 기독교가 전래되는 과정에 있었고 '신학의 향방을 지남(指南)'해야 할 필요가 있었던 때이다. 그가 『고백록』과 아우구스티누스의 사상을 다루면서 어디에 방점을 두었는가의 문제는 이러한 '지남'의 취지에서 이해되어야 한다. 아우구스티누스의 신학을 전수하면서, 왕길지로서는 평양신학교의 학생들과 목회자들에게 방향성 내지는 좌표를 제시하는 역할에 충실해야 했다.

이 부분에서, 왕길지가 신학교수로 사역하기 전에 선교현장에서 한국인들을 만나 복음을 전하며 세례를 베푸는 과정을 기록해 둔 내용들에 관심할 필요가 있다. 그 중에서, 회심과 세례에 관한 경험들은 간단하게 지나칠 에피소드가 아니다. 선교사로서 한국인들을 어떤 좌표와 방향성을 따라 이끌어야 할 것인지를 생각하게 하는 경험이었을 듯싶다.

> 세례식에 참석하는 아이들을 위해 깨끗한 옷을 입히려고 어머니들이 큰 수고를 했다. 교인들은 예배 시간 동안 매우 조용했지만, 그들의 기쁨은 끝날 줄 몰랐다. … 참여한 모두가 감동을 받았고 세례 받은 아이들과 함께 크게 기뻐했다. 선교사들의 가슴에도 교인들과 마찬가지로 큰 기쁨이 있었다. 예배를 마칠 때, 여러 선교사들의 눈에도 큰 기쁨의 눈물이 보였다.[18]

여기에서, '눈물'의 정서는 매우 중요해 보인다. 그것은 한국인의 정서에 뿌리내린 것인 동시에 아우구스티누스가 밀라노의 정원에서 회

---

[18] 위의 책, 231~232쪽.

심하며 눈물을 흘린 것과 '오버랩'이 되는 부분이다. 눈물로 상징되는 참회의 영성을 신학적으로 해석할 단초가 되겠다. 『고백록』의 아우구스티누스 이야기는 이 부분에서 중요한 의의가 있다. 아우구스티누스가 밀라노 정원에서 눈물을 흘리며 참회하고 자복하며 회심한 것과 관련하여, 한국교회가 그를 '참회의 아이콘' 내지는 '탕자에서 성자로 회심한 인물'로 강조하고 있는 현상은 이러한 요소에 상당부분 영향을 받았다고 하겠다.

왕길지의 글이 아우구스티누스의 회심과 참회를 클라이맥스로 설명하는 부분은 이러한 해석을 뒷받침해준다. 아우구스티누스의 회심과 관련하여, 왕길지가 『고백록』을 그대로 옮겨 적은 것 같지만, 글의 구조상 강조점이 분명하다. 밀라노 정원에서의 회심까지의 과정을 상대적으로 세밀한 방식으로 기록하다가 세례 이후의 삶을 축약하는 구조이다. 회심은 그 흐름의 정점에 있다. 더구나, 아우구스티누스의 회심 장면이 인용문으로 처리된 점은[19] 왕길지가 강조하고 싶었던 것이 무엇인지를 보여준다.

말하자면, 왕길지의 글은 단지 아우구스티누스를 한국에 소개하는 글 이상의 의의를 지닌다. "聖어구스듸노"에서 『고백록』 소개가 분량상으로 대부분(55~87면에 걸쳐 게재한 글에서 55~66면 부분에 해당)을 차지한다는 점만 보아도 추정할 수 있는 부분이다. 분량편성이 중요한 것은 아니겠지만, 그만큼 『고백록』을 회심의 관점에서 읽고 있다는 반증인 것은 분명하다. 게다가 왕길지가 한국교회에 신학을 '지남'하려 했다는 의도에 비추어 볼 때, 아우구스티누스의 회심에 나타난 참회의 영성을 한국

---

19) 위의 책, 317~320쪽.

교회에 제시하려던 취지는 부정할 수 없겠다.

짚어야 할 것이 있기는 하다. 회심은 아우구스티누스만의 것인가? 다른 이들의 회심을 다루지 않았다는 점을 지적하려는 것이 아니다. 회심이라는 것 자체가 한국인이 전혀 들어보지 못했던 '새로운 그 무엇(something new)'이었을까를 짚어보자는 뜻이다. 물론, 그렇지 않다. 오히려, 개화기 한국인이 지니고 있던 문화적 배경으로서 아시아 종교와 자연종교에서 회심은 익숙한 개념이었다. 사실, 한국기독교의 기저에 유교와 불교는 물론이고 자연종교의 영향은 부인할 수 없는 사실이다. 참회의 경우도 다르지 않아 보인다. 한국인의 참회사상은 주로 불교의 영향을 받은 것으로 볼 수 있다. 무엇보다도, 참회사상은 불교문화의 요소로서[20] "죄업을 소멸하고 깨달음에 이르기를 추구하는 것"이라 할 수 있으며,[21] 참회라는 용어 자체도 번역과정을 통해 성립되고 활용된 것으로 설명된다.[22]

이렇게 보면, 아우구스티누스의 회심에 기초한 참회의 영성을 말한다는 것은 일종의 '메타모포시스'일 수 있겠다. 한국인에게 익숙했던 참회의 정서가 기독교의 참회의 영성으로 전환되는 과정이었다는 뜻이다. 기독교가 주도적으로 한국인의 참회사상을 전환시키고 참회의 영성을 한국교회의 중요한 자산으로 자리매김했다는 점을 적극적으로 읽어낼 필요가 있겠다.

---

[20] 이성박, 「중국불교의 참회사상에 대한 연구」, 동국대학교 대학원 석사학위논문, 2019.
[21] 윤종갑, 「『천수경』에 나타난 신앙형태와 참회사상」, 『한국불교학』 85, 한국불교학회, 2018, 219~247쪽.
[22] 이상옥, 「고역(古譯) 경전에 나타난 '참회(懺悔)' 용어의 번역과 정착 과정」, 『한국선학』 33, 한국선학회, 2012, 149~176쪽.

하지만, 한국인의 정서에 뿌리내리고 있던 참회사상을 기독교의 그 것과 동일시하거나 병치시키는 것은 곤란하다. 자칫 신학적 오염 내지 는 왜곡시키는 결과를 낳을 수 있기 때문이다. 한국교회의 신학이 복 음 이외의 인간종교와 자연신학에 오염되어 있다는 이정석의 지적에 관심해야 할 이유이다.[23]

이렇게 보면, 아우구스티누스의 'Confessiones'의 번역에서도 유의할 부분이 있다. 아우구스티누스의 『고백록』은 루소의 글(1782), 톨스토이 의 글(1879)과 더불어 '3대『고백록』'으로 평가받지만, 독창적 요소를 지 닌다. 아우구스티누스 당시 로마 지식인들 사이에 진리에의 회심을 다 루는 집필이 유행했지만, 아우구스티누스의 경우는 하나님 앞에서의 영혼의 자기기록(autobiography)이라는 점에서 차이가 있다.

라틴어로 본다면, "'더불어(con) + 말하다(fateri)'에 해당한다. 영혼을 죄 악에서 건져내신 하나님의 은혜를 찬양하면서 하나님과 더불어 말하 며 하나님의 은혜를 찬양하는 책이라는 뜻에서, '고백'이라는 단어가 적 절해 보인다.[24] 실제로, 아우구스티누스는『재고록』(Retractationes)에서 13권 으로 된 나의『고백록』은 사람들을 움직여 그들의 마음과 사랑을 하나 님께 돌리는 도구라고 기록했다."[25] 하나님을 향한 고백이라는 점에 유의해야 한다는 뜻이다.

이 부분에서, 왕길지가 'Confessiones'를 『自服書』라고 번역한 것은

[23] 이정석, 「한국교회의 성화론」, 『개신논집』 2, 개신대학원대학교, 1995, 103쪽.

[24] 이 부분은 다음 책을 참고하라. 유지황, 『어거스틴의 신학사상 이해』, 땅에 쓰신 글씨, 2005. 그리고 『고백록』의 여러 번역이 있지만, 다음 책들을 추천하고 싶다. 선한용, 『성 어거스틴의 고백록』, 대한기독교서회, 2019; 아우구스티누스, 최민순 옮김, 『고백록』, 바오로딸, 1989; 아우구스티누스, 성염 옮김, 『고백록』, 경세원, 2016을 추천한다.

[25] Retractationes, 2.6.

흥미로운 일이다.[26) 아마도, 그의 통역을 도와주던 한국인들의 조력을 받은 번역일 듯싶다. 하지만, 단순한 언어적 전환을 넘어서 '자복(自服)', '회심(回心)'이라는 한국인의 정서를 반영한 것이라는 추정이 가능하다. 왕길지가 정확하게 이러한 부분을 염두에 둔 것인지는 확인할 수 없지만, 참회의 기독교적 의의를 드러내는 효과가 있었다고 평가할 수 있겠다.

이러한 요소들만으로 아우구스티누스와 참회의 영성에 관한 왕길지의 해석이 한국교회에 직접적으로 어떻게 기여했는가를 단정짓기는 어렵다. 다만, 한국교회에서 참회의 영성이 평양대부흥을 포함한 영적 각성과 윤리개혁의 운동으로 결실을 맺었다는 역사적 사실들을 통해 그 간접적인 영향을 확인할 수 있겠다. 사실, 그것이야말로 오늘의 한국교회가 윤리개혁과 성숙을 위해 관심해야 할 핵심가치이기도 하다. 회심의 가치와 참회의 영성이 주목받지 못하거나 실종되고 있는 현실에서, 무엇을 회복해야 하는지 보여주는 이정표가 된다는 점에서 더욱 중요하다.

다만, 아우구스티누스를 '탕자(蕩子)'가 '성자(聖者)'로 변화된 인물이라고 하는 경우에 유의할 부분이 있다. 왕길지의 글, "聖어구스듸노"가 한국교회에 참회의 영성을 전수하는 데 중요한 기여를 한 것은 틀림없다. 하지만, 적어도 두 가지 측면에서 보완하여 읽어내는 노력이 필요하다. 그 하나는 참회의 영성을 아우구스티누스의 문제의식과 연관 지어 읽어야 한다는 점이다. '문제의식을 통한 이해'의 필요성이다. 다른 하나는 아우구스티누스의 참회가 드라마틱하게 이루어진 일회성 사건이 아니라 지적 회심과 윤리 회심 및 성화의 노력에 이르는 넓은 의미의

---

26) 왕길지, 「聖어구스듸노」, 『신학지남』 1, 신학지남사, 1918, 55쪽.

회심이라는 사실이다. '회심과정을 통한 이해'의 필요성이다.

### (1) 문제의식을 통한 이해

아우구스티누스의 경우는 허랑방탕하던 쾌락중독자가 갑작스럽게 성자로 회심이라고 단정할 수 없다. 복음서에서 모티브를 찾은 탕자(prodigal son)의 이미지는 아우구스티누스 자신이 『고백록』에서 사용한 표현이기는 하지만, 그야말로 허랑방탕했다는 뜻을 넘어선다. 드라마틱한 간증으로 읽어서도 안 되고 흥밋거리로 치부해서도 안 된다. 오히려, 일종의 비유이자 상징으로 읽어야 한다.

아우구스티누스는 야스퍼스(K. Jaspers)의 용어대로 '근원에서 사유하는 철학자'이며[27] 아렌트(H. Arendt)의 표현처럼, '자신에게 스스로 문젯거리가 된 존재'였다.[28] 그의 질문은 이것이다. '나는 누구인가?' 이것이 그의 인문학적 문제의식이었다. 여기에는 '사람은 왜 죄를 짓는가?', '죄란 무엇이며 그 원인은 무엇일까?', 그리고 '하나님은 어떤 분이신가?'의 질문이 포함된다.

아우구스티누스의 경우, 탕자 이야기는 이러한 문제의식에 대한 답을 찾아가는 과정의 비유이다. 진리의 '길을 찾아가는 존재(homo viator)'로서, 아우구스티누스는 이 문제의 해법을 리비도의 만족에서, 마니교의 교설에서, 그리고 플라톤 철학에서 찾아보려 기웃거렸고 방황의 궤적을 남겼다. 스스로를 진리를 찾는 길에서 방황하는 탕자와 같았다고

---

27) 야스퍼스(K. Jaspers)의 표현을 인용한 것으로서, Karl Jaspers, 정영도 옮김, 『근원에서 사유하는 철학자들』, 이문출판사, 1984를 참고하였다.

28) Hannah Arendt, *Love and St. Augustine*, Edited and with an interpretive essay by Joanna Vecchiarelli and Scott Judith Chelius Stark, 서유경 옮김, 『사랑 개념과 성 아우구스티누스』, 텍스트, 2013, 117쪽.

회고한 셈이다. 아우구스티누스가 386년 32세에 체험한 회심을 정점으로 회심 이전의 삶과 현재의 모습, 그리고 아우구스티누스가 회심 이후에 지닌 내러티브로서의 창세기 주해로 구성된 『고백록』의 구조는 이러한 특징을 잘 반영하고 있다. 말하자면, '탕자'라는 표현은 진리를 찾아 방황하던 모습을 비유한 것이며 회심은 그 결정적 정점이라 하겠다.

무엇보다도, '탕자에서 성자로' 바뀌는 과정 자체가 간단하지 않았다. 쾌락과 이단에 기웃거리는 기간에도 교회에 대한 아우구스티누스의 고민은 매우 깊었다. 실제로, 아우구스티누스가 처음부터 기독교에 무지했거나 무관심했던 것은 아니다. 어머니 모니카의 영향도 지대했고, 아우구스티누스 자신이 병치레를 겪으면서 죽을 고비에서 살아남았을 때 세례 받을 기회도 있었다. 우여곡절 끝에 밀라노 정원에서의 회심에 이르기 전까지, 세례는 번번이 연기되곤 했다.

여러 이유가 있었겠지만, 당시 교회의 실망스러운 모습들은 그의 결단을 연기시키는 요인이었다. 예를 들어, 아우구스티누스는 기독교에 관심하면서 성경을 통해 지혜를 추구하려 했으나 실망했다. 무명작가들에 의해 번역된 아프리카의 라틴어 성경은 속어와 은어로 가득 차 있었으며 율법주의적 경향이 두드러진 교회의 억압적 환경이 아우구스티누스를 실망시켰던 것으로 보인다.[29]

이 틈을 파고든 것이 마니교였다. 아우구스티누스의 문제의식, 즉 무엇 때문에 악을 행하는가라는 문제를 두고 깊이 고민해왔던 터에 마니교가 답을 주는 듯싶었다. 율법주의적이고 미신적이던 당시의 기독교에 비해, 마니교의 설명법은 지적 호기심에 불타오르던 청년 아우구스

---

[29] Peter Brown, 정기문 옮김, *Augustine of Hippo*, 『아우구스티누스』, 새물결, 2012, 63쪽.

티누스에게 매력적이었다. 마니교가 기성 교회의 권위적인 분위기와 구약의 투박함을 부정했다는 점이 기독교에 혼란을 느낀 아우구스티누스의 마음을 끌었다.[30] 게다가, 교회가 꽉 찰 정도로 많은 사람이 모이기는 하지만, 그들이 여전히 세상의 길을 따르고 있는 모습은 아우구스티누스의 방황을 부채질했다.[31]

참고로, 아우구스티누스 당시의 '종교'란 예전(liturgy) 혹은 제의(cult)에 대한 추종을 뜻하는 용어였다. 그가 회심했다는 것은 기독교 예전과 제의를 수용하고 기독교의 도덕을 따르기로 결단하는 것을 뜻한다.[32] 386년 밀라노 숙소의 정원에서 결정적인 회심에 이른 것은 아우구스티누스가 그토록 거북해하던 기독교의 예전과 기독교의 도덕을 수용하기로 결단했다는 것을 뜻한다. 갑작스러운 드라마가 아니라는 뜻이다.

이러한 뜻에서, "聖어구스듸노"의 다시 읽기에는 참회의 영성을 강조하는 측면에 대한 인식과 더불어 아우구스티누스 고유의 맥락에 대한 바른 이해가 필요하다. 왕길지가 아우구스티누스 소개를 통하여 한국교회에 참회의 영성을 '지남'했다고 볼 수 있지만, 아우구스티누스의 문제의식을 보완하여 읽어내는 노력이 필요해 보인다. 나아가, 대책 없는 탕자가 갑작스럽고 극적으로 회심한 듯 설교하는 한국교회의 아우구스티누스 설교예화도 아우구스티누스의 회심에 대한 배경설명을 통해 보완되어야 하겠다.

---

30) 위의 책, 79쪽.
31) *Confessiones*, Ⅷ.1.1~2.
32) James J. O'Donnell, *Augustine: Confessiones*, Oxford: Oxford University Press, 2012, 'introduction', ⅹⅹⅷ.

## (2) 회심과정을 통한 이해

왕길지의 "聖어구스듸노" 다시 읽기에서 유의해야 할 것이 하나 더 있다. 아우구스티누스의 회심은 지적 회심과 윤리 회심 및 성화에 이르는 과정 전체를 통해 설명되어야 한다. 회심 자체는 아우구스티누스가 인생의 초반부에 강렬히 추구한 주제로서, 회심의 정의를 어떻게 내리느냐가 중요하다.[33] 소명(vocation)을 회심에 포함시키거나 어떤 주제에 대한 이해가 깊어지거나 새로워졌다는 것도 회심이라고 보는 경우 등을 포함하여 아우구스티누스 연구자들 사이에 회심의 횟수나 특성에 대해서는 논란이 있다.

일반적으로는 아우구스티누스의 회심을 두 단계로 말해왔다. 『고백록』 VII권에서 '지적 회심'을, VIII권에서 '도덕적 회심(moral conversion)'을 각각 보여준다. 지적 회심이란 밖으로 나가던 길에서 돌이켜 안으로 들어가는 과정, 그리고 그것을 넘어 위를 향하는 길을 포괄한다. 마침내 기독교의 진리에 들어서는 것을 뜻한다. 그것은 하나님께 등을 돌렸다가(aversio) 다시 그분을 향해 돌아서는(conversio) 과정이다.[34]

문제는 아우구스티누스가 여전히 쾌락을 추구하는 옛 생활에 묶인 노예상태에 있었다는 점이다. 도덕적 회심 혹은 윤리 회심이 필요했다. 지적 회심 이후, 여전히 리비도에 집착하던 아우구스티누스는 습관화된 자신의 쾌락 탐닉을 안타까워한다. 성적 욕망을 포기하기를 기꺼워하지 않는 그의 모습은 이것이야말로 회심이 이르기 전의 마지막이자 가장 극복하기 어려운 문제였다.[35] 결정적 회심에 이르지 못하고 있었

---

33) Robin James Lane Fox, 박선령 옮김, *Augustine: Conversions and Confessions*, 『아우구스티누스』, 21세기북스, 2020, 22쪽.

34) 위의 책, 21쪽.

35) *Confessiones*, 7.17.23.

던 셈이다. 그의 머뭇거림은 마치 잠을 이기지 못해 깨어나지 못하고 결국은 다시 잠들어 버린 사람과도 같았다.[36]

이러한 갈등의 정황에서, 어린이들의 동요 속에서 '집어 들고 읽어라, 집어 들고 읽어라'는 소리를 듣고,[37] 그가 〈롬 13:13-14〉의 말씀을 통해 결정적인 회심에 이른 것은 하나님의 은혜에 의한 사건이었다. 아우구스티누스는 이것을 회심의 정점으로 말하고 있다. 이미 지적 회심을 경험했지만, 밀라노 정원의 사건은 삶의 변화를 향한 중요한 결단이었다. 이것은 세상 욕심(spes saeculi)을 버리고 새로운 삶을 살기로 결단하는 과정으로서, 특히 아우구스티누스가 그토록 끊어내지 못하던 리비도의 극복을 결단한 것이라 하겠다.[38]

여기에서, 『고백록』의 회심에 대한 윤리적 읽기(ethical reading)의 필요성이 제기된다. 회심에 나타난 참회의 영성을 갑작스럽고도 일회적인 사건에 대한 간증으로만 읽어서는 곤란하다. 아우구스티누스의 회심에 나타난 윤리 혹은 '『고백록』의 윤리'에 대한 이해가 필요하다는 뜻이다. 예를 들어 하비(John H. Harvey)의 『고백록, 윤리를 말하다』(Moral theology of the confessions of Saint Augustine)는 참고할 만하다.

> 『고백록』이 지닌 특징 중에 윤리를 교훈한다는 점을 빼놓을 수 없다. 특정한 사건을 설명한 후에, 아우구스티누스는 그 사건에서 윤리적 교훈을 도출해낸다. … 인간의 목적에 관한 선언을 바탕으로 그것을 얻기 위해 어떻게 해야 하는가 하는 질문으로 연결된다. 율법, 양심, 기도, 그리고 다양한 덕목들을 하나님과 행복에 이르는 길이라 하겠다. 그 길에서, 장애물을 만

---

36) *Confessiones*, Ⅷ.5.12.
37) *Confessiones*, Ⅷ.12.29. 'Tolle lege, tolle lege.'
38) Robin James Lane Fox, 박선령 옮김, 앞의 책, 406쪽.

나게 마련이다. 무지, 음욕, 의지의 분열, 나쁜 습관, 타락한 교육관행, 그리고 모든 종류의 죄들이 포함된다. 성경 읽기, 모범이 되는 선한 모임, 겸손, 그리고 불경건의 습관을 이기도록 하시는 하나님의 은혜의 중요성을 말하는 이유는 이러한 장애물을 극복할 방안을 제시하려는 취지이다.[39]

이것은 윤리를 기준으로 『고백록』을 읽어야 한다는 것이 아니라 『고백록』에 담긴 윤리를 간과해서는 안 된다는 뜻이다. 허랑방탕하던 탕자가 어느 날 갑자기 기적적으로 회심했다고 말하는 것은 아우구스티누스에 대한 오해인 동시에 한국교회가 계승해야 할 참회의 영성을 왜곡시킬 우려가 크기 때문이다. 아우구스티누스가 보여주었고 왕길지를 통해 한국교회에 소개된 참회의 영성에서 성화(sanctification)의 과정과 그 노력을 생략해서는 안 된다는 뜻이다.

『고백록』이 중요하기는 하지만 그의 회심 이후의 삶을 보여주는 다른 기록들에서도 아우구스티누스의 성화를 위한 관심들을 충분히 확인할 수 있다. 아우구스티누스의 동료이자 제자였던 포시디우스(Possidius)가 쓴 『아우구스티우스의 생애』(Vita Augustini)를 통해서, 그리고 아우구스티누스의 『규칙서』(Regula Sancti Augustini)를 통해서도 아우구스티누스가 삶의 본질적 전환을 추구했다는 사실을 찾아볼 수 있다.[40] 그가 추구한 삶의 변화를 위한 결단은 당시의 스토아철학자들의 관심을 넘어선다. 아파테이아(apatheia)에 도달한[41] 아우구스티누스는 '현자(sage)'가 되

---

39) 이에 관해서는 다음 책을 참고하라. John H. Harvey, 문시영 옮김, *Moral theology of the confessions of Saint Augustine*, 『고백록 윤리를 말하다』, 북코리아, 2011.

40) 문시영, 「규칙서에 나타난 아우구스티누스의 내적 윤리」, 『남서울대 논문집』 22, 남서울대학교, 2018, 97~113쪽.

41) 손병석, 「무정념―현인에 이르는 스토아적 이상과 현실」, 『철학연구』 80, 대한철학회, 2008, 42쪽.

기보다 '그리스도의 제자(disciple)'가 되기를 원했다. 이것은 '현자 내러티브'에서 '제자 내러티브'로의 메타모포시스를 보여준 것이라고 평할 수 있는 부분이다.[42]

무엇보다도, 아우구스티누스가 '세상 욕심'을 포기하기로 결단한 것은[43] 도덕적 회심 내지는 윤리회심을 뜻하는 것으로서, 성화에 대한 그의 관심을 보여준다. 우리에게 알려진 회심의 고백까지의 32년을 넘어서, 아우구스티누스는 회심 이후 40년 이상을 윤리적 실천에 힘썼다. 특히, 로마의 철학자들처럼 공동체 생활을 이상적인 모습으로 생각하던 아우구스티누스가 수도자적 생활을 실천한 것이 대표적이다.[44] 387년 세례를 받은 후, 아우구스티누스는 밀라노 근교에서 1년 정도 은둔하며 지낸 후 고향으로 돌아가 자신의 집을 개조하여 공동체를 이루어 청빈과 금욕생활을 실천했다. 391년 히포로 이주한 후 그곳에서 회중들의 선출에 의해 목회자로 임직되고 396년에 히포의 주교가 된 아우구스티누스는 자신의 주교관에서 수도원적 공동체생활을 통해 삶의 변화를 실천에 옮겼다.[45]

특히, 그는 '청빈'이라고 부르는 '복음적 가난'을 실천하면서 그것을 복음의 요청으로서의 자발적 가난이라고 생각했다.[46] 이것은 욕망에 기초한 요구들을 최소한으로 줄이려는 견유학파 혹은 지상의 재물을

---

[42] 문시영, 「현자에서 제자로－아우구스티누스와 윤리 메타모포시스」, 『한국기독교문화연구』 12, 숭실대학교 한국기독교문화연구원, 2019, 235~262쪽.

[43] Allan D. Fitzgerald, ed., *Augustine through the ages: an encyclopedia*, 236쪽.

[44] 이형우, 「머리말」, Adolar Zumkeller, 이형우 옮김, 『아우구스티누스 규칙서』, 분도출판사, 2006, 9쪽.

[45] 전영준, 「아우구스티누스의 영성」, 『가톨릭평화신문』, 2017.4.30.

[46] 변종찬, 「아우구스티누스의 규칙서에 나타난 복음적 권고」, 『사목연구』 19, 가톨릭대학교 사목연구소, 2007, 268쪽.

경시하는 스토아학파와 다르다.[47] 아우구스티누스가 추구한 복음적 가난에는 두 측면이 있다. 소극적 의미에서, 그리스도께서 보여주신 모범을 따라 산다는 것은 지상의 재물에 대한 자발적 포기를 통하여 하나님을 소유하도록 이끌어 준다.[48] 적극적 의미에서, 복음적 가난은 공동소유 혹은 공유를 지향한다. 각 개인이 그리스도 때문에 자발적으로 받아들이는 것으로서, 경제적 자산만 아니라 영적 자산의 공유도 포함된다.[49]

이러한 요소들을 모두 포함하여, 아우구스티누스의 회심과 참회의 영성을 말할 때, 하우어워스(Stanley Hauerwas)의 관점은 주목할 만한 요소를 담고 있다. 그에 따르면, "아우구스티누스의 회심의 본질은 예수 이야기(Jesus narrative)를 자신의 이야기로 받아들이고 복음을 성품화하는 삶을 살기로 결단한 것을 뜻한다."[50] 요컨대, 아우구스티누스가 살아왔던 내러티브에서 예수 내러티브로의 전환이다.

여기에서, 놓치지 말아야 할 것이 있다. 아우구스티누스의 회심은 그의 강인한 의지에 의한 것이라기보다 은혜의 사건이었다. 단지 인사치레로 은혜를 말한 것이 아니었다. 혹은 겸양의 모습을 드러내기 위한 수사학적 장치가 아니다. 아우구스티누스의 고백에서 눈여겨보아야 할 중요한 문장이 있다.

---

47) Adolar Zumkeller, 앞의 책, 47쪽.
48) 위의 책, 56쪽.
49) 변종찬, 앞의 논문, 261쪽.
50) Stanley Hauerwas, David Burrell, & Richard Bondi, eds., *Truthfulness and Tragedy: Further Investigations into Christian Ethics,* Notre Dame: University of Notre Dame Press, 1977, p.32.

(주께서) 나를 돌이키게 하셨나이다.[51]

이 문장에서, '주어(主語)'는 아우구스티누스 자신이 아니라 하나님이시다. 말하자면, 아우구스티누스의 회심에 대한 이해의 대전제는 하나님의 은혜이다. 도덕에 있어서 은혜 중심성을 말하는 것은 고대와 중세의 분기점이다. 웨첼(James Wetzel)이 말한 것처럼, 아우구스티누스는 도덕적 자기성숙에 호소하지 않고 은혜에 의한 존재로서의 정체성을 가지게 되었다.[52] 말하자면, 은혜야말로 기독교의 본질임을 보여준다.[53]

이렇게 보면, 아우구스티누스의 회심은 지적 회심과 윤리 회심 모두를 포함하는 것으로 이해되어야 한다. 왕길지의 "聖어구스듸노"에서 회심을 말하고 참회의 영성을 제시하여 '지남'한 것 자체는 의미가 있지만, 그가 놓치고 있는 부분을 보완하여 읽어야 한다. 왕길지의 "聖어구스듸노"를 통해 아우구스티누스가 보여준 참회의 영성에 관심해야 하는 것은 물론이고 '성화'에 대한 관심으로 이어져야 한다. 참회의 영성에 머물거나 편중되어서는 안 된다는 뜻이다.

## 2. 참회의 영성을 어떻게 읽어야 할까

왕길지의 "聖어구스듸노"가 오늘의 관점에서는 전문성이 떨어지는

---

51) *Confessiones*, Ⅷ.12.30.
52) James Wetzel, *Augustine and the Limits of Virtue*, Cambridge: Cambridge University Press, 1992, p.126.
53) Bonnie Kent, "Augustine's ethics", in eds. Eleonore Stump and Norman Kretzmann, *The Cambridge Companion to Augustine*, Cambridge: Cambridge University Press, 2001, p.225.

듯 보일 수 있지만, 평양신학교 교수였던 왕길지의 신학적 지위와 그의 의도를 추정하면 아우구스티누스를 통해 한국교회에 참회의 영성을 제시해 준 것이라는 말할 여지는 충분하다. 적극적으로 해석하자면, 왕길지가 전수한 아우구스티누스는 회심을 통한 참회의 영성을 한국교회에 제시하는 한편으로 한국인의 정서와 종교문화에 익숙한 '참회'를 기독교 내러티브 안에서 재해석할 메타모포시스의 단초를 제공했다.

물론, 그가 『고백록』을 중심으로 아우구스티누스를 소개한 과정에 한계가 없는 것은 아니다. 왕길지의 글이 아우구스티누스의 회심을 개괄적으로 다루는 과정에서 회심의 구체적인 내용을 충분히 다루지 못했다는 점이다. 지적 회심, 윤리 회심, 그리고 성화를 위한 노력에 이르는 아우구스티누스의 모습을 묘사하기에 부족함이 없지 않다. 회심의 아이콘으로 간주되는 아우구스티누스의 회심을 설교예화에 나오듯 극적이고 단회적인 사건으로 다루어서는 안 된다는 뜻이다.

이러한 비판적 읽기에 더하여, 한국교회에 또 하나의 윤리 메타모포시스가 필요하다. 다시 말해, 참회적 영성에서 '사회적 영성(social spirituality)'으로 나아가야 한다.[54] 왕길지의 글이 한국교회의 참회적 영성을 독려하는 데 기여했지만, 사회윤리 혹은 사회적 영성에 소홀해질 우려를 놓쳐서는 안 된다. 참회의 영성 자체를 깎아내리려는 것이 아니다. '사사화(私事化, privatization)'를 경계해야 한다는 뜻이다. 참회의 영성을 사사화하지 않도록 관심해야 할 뿐만 아니라, 사회적 영성으로 확장시켜야 한다. 이와 관련하여, 박명림이 '내면 윤리의 사회적 구성'을 요

---

[54] 이에 관해서는 다음 글을 참고하라. 문시영, 「제자도에 근거한 사회적 영성의 모색 – 하우어워스를 중심으로」, 『선교와 신학』 50, 장로회신학대학교 세계선교연구원, 2020, 45~71쪽.

청한 것에 관심할 필요가 있겠다.55) 한국교회가 참회의 영성을 강조하는 과정에서 소홀했던 사회적 영성에 각성하자는 취지이다.

여기에서 말하는 '영성' 개념은 영성신학의 논제이면서도 넓은 의미의 개념으로 읽혀야 한다. '영성적 전환(spiritual turn)'을 중심으로, '힐링'과 '공감'의 문제를 비롯한 논제들이 다루어지고 있는 맥락에서 말이다. 넓은 의미에서 읽는 영성 개념을 사회적 지평에 적용하면, "영성적인 것, 윤리적인 것, 사회적인 것이라는 상이한 개념들을 새로운 구도 안에서 접합시킴으로써 각각의 것들에 대한 지배적인 가정, 생각, 관점 또는 상황을 재구성하고 쟁점이나 문제를 재규정하려는 비판적 문제설정"이라고 하겠다.56) 그리고 이것을 기독교윤리의 맥락에서 조망하면, 사회적 영성이란 교회가 사회에 대해 가져야 할 '문제의식'을 총칭하는 것으로 읽을 수 있겠다.

기독교의 영성은 사회적인 것이라는 점에서,57) 한국교회는 공감과 환대의 교회됨을 추구해야 한다. 선한 사마리아인의 제자도를 회복하고 '우는 자들과 함께 우는(롬12:15)' 사회적 영성을 실천해야 한다. 십자가 사건을 중심으로 하나님의 '구속적 환대'를 말한 부르스마(Hans Boersma)도 참고할 필요가 있다.58) 하나님의 '환대'로써 구원을 받은 그리스도인들이 환대의 공동체가 되어야 한다는 지프(Joshua W. Jipp)의 관

---

55) 박명림, 「사회적 영성, 내면 윤리의 사회적 구성」, 『복음과 상황』 315, 웹으로 읽었다. *http://www.goscon.co.kr/news/articleView.html?idxno=29838(2019.12.9. 접속).

56) 정용택, 「도덕이 사라지는 그곳으로 영성은 가야한다」, 김진호 외 편, 『사회적 영성』, 현암사, 2014, 162쪽.

57) 이 표현은 다음 책의 뒷 표지의 '책 소개'에서 인용했다. Jesuit Centre for Faith and Justice, eds., *Windows on Social Spirituality*, Dublin, Ireland: Columba Press, 2003.

58) 이에 대해서는 다음 책을 참고하라. Hans Boersma, 윤성현 옮김, *Violence, Hospitality, and the Cross*, 『십자가, 폭력인가 환대인가』, CLC, 2014.

점 역시 좋은 길잡이가 될 듯싶다.[59] 구원이 하나님의 환대에 기인하며 그것이 환대를 위한 길잡이가 된다는 점을 일깨워 주기 때문이다.

아우구스티누스와 『고백록』의 윤리에서 사회적 영성을 말하는 데는 이유가 있다. 왕길지의 아우구스티누스의 소개를 통해 이식된 한국교회의 참회적 영성을 바탕으로 사회적 영성으로 나아가자는 취지이다. 그것은 참회적 영성의 아이콘이라 할 아우구스티누스가 『신국론』에서 사회적 실천에 관심했던 부분을 놓치지 말자는 뜻이기도 하다. 사회적 영성에 대한 관심을 활성화시키고 공감과 환대의 교회가 되어야 할 때이기 때문이다.

## III. 참회의 영성에서 사회적 영성으로

한국교회의 설교예화에서 참회의 아이콘으로 등장하는 아우구스티누스의 회심과 관련하여 놓친 것은 없을까? 특히, 한국교회의 윤리적 성숙을 위해 짚어보아야 할 것은 무엇인가? 이 질문은 아우구스티누스의 회심을 극적이고 단회적인 사건 내지는 감동적인 간증으로만 읽기 쉬운 경향에 대해 문제를 제기한 것이라 할 수 있다.

이 문제를 다루기 위하여, 아우구스티누스를 한국에 전수한 최초의 문헌이라 여겨지는 왕길지의 "聖어구스듸노" 다시 읽기를 통해 그 의의와 한계를 살펴보았다. 개화기 주한 외국인의 저술이라는 점에서, 왕길

---

[59] 이에 관해서는 다음 책을 참고하라. Joshua W. Jipp, 송일 옮김, *Saved by Faith and Hospitality*, 『환대와 구원 혐오 – 배제, 탐욕, 공포를 넘어 사랑의 종교로 나아가기』, 새물결플러스, 2019.

지가 한국교회에 어떤 신학적 방향성을 제시하려 했는지 살펴보는 기회이기도 하다. 특별히, 아우구스티누스를 통하여 한국교회에 기독교적 참회의 영성이 자리를 잡게 하는 데 기여했다는 점은 평가할만한 부분이다.

하지만, 『고백록』을 중심으로 이식된 아우구스티누스의 회심을 바르게 읽을 필요가 있다. (1)아우구스티누스의 문제의식으로부터의 이해가 필요하고 (2)지적 회심과 윤리 회심 및 성화의 노력을 통전적으로 읽어내는 노력이 필요하다. 이러한 바른 읽기를 바탕으로, 참회의 영성을 강조하는 과정에서 '사회'에 소홀했던 것을 자성할 필요가 있겠다. 바꾸어 말하자면, 참회의 영성을 사회적 영성으로 확장시켜야 할 때이다.

# 전통적 덕목으로서의 관용과
# 시민적 덕목으로서의 관용

차미란

# 전통적 덕목으로서의 관용과 시민적 덕목으로서의 관용

## I. 도덕교육의 내용으로서의 관용

이 글은 도덕교육의 내용으로서의 '관용'의 의미를 밝히는 데에 목적이 있다. 일단, 이 글의 목적을 이와 같이 기술하고 보면, 이 글이 다루는 주제는 도덕교육의 내용 그 자체가 아니라, 도덕교육의 내용을 이루고 있는 하위 항목에 초점을 맞추고 있는 것으로 생각된다. '도덕교육의 내용은 무엇인가'라는 질문은 도덕교육의 내용 그 자체의 성격을 포괄적으로 규정하는 데에 관심을 두지만, 도덕교육의 내용으로서의 '관용은 무엇인가'라는 질문은 도덕교육의 내용 일반이 아니라 그 특수적 사례에 주목한다는 점에서 차이가 있기 때문이다. 다시 말하여, 앞의 질문이 도덕교육의 내용을 '일반적 성격'의 수준에서 논의하기 위한 것이라면, 뒤의 질문은 도덕교육의 내용을 이루는 '특수적 항목'을 해명하는 데에 목적이 있으며, 이 점에서, 그 두 질문은 도덕교육의 내용과 관련된 질문으로서 공통성이 없는 것은 아니지만, 관심의 종류에 있어서 명백히 구분되는 별개의 질문으로 취급될 가능성이 있다.

만약 도덕교육의 내용에 관한 그 두 가지 종류의 질문, 즉 도덕교육의 내용 그 자체의 '일반적 성격'을 논의하기 위한 질문과 도덕교육의 내용에 속하는 '특수적 항목'을 해명하기 위한 질문이 그야말로 완전히 별개의 질문이라면, 그 두 질문 중에서 어느 한 가지 질문에 답하지 않고 다른 한 가지 질문에 답하는 것이 가능해야 할 것이다. 그러나 과연 그런지 의문이다. 칸트 식으로 말한다면, 도덕교육의 내용 그 자체의 일반적 성격에 관한 의견 없이 특수적 항목을 설명하는 것은 맹목이며, 도덕교육의 내용을 이루는 특수적 항목에 관한 고려 없이 일반적 성격에 관하여 논의하는 것은 공허하기 때문이다. 다시 말하여, 그 두 가지 질문 사이의 관련을 도외시하는 것은, 도덕교육의 내용이 어떤 성격의 것인가를 규정하는 단일의 '보편적 개념'과 도덕교육의 내용에 속하는 다양한 '특수적 사례' 사이의 긴밀한 관련, 즉 개념과 사례 사이의 논리적 관련을 정당하게 존중하지 않는다고 볼 수 있다. 물론, 이 점을 받아들인다고 하여, 도덕교육의 내용을 다루는 모든 연구는 반드시 그 두 가지 질문을 동일한 비중으로 다루면서, 두 질문 모두에 대하여 충실하게 대답해야 한다는 뜻은 아니다. 도덕교육의 내용에 관한 어떤 특정한 논문이나 연구가 그 두 가지 질문 중에서 어느 하나의 질문에 초점을 맞추는 것은 얼마든지 가능하며, 현실적으로는 불가피하다고 보아야 할 것이다.

대체로 말하여, 도덕교육의 내용에 속하는 특수적 항목이나 특정한 주제에 관심을 둔 종래의 연구는 도덕교육의 내용 그 자체의 성격에 관한 질문은 본격적인 관심의 대상으로 삼지 않은 채 생략하거나, 또는 그 질문에 대한 대답은 이미 나와 있다는 전제 하에, 도덕교육의 내용에 속하는 하위 영역에서의 특정한 주제를 다루어 왔다고 볼 수 있다. 예컨대, 통일교육, 생명윤리교육, 환경윤리교육, 사이버윤리교육, 그리고 최근에 다문화윤리교육의 관점에서 주목받는 관용교육 등의 주제가 여기에 해당한다. 이 글 또한 도덕교육의 내용으로서의 관용에 주목한다는 점에서 도덕교육의 내용에 속하는 특수적 주제를 다룬다고 볼 수 있다. 그러나 이 글에서는, 도덕교육의 특수적 주제에 관한 종래의 연구 경향과는 달리, 도덕교육의 내용 그 자체의 성격에 관한 질문을 그 대답이 완결되어 있지 않은 본격적인 질문으로 취급하고자 한다. 다만, 그 질문을 별도로 또는 직접적으로 다루는 것이 아니라, 도덕교육의 내용에 속하는 특수한 주제로서의 '관용'에 관한 탐구를 통하여, 그 주제와 직접적으로 관련된 범위 안에서, '도덕교육의 내용' 그 자체의 성격을 간접적으로 문제삼고자 한다.

현행 초등 도덕과 교육과정은 도덕과 교육의 내용을 '주요 가치와 덕목'이라는 용어로 규정하고 있으며, '가치'와 '덕목'은 도덕교육의 내용이 어떤 성격의 것인가를 일반적 수준에서 규정하는 개념이라고 말할 수 있다. 도덕교육의 내용에 관한 특수적 주제를 다룬 종래의 연구가 도덕교육의 내용 그 자체의 성격에 관한 질문에 대한 대답을 이미 완결된 것으로 간주하고 그 대답을 전제로 한다고 할 때, 아마도 가장 유력한 대답은 국가 수준의 공식적 교육과정에 제시되어 있는 이 대답일 것이다. 이 대답에 의하면, 도덕교육에 속하는 다양한 내용은 '가치' 또는 '덕목'이라는 일반적 개념으로 규정될 수 있으며, 초등 도덕과 교육과정은 다양한 가치와 덕목 중에서 기본이 되는 주요한 가치와 덕목 -2009 개정 초등 도덕과 교육과정에서는 18개- 을 선정하여 조직한 것이다. 이 글에서 주목하고자 하는 '관용'이라는 주제는 현행 초등 도덕과의 18개 주요 가치·덕목에는 들어 있지 않지만, 도덕과 교육과정의 내용요소로 다루어지고 있다.[1]

본 연구가 도덕교육의 내용으로서의 '관용'에 주목하는 한 가지 이유는, '관용'이라는 특수한 가치 또는 덕목의 의미를 명료화하고 그 덕목이 도덕교육의 내용으로서 가지는 중요성과 의의에 관하여 논의하는 과정에서, 도덕교육의 내용으로서의 '가치와 덕목' 그 자체의 성격을 규명하는 데에 필요한 몇 가지 중요한 질문이 드러나게 된다고 보기 때문이다. 이하의 본론은 다음과 같은 순서로 구성된다. 우선, 다음의 Ⅱ절에서는 한국의 초등 도덕과 교육과정에서 '관용'이라는 덕목이 어떤 관점에서 다루어지고 있는가를 알아보고, '관용'의 개념에 들어 있는 두 가지 상이한 의미를 구분하여 보겠다. Ⅲ절에서는 다문화사회의 핵심적 가치와 시민적 덕목으로서 새롭게 그 중요성이 부각되는 '관용'의 의미를 서양의 역사에서의 '똘레랑스' 정신의 등장과 전개 과정을 중심으로 살펴볼 것이다. Ⅳ절에서는 전통적 덕목으로서의 관용과 시민적

---

[1] 이 글이 논의 대상으로 삼은 현행 도덕과 교육과정은 2009 개정 초등 도덕과 교육과정을 가리킨다. 2020년 현재 시행되고 있는 초등 도덕과 교육과정은 2015 개정 도덕과 교육과정으로서, 4개의 핵심 가치(성실, 배려, 정의, 책임)를 중심으로 그 각각의 가치를 규정하는 일반화된 지식, 내용 요소, 기능으로 내용 체계가 구성되어 있다. 2015 개정 도덕과 교육과정에서는 '관용'이라는 용어가 내용요소의 형태로 명시적으로 사용되고 있지는 않지만, 내용 요소 중에서 '공정성, 존중'의 가치·덕목은 편견과 차별을 극복하고 다양성을 존중하는 태도를 기르는 것을 주요 목표로 삼고 있다는 점에서 '관용'의 덕목과 일관된 의미를 담아내고 있다. 이하의 논의에서 드러나게 될 바와 같이, 2007 개정 이후 도덕과 교육과정에서 '관용'은 다문화사회에서 갖추어야 할 시민적 덕목으로 다루어지고 있으며, 그 근본정신은 '다양성의 존중'이다.

덕목으로서의 관용 사이의 차이점은 무엇이며, 그 두 가지 관용이 도덕적 덕목으로서 가치를 가지는 공통된 의미는 무엇인가에 관하여 논의하고자 한다. 마지막으로, 결론에서는 도덕교육의 내용으로서의 '관용'의 덕목에 관한 앞의 본론에서의 논의가 도덕교육의 내용을 일반적으로 규정하는 개념으로서의 '가치와 덕목' 그 자체의 성격과 관련하여 주는 시사점을 확인하여 보겠다.

## Ⅱ. '다양성의 존중'과 '너그러운 마음'

우선, 간단한 질문 하나를 제기해 보겠다. 한국의 초등학교 도덕교육에서 '관용'이라는 내용이 다루어진 것은 언제부터인가? 이 질문에 대답하는 한 가지 확실한 방법은 이때까지의 초등학교 도덕 교과서 또는 교육과정을 검토하여 '관용'에 해당하는 내용이 언제부터 포함되었는지를 확인하는 것이다. 그러나 이 방법으로 답을 찾고자 하는 경우에, 두 가지 상이한 대답이 나올 수 있다. 그 하나는 초등 도덕과에서 '관용'이라는 내용은 2007 개정 도덕과 교육과정 이후에 새롭게 추가되었다는 대답이고, 다른 하나는 2007 개정 교육과정 이전에도 줄곧 다루어져 왔다는 대답이다. 이와 같이, 비교적 단순한 사실을 확인하는 질문에 대하여 상이한 대답이 나올 수 있는 것은 그 두 대답에 전제되어 있는 '관용'의 개념이 동일하지 않기 때문이다.

먼저, 2009 개정 교육과정에 기초한 초등 도덕과 교육과정에서 '관용'이라는 내용요소가 어떤 관점에서 취급되고 있는가를 살펴보겠다. 2007 개정 교육과정에 입각한 초등 도덕과목에서 '관용'에 해당하는 내용은 4학년 8단원 '다양한 문화, 조화로운 세상'이라는 제목의 단원에서 다루어진다.[2] 4학년 도덕과 교사용 지도서에 수록되어 있는 '단원 설정의 취지 및 지도의 중점'을 인용하여 보겠다(교육부, 2014: 380).

> 이 단원은 교육과정상 '사회 · 국가 · 지구 공동체와의 관계' 영역의 '다문화 사회에서의 바람직한 삶'이라는 주제를 다룬다. 타인의 문화에 대한 '배려'가 중심 가치 · 덕목이고 이와 관련된 가치 · 덕목은 '존중'과 '인류애'이다. 다문화 사회에서 바람직한 삶을 영위하기 위해서는, 우선 우리 사회의 본격적인 다문화 사회로의 진입을 학생들이 인식하도록 하고 다양한 문화가 혼재하는 현재의 사회 현상 속에서 다른 문화에 대한 이해와 존중의 의미를 깨닫고 실천하도록 해야 한다. 세계 여러 나라의 인사법 연습을 통해 학생들이 세계의 문화를 접하게 함으로써 우리나라 안에서 다른 문화를 접하게 될 때의 경험 혹은 같은 내용, 다른 형식으로 나타나는 문화적 차이를 이해하도록 설계하였다. 또한 우리 사회의 난제로 회자되고 있는 다문화 가정 자녀에 대한 편견과 차별의 극복은 그들의 아픔 공감 및 긍정적인 사례를 통해 관용과 존중의 생활 실천을 강조하였다. 이러한 일련의 학습 과정은 글로벌 사회에서 학생들이 갖추어야 할 다문화 소양을 증진시키는 데 기여할 것이다.

위의 해설에 따르면, 2009 개정 초등 도덕과 교육과정에서 '관용'은 '다문화 사회에서의 바람직한 삶'이라는 주제와 관련하여 다루어지고 있으며, 이 주제를 다루는 단원에서 지도의 중점은 '다양한 문화에 대한 이해와 존중', '편견과 차별로 인한 아픔의 공감', '다문화 가정 자녀에 대한 배려와 관용적 태도의 실천' 등에 두어져야 한다. 이와 같이,

---

2) 2009 개정 초등 도덕과 교육과정에서와 마찬가지로, 2015 개정 초등 도덕과 교육과정에서도 '관용'에 해당하는 내용은 다문화사회에서의 윤리를 지도하는 4학년 6단원 "함께 꿈꾸는 무지개 세상"에서 다루어지고 있다.

현행 초등 도덕과 교육에서 '관용'은 글로벌시대와 다문화사회를 살아가는 데에 필요한 '다문화 소양'에 비추어 그 중요성이 인정되고 있으며, 다른 민족이나 인종, 다른 문화에 대한 폐쇄적이고 배타적인 태도에서 벗어나서 문화의 다양성을 존중하고 함께 어울려 살아가는 '다문화 태도'(교육부, 2014: 400)를 특징짓는 개념으로 사용되고 있다. 관용에 대한 이러한 접근, 즉 관용의 정신을 '다양성과 차이의 존중'에 두면서 관용의 개념을 '자기와 다른 생각, 종교 등을 가진 사람의 입장과 권리를 이해하고 인정하는 것'(교육부, 2014: 402)으로 정의하는 관점에서 '관용'의 의미는 서양적 개념으로서의 관용, 즉 '똘레랑스'의 개념에 그 근거를 두고 있다.[3]

한국의 초등 도덕과 교육과정에서 '관용'의 의미와 의의를 다문화 사회에서 요청되는 바람직한 소양이나 태도와 관련하여 규정하기 시작한 것은 2007 개정 교육과정에서부터이다. 관용의 의미를 이런 관점에서 파악하는 경우에는 초등 도덕교육에서 '관용'이라는 내용은 2007 개정 도덕과 교육과정 이후에 새롭게 추가되었다고 말할 수 있을 것이다. 2007 개정 초등 도덕과 교육과정에서는 그 이전의 제7차 교육과정에는 들어 있지 않던 '편견 극복과 관용'이라는 내용 요소가 새롭게 포함되었으며, 이 내용 요소는 6학년 7단원 '다양한 문화, 행복한 세상'에서 다루어진다. 이 단원은 한국의 초등 도덕교육에서 최초로 '다문화 윤리'에 해당하는 내용이 도덕 교과서에 수록된 사례를 보여준다는 점에서 중요한 의미를 가지고 있다. 이 단원의 목표는 다른 문화에 대한 편견 극복과 관용의 중요성을 알고, 다문화사회에서의 바람직한 생활 자세

---

3) 서양적 개념으로서의 관용, 즉 '똘레랑스'의 개념과 역사적 전개 과정에 대해서는 Ⅲ절에서 자세히 다루도록 하겠다.

를 기르는 데에 있으며, 차시별 학습목표는 문화의 다양성과 관용의 의미에 대한 이해, 다른 문화에 대한 편견을 극복하고 관용적인 태도로 바르게 판단하기, 다양한 문화를 존중하고 관용하는 태도를 실천하기 등이다. 6학년 도덕과 교사용 지도서에는 본 단원에 대한 '지도 요소 설정의 취지 및 지도의 핵심'이 다음과 같이 제시되어 있다(교육과학기술부, 2011: 258).

　이 단원은 '국가 · 민족 · 지구 공동체와의 관계' 영역의 '편견 극복과 관용'이라는 지도 요소 · 주제와 관련된다. 가치 · 덕목의 측면에서 보면 '사랑'을 중심으로 정의, 민주적 대화 등이 관련된다. 우리나라에 다문화 가정의 수가 급속하게 증가하는 가운데 다른 문화에 대한 편견 극복과 관용은 매우 시의적절한 가치문제이다. 문화에 대한 올바른 이해를 바탕으로 다양한 문화를 있는 그대로 인정하고, 나와 다른 다양한 문화를 추구하는 사람도 존중하는 관용의 태도를 지닐 수 있도록 하며, 문화 차이 때문에 상대를 차별하거나 경시해서는 안 되는 이유를 확인하는 것이 지도의 핵심이다.

위에 인용된 지도요소 해설에는 '다문화 소양'이라든가 '다문화 태도'라는 용어는 사용되고 있지 않지만, '관용'을 다양한 문화에 대한 이해와 존중이라는 관점에서 파악하면서, 관용의 태도를 다문화 사회에서 요구되는 바람직한 태도로 간주하고 있다는 점이 분명히 나타나 있다. 이 점에서 2009 개정 교육과정에 들어 있는 '다문화 사회에서의 바람직한 삶'이라는 주제는 2007 개정 교육과정에서 새로이 추가된 '편견극복과 관용'이라는 내용 요소가 나타내는 다문화 윤리로서의 성격을 보다 명백하게 드러낸 것이라고 말할 수 있다. 그러나 분명히 말하여, 한국의 초등 도덕과 교육과정에서 '관용'이라는 용어로 기술되는 내용 요소는 2007 개정 교육과정에서 처음 등장한 것이 아니라, 그 이전부터 줄곧 다루어져 왔다. 2007 개정 교육과정 바로 이전의 제7차 도덕과 교육과정의 내용 체계에 의하면, 6학년에서 다루어야 할 내용 요소로서 '사랑과 관용의 자세'가 포함되어 있다. 2007 개정 교육과정 이전의 초등 도덕교육에서 '관용'이라는 주제가 어떤 관점에서 해석되었는가 하는 것은, 제7차 초등 도덕과 교육과정에서 '사랑과 관용의 자세'를 다루는 6학년 3단원 '너그러운 마음'의 지도 요소에 대한 다음의 해설에 잘 나타나 있다(교육인적자원부, 2000: 118).

이 제재는 가정·이웃·학교생활 영역 중에서 주요 가치 덕목은 '경애'이며 지도 내용은 '사랑과 관용의 자세'이다. 다른 사람을 사랑하고 관용으로 대하는 태도의 의미와 중요성, 역사적 사례나 일상적 경험의 사례에서 볼 수 있는 사랑과 관용의 정신과 그 교훈, 생활 주변에서 사랑과 관용을 실천할 수 있는 방법을 찾아보고 그것을 실천할 수 있는 마음가짐과 자세를 배우는 것이 이 제재 지도의 핵심이다.

인간은 사회적 존재로서 타인과 더불어 살아가야 하지만, 다른 사람과 다투기도 하고 갈등 관계에 놓이기도 한다. 우리가 타인의 처지를 이해하거나 배려할 줄 모르고 잘못이나 실수를 무조건 남만 탓하고 엄격하게 책임을 지우려 한다면 원만한 사회적 삶을 살아갈 수가 없다. 여럿이 더불어 화목하게 살아가기 위해서는 타인을 존중하고, 이해하고, 배려하며, 사랑할 줄 아는 태도가 선행되어야 한다.

서로 너그럽게 대하는 태도와 관련된 덕목으로는 용서, 관용, 사랑 등이 있다. 용서는 도덕적 상해를 끼친 사람에 대해 자기의 마음을 미루어서 그의 잘못을 이해하고 받아들여 주는 것이다. 용서는 자신도 완벽한 존재가 아닌 잠재적인 과오자임을 헤아려 상대를 이해하는 이

지적 특성을 지닌 덕이다. 관용은 자신의 이익이나 기분을 억제하고 남을 이해하는 아량과 이웃과 사회의 일원으로서 사회의 공동선과 단합을 위하여 취하는 친사회적인 태도인 것이다. 사랑은 어려운 처지에 놓인 사람을 정성껏 돕고 그들의 고통을 덜어 주고 편안하게 해주려는 선한 마음으로 용서와 관용이 드러나는 근거가 된다, 사랑이 없는 너그러운 마음이나 관용은 위선이기 때문이다.

따라서 본 제재는 학생들에게 남을 이해하고 너그럽게 대하는 태도나 남에게 용서를 구하는 행위가 쉽지는 않지만, 더불어 살아가기 위하여 꼭 필요한 일이라는 사실을 깨닫게 해 주고, 일상생활에서 이를 실천할 수 있도록 지도하는 데 주된 목적이 있다.

위의 해설에 따르면, '관용'은 다른 사람을 대하는 너그러운 마음과 태도를 나타내며, 특히 타인의 잘못이나 실수를 너그럽게 받아들이고 용서하는 태도를 뜻한다는 점에서 용서, 사랑 등의 덕목과 관련되어 있다. 이와 같이, '관용'을 다른 사람을 대하는 너그러운 마음이나 태도로 간주하면서, 관용의 덕목을 용서나 사랑의 덕목과 관련지어 파악하는 것은 우리가 일상에서 사용하는 용어로서의 '관용'의 의미에서 크게 벗어나 있지 않다. '관용'의 일상적 의미는 '관용'이라는 한자어가 나타내는 원래의 의미 그대로 '너그럽게 받아들이는 것'을 뜻하며, 관대함 또는 관후한 마음, 너그러운 용서나 용인 등의 의미로 이해된다. 그러나 '관용'이라는 한자어가 나타내는 문자적 의미와 일상적 용법을 풀이하는 것만으로는 '관용'의 덕목이 도덕교육의 내용으로서 가지는 의미와 가치를 충분히 설명할 수 없다.

위의 해설에는 직접적으로 드러나 있지 않지만, 관용이나 용서, 사랑 등의 덕목, 즉 '다른 사람을 대하는 너그러운 마음'이 도덕적으로 중요한 의미를 가지는 이유는 무엇이며, '사랑과 관용의 자세'가 도덕교육을 통하여 길러져야 할 중요한 덕목이라고 보아야 할 근거는 무엇인가에 대한 한 가지 유력한 대답은, 유교사상으로 대표되는 우리의 윤리적 전통이 그 근거가 된다는 대답일 것이다. '사랑과 관용의 자세'라는 내용 요소를 통하여 추구되는 주요 가치 덕목이 윗사람에 대한 공경과 아랫사람에 대한 사랑을 뜻하는 '경애'이며, 이런 뜻에서의 경애는 유교에서 강조하는 '경천애인', 즉 하늘을 경외하고 사람을 사랑하는 정신과 연관되어 있다는 점은 이 대답이 그다지 틀린 것이 아니라는 짐작을 하게 해준다. 너그러운 마음은 유교의 사상과 윤리에서 가장 근본이 되는 덕으로서의 '인(仁)' 또는 '서(恕)'의 정신과 일관된 의미를 가지는 것으로서, 사랑과 관용의 도덕적 의미와 가치는 유교의 윤리학 이론에 비추어 설명될 수 있을 것이다. 유교적 사고방식과 전통에서 '관후'와 '인자'는 군자가 반드시 갖추어야 할 덕으로 강조되었다는 것, 조선 시대에 '관용'의 덕은 선비가 되기 위한 조건으로서 그 인격과 장래성을 측정하는 기준으로 간주되었다는 것은 이 점에서 지극히 당연하다.[4]

이와 같이, 한국의 초등 도덕교육에서 '관용'의 덕목은 2007 개정 교육과정 이전에도 다루어졌으며, 우리의 유교적 전통에 기반을 둔 윤리학적 관점에서는 도덕교육의 내용으로서의 '관용'이 가지는 의미와 중요성을 줄곧 강조하여 왔다고 볼 수 있다. 다만, 여기에서 '관용'은 다문화 사회에서 새롭게 요청되는 시민적 소양이나 태도가 아니라, 사회적

---

[4] 이규태, 『선비의 의식구조』, 신원문화사, 1985, 291쪽; 목영해, 「관용의 교육에 대한 연구」, 『교육철학』 18, 한국교육학회 교육철학연구회, 1997, 218쪽에서 재인용. 물론, '다른 사람을 대하는 너그러운 마음'으로서의 관용은 유교의 '인(仁)'이나 '서(恕)'만이 아니라, 불교의 '자비', 기독교의 '사랑' 등과도 일관된 의미를 가지고 있다는 점에서, 인류의 보편적 종교에서 공통적으로 강조되는 윤리적 태도를 나타내는 것으로 해석될 수 있다.

존재로서의 인간이 타인에 대하여 마땅히 가져야 할 윤리적 태도로서의 '너그러운 마음'을 가리킨다. 한국의 초등 도덕교육에서 '관용'의 덕목 또는 가치는 2007 개정 도덕과 교육과정 이후 새롭게 포함되었다는 주장이 제기될 수 있는 것은 다문화 소양으로서의 관용의 태도는 2007 개정 이전에는 다루어진 적이 없다는 것, 다문화 윤리에 해당하는 단원이 초등 도덕과에 수록된 것은 2007 개정 도덕과 교육과정부터라고 보기 때문이다. 앞의 고찰에서 확인한 바와 같이, 2007 개정 이전과 이후의 초등 도덕과 교육과정에서 '관용'의 의미는 각각 '다른 사람을 대하는 너그러운 마음'과 '다른 문화에 대한 이해와 존중'으로 요약될 수 있다. 만약 그 두 가지의 '관용' 사이에 현격한 차이가 있다면, 양자를 명백히 구분하지 않은 채 도덕교육의 내용으로서 '관용'의 의미와 가치에 관하여 논의하는 것은 오해와 혼란을 초래하게 될 뿐이다. 그러나 윤리학적 관점, 또는 더 정확하게 말하면 윤리학적 관점에 입각한 도덕교육의 관점에서는 그 두 가지의 '관용'을 단지 용어로만 동일할 뿐, 완전히 별개의 개념으로 취급하는 것 또한 타당한 접근이라고 보기 어렵다.

2007 개정 교육과정 이전과 이후의 초등 도덕교육에서 내용 요소로 다루어지는 관용은 각각, 동양의 유교 윤리적 관점에서 해석되는 '관용'과 서양의 자유민주주의 이념에 근거를 둔 '관용'이라는 점에서 분명히 차이가 있다. 그러나 우리의 전통적 덕목으로서의 '관용'과 서양의 시민적 덕목으로서의 '관용' 중의 어느 하나만이 아니라 그 두 가지가 모두 도덕교육의 내용을 이룬다는 점을 염두에 두면, 그 두 가지 관용을 관통하는 공통적 의미를 찾아내는 것 또한, 양자 사이의 차이를 분명히 하는 것 못지않게 중요하다고 보아야 한다. 그 공통적 의미는 전통적 덕목으로서의 관용과 시민적 덕목으로서의 관용이 '도덕적 덕목'으로

서 가지는 공통된 의미, 한 마디로 말하여 윤리학적 개념으로서의 '관용'의 의미를 명료화함으로써 찾아질 수 있을 것이다. 이하에서는 그 예비적 고찰로서, '관용'으로 번역되는 서양의 용어인 '똘레랑스' 개념과 역사적 전개 과정을 약간 자세히 살펴보고, 똘레랑스의 정신에 기초한 시민적 덕목으로서의 '관용'의 의미를 관용의 원칙에 관한 유네스코 선언문을 중심으로 알아보도록 하겠다.


## Ⅲ. '똘레랑스'란 무엇인가?

유엔은 제2차 세계대전 종전 50주년, 유엔 창설 50주년이 되는 1995년을 맞아서, 유네스코가 정한 '관용의 원칙에 관한 선언'을 채택하고 그 해를 '세계 관용의 해'로 선포하였다. 여기에서 '관용'으로 번역된 단어는 'tolerance'로서, 불어식 발음으로는 '똘레랑스'로 표기된다.[5] 1995년 이후 20년이 지난 현시점에서는 '관용'이 'tolerance'의 번역어로 널리 통용되고 있으며, 2007 개정 도덕과 교육과정에서 다문화 소양의 핵심적 덕목으로 강조되는 '관용'은 유네스코가 채택한 '관용의 원칙에 관한 선언'에서의 관용의 의미를 매우 충실하게 반영하고 있다.[6] 그러나 여전

---

[5] '똘레랑스'라는 표기와 그 정신이 한국의 대중에게 널리 알려지는 데에 기여한 인물로서 홍세화를 꼽을 수 있을 것이다. 똘레랑스의 정신을 소개한 그의 첫 저서 『나는 빠리의 택시 운전사』가 1995년에 출간되었다. 홍세화는 이후에 똘레랑스의 역사와 그 가치를 철학적으로 논의한 필리프 사시에 저서 *Pourquoi la tolerance* 의 한국어 번역판을 『왜 똘레랑스인가』(2000), 『민주주의의 무기, 똘레랑스』(2010) 라는 제목으로 두 차례에 걸쳐서 출간하였다.

[6] 국내의 학계에서 자유민주주의의 기본적 가치로서의 관용의 개념에 관한 철학적 논의를 대표하는 연구로는 김용환의 저서 『관용과 열린사회』, 철학과현실사, 1997 을 들 수 있다. 도덕교육 분야에서는 1990년대 중반 이후부터, 다문화사회의 시민

히 '관용'이라는 용어 대신에 '똘레랑스'라는 표현을 고수하는 경우도 있으며, '똘레랑스'로 표기되는 서양적 개념은 '관용'이라는 번역어로는 도저히 전달되지 않는 독자적 의미를 가지고 있다는 생각도 충분히 성립할 수 있다.[7]

우선, 'tolerance'의 사전적 의미를 살펴보겠다. 'tolerance'라는 단어는 라틴어 'tolerare'에서 파생된 'tolerantia'에 어원을 두고 있으며, 라틴어 'tolerare'는 '견디다, 참다'라는 뜻을 가지고 있다. 브리태니커 백과사전에 따르면 'tolerance'는 '다른 사람들에게 행위나 판단의 자유를 허용하는 것, 자신의 견해 또는 일반적인 방식이나 관점과 다른 것을 편견 없이 끈기 있게 참아주는 것'으로 정의된다. 그리고 옥스포드 영어 사전에서는 'tolerance'를 ①권위적인 명령에 의한 간섭과 방해를 받지 않고 존재하거나 행동할 수 있도록 허용되는 것, ②어떤 것에 대해 강력하게 반대하면서도 동시에 용납하는 것, ③국가의 정책으로서 사회의 여러 차원에서 다양성을 허용하는 것 등으로 정의하고 있다. 이와 같이, 'tolerance'의 사전적 의미를 간단히 확인하는 것만으로도, 서양적 개념

---

적 덕목으로서의 관용의 가치에 주목하면서, 다문화교육과 민주시민교육의 관점에서 관용교육의 중요성을 논의한 연구들이 다수 발표되기 시작하였다.

[7] 네덜란드 출신의 미국인 언론인 헨드릭 빌렘 반 룬이 그리스시대부터 20세기 초에 이르기까지 서양 사회에서의 관용의 역사를 추적한 저서 *Tolerance*의 한국어 번역판 『똘레랑스』(2000)의 역자 후기에서 역자는 '똘레랑스'라는 표기를 사용한 이유에 대하여 다음과 같이 말하고 있다. "'앙가쥬망'을 이제 더 이상 굳이 앙가쥬망이라고 표기하지 않고 '실천'이나 '참여'라는 말로 표현하듯이, 똘레랑스 역시 우리가 살고 있는 곳에서 언젠가는 '관용'이란 말로 토착화되기를 바란다. 단어의 토착화란 결국 그 의미가 삶 속에 널리 퍼진 후에야 가능한 일이니, 적어도 똘레랑스라는 말이 담고 있는 함의와 태도가 우리 안에서 자신의 역사를 갖게 되기를 바란다. 그리하여, 후기 앞부분에서 지루하게 설명을 늘어놓았던 똘레랑스라는 표기가 과도기적인 표현으로 기억되기를." 이 역자의 소망 때문만은 아니겠지만, 불과 5년의 시차를 두고, 동일한 저서의 한국어 번역판이 다른 역자에 의하여 『관용』(2005)이라는 제목으로 출간되었다.

으로서의 '관용'과 우리가 일상에서 '관대하게 용서한다'는 뜻으로 사용하는 한자어 '관용' 사이에는, 상당한 정도의 의미상의 차이가 있다는 것을 알 수 있다. 물론, 학문적 개념으로서의 'tolerance'는 사전적 정의와는 비교할 수 없을 정도로 대단히 복잡한 개념으로서, 어떤 학문 분야의 관점에서 접근하는가에 따라서 그 의미가 달라지고, 같은 학문 분야 내에서도 학자에 따라서 다양한 해석이 제시되고 있다.[8] 이 글에서의 관심은 권력의 유지를 위한 정치담론이나 통치술로서의 관용이 아니라, 민주 사회의 윤리적 가치 또는 시민적 덕목으로서의 관용에 있다.

유네스코가 제정한 '관용의 원칙에 관한 선언'에서 정의하고 있는 '관용'은 우리가 일상에서 사용하는 한자어 '관용'과의 차이를 더욱 분명하게 드러내고 있다. 다음은 '관용의 원칙에 관한 선언'에서 관용의 의미를 규정하고 있는 제1조 중에서 1항과 2항, 3항의 전문이다.[9]

1.1 관용이란 세계의 문화와 표현 형태, 인간 존재의 방식 등에 있어서 풍부한 다양성에 대한 존중, 수용, 이해이다. 관용은 지식, 개방성, 커뮤니케이션, 사상과 양심과 신념의 자유에 의하여 증진된다. 관용은 차이 속의 조화이다. 관용은 도덕적 의미일 뿐만 아니라 정치적, 법적 필요조건이다. 관용은 평화를 가능하게 하는 덕목으로서, 전쟁의 문화를 평화의 문화로 바꾸는 데에 이바지한다.

1.2 관용은 양보나 겸손, 은혜가 아니다. 관용은 다른 어떤 것이기 이전에, 타인의 보편적 인권과 기본적 자유를 인정하는 적극적 태도이다. 관용

---

[8] 관용의 개념에 대한 다양한 논의에 대해서는 Vogt, W. Paul, *Tolerance and Education: Learning to Live with Diversity and Difference*, Sage Publications, 1997. 특히 1장의 논의 참조.

[9] 유네스코가 제정한 '관용의 원칙에 관한 선언문'은 김용환, 앞의 책의 저서 부록에 수록되어 있는 것을 참조하였다.

은 어떤 상황에서도 이러한 기본적 가치에 대한 침해를 정당화하는 데에 이용될 수 없다. 관용은 개인에 의하여 행사될 뿐만 아니라, 집단과 국가에 의하여 실천되어야 한다.

1.3 관용은 인권, 다원주의(문화적 다원주의를 포함하여), 민주주의, 법의 지배를 지지하는 책임감이다. 관용은 독단주의와 절대주의에 대한 거부를 뜻하며, 각종 국제적 인권 규약이 정해놓은 기준을 준수하는 것이다.

이와 같이, 관용에 관한 유네스코 선언문은 '관용'을 세계의 평화와 인권의 실현, 민주주의 이념의 확산에 기여하는 도덕적 덕목이자 제도적 조건으로 간주하고 있으며, 그 핵심적 정신은 '다양성과 차이의 존중', '보편적 인권과 기본적 자유의 인정'이라고 말할 수 있다. 물론, 이런 의미에서의 관용은 20세기 후반에 와서 새롭게 등장한 것도 아니고, 유엔이나 유네스코와 같은 국제적 기구가 임의적으로 규정한 것도 아니며, 서양의 역사에서 상당한 기간에 걸쳐서 형성되고 실천되어 온 개념이다. 따라서 '관용'으로 번역되는 서양적 개념 'tolerance'에 들어 있는 의미를 구체적으로 이해하기 위해서는 유네스코 선언문에 나와 있는 추상적 이념이나 보편적 원칙 그 자체가 아니라, 그러한 이념이나 원칙이 확립되기까지의 역사, 즉 그 개념이 서양의 역사에서 등장하여 세계의 평화와 민주주의의 실현을 위한 이념으로 자리 잡게 된 구체적 과정과 맥락을 살펴볼 필요가 있다.[10]

서양의 역사에서 '관용'이 사상이나 신념의 차이에 기인한 차별, 폭력, 전쟁 등의 심각한 갈등을 해소하는 중요한 사회적 가치로 등장하게 된 것은 16세기의 이른바 '종교적 관용' 이후부터라고 볼 수 있다. 구교

---

[10] 서양의 역사에서 '관용' 개념의 등장과 그 형성 과정에 관한 간략한 개요는 하승우, 『희망의 사회 윤리 톨레랑스』, 책세상, 2003, 1장 참조.

도와 신교도 사이에 장기간에 걸쳐서 벌어진 종교전쟁으로 인하여 참혹한 피해와 고통을 겪은 유럽의 군주들은 자신의 신민들에게 군주 자신이 믿는 종교의 진리를 강제할 것인가 아니면 그러한 강제를 중지하고 그대로 둘 것인가 하는 문제에 직면하였다. '관용'은 이 문제에 대하여 군주가 택한 특정한 태도와 공적인 정책, 즉 어느 한 교파의 편을 드는 것을 중단하고 군주 자신이 믿지 않는 종교를 신민들에게 허용하는 것을 지칭하였다. 여기에서 '관용'은 'tolerance'라는 단어의 어원적 의미 그대로, 군주가 그 자신의 구원의 문제를 무릅쓰면서 '스스로 진리가 아니며 선이 아니라고 생각하는 것을 참고 견디는 것'(P. Sassier, 홍세화(역), 2000: 29)을 뜻한다.[11]

종교개혁 이후 유럽사회에서 일어난 종교적 대립과 갈등은 17세기와 18세기에 이르기까지 여전히 지속되었다. 이 시기에 등장한 계몽사상은 종교적 광신과 편견이 야기하는 갈등과 폭력적 만행을 '이성의 빛'에 의거하여 고발하고 이성을 소유한 모든 인간에게 보편적 자유와 평등의 권리가 주어져 있다는 사상을 주장함으로써 관용의 정신이 사회

---

[11] 1572년 8월 24일 기독교 구교도(가톨릭)와 신교도(위그노)의 갈등에서 빚어진 성 바르톨로메오 축일의 대학살은 16세기말 프랑스 전역을 종교적 참화로 몰아넣었던 가톨릭과 위그노 사이의 종교 전쟁 와중에 발생하였다. 파리에서만 3천여 명의 신교도가 학살되었고, 프랑스 전역에서 2만여 명의 신교도가 구교도들에 의하여 희생되었다. 신교도들은 생존을 위한 반격을 시작했고, 이후 구교도와 신교도간의 갈등은 피의 악순환을 불러옴으로써 유럽 전역에 종교 전쟁의 불길이 번지게 되었다. 위그노교였던 앙리 4세는 1598년 가톨릭으로 개종했고, 그 해에 낭트칙령을 공포하여 30여 년간 지속된 종교전쟁을 종식시켰다. 낭트칙령은 신교도에게 종교의 자유를 부여한 것으로서, 내면적 신앙의 자유, 예배의 자유, 재판에서의 평등 등의 시민권을 허용하였으며, '종교적 관용'을 최초로 제도적 형태로 실현한 경우라고 볼 수 있다. 그러나 1685년 루이 14세는 낭트칙령을 철폐함으로써 프랑스 내 신교도의 모든 정치적 시민적 자유를 박탈하였고, 40만 명 이상의 신교도들이 종교적 차별과 박해를 피하여 영국, 프로이센, 네덜란드 등으로 이주하였다.

전반에 확산되도록 하는 데에 중요한 기여를 하였다. 계몽주의 사상과 그 이후의 자유주의 사상에서 '관용'은 단지 종교에 대한 군주의 태도나 국가의 공적 정책을 가리키는 것만이 아니라, 모든 자유로운 인간이 타인의 생각이나 행위에 대하여 취해야 하는 윤리적 태도나 정신 자세로서 강조되었다. 특히 자유주의 사상에 입각한 로크의 관용론, 그리고 프랑스를 대표하는 계몽주의 사상가인 볼테르의 관용론은 이 면에서 주목된다. 볼테르는 1762년의 칼라스 사건을 접하고 종교적 광기와 맹신이 불러온 야만적 결과에 분개하여, 그 재판절차의 부당성과 야만적 형벌제도의 문제점을 지적하면서, 냉철한 이성과 인도주의에 입각한 관용의 정신을 호소하였다. 볼테르의「관용론」은 칼라스 사건에서 얻은 각성을 출발점으로 하여, 종교적 불관용과 박해에 대하여 반박하고 신앙의 자유와 종교적 관용의 정당성을 합리적 근거에 의하여 입증하려는 의도에서 저술되었다.[12] 로크는「관용에 관한 편지」에서 관용의 정신이야말로 종교적 반목과 갈등을 해소하는 근본적 해결책이라고 주장하면서, 개인의 양심과 사상, 신앙의 자유를 존중하는 관용의 정신의 중요성과 그 실천의 필요성을 역설하였다.[13] 로크는 정부가 종교에 개입하는 것을 반대하고, 어떠한 권력도 개인에게 특정한 신앙을 강요할 수 없으며, 교회나 국가가 종교를 빌미로 삼아서 시민의 권리를 침

---

[12] 볼테르의 호소와 활약은 재심을 요구하는 여론이 조성되는 데에 결정적인 기여를 하였고, 칼라스 처형 3년만인 1765년 칼라스의 무죄와 복권이 선고되었다. Voltaire, 송기형 외 옮김, *Traité sur la tolérance*(1763),『관용론』, 한길사, 2001 참조.

[13] J. Locke, 공진성 옮김, *Epistola de Tolerantia*(1689),『관용에 관한 편지』, 책세상, 2008. 자유주의 사상에 기초한 로크의 관용론이 담겨 있는 이 저서의 초판은 '관용의 나라' 네덜란드에서 라틴어로 출간되었고, 몇 개월 후에 윌리엄 포플에 의하여 영어로 번역되어 역자의 서문과 함께 'A Letter Concerning Toleration'이라는 제목으로 영국에 소개 되었다.

탈할 수 없고, 어떤 개인도 종교나 종파의 차이를 이유로 하여 타인에게 폭력을 가할 수 없다는 점을 분명히 하였다.

19세기 이후 서양의 역사는 프랑스 대혁명과 미국의 독립을 계기로 하여 촉발된 근대 시민사회의 형성기로서, 자유주의 사상에 기초한 민주주의와 법치주의 이념이 근대 시민사회를 이룩한 기초가 되었다고 말할 수 있다. 잘 알려져 있는 바와 같이, 서구의 시민사회와 자유민주주의 체제를 지탱하는 근본이념은 자유와 평등, 인간 존중의 정신이다. 그중에서도 특히, 개인의 양심과 사상, 표현의 자유는 기본 인권으로 존중되고 있으며, '관용'은 모든 시민이 개인의 기본 인권으로서의 자유를 동등하게 누리기 위한 선결 조건이라고 말할 수 있다.[14] 자유민주주의 사회에서 '관용'이 어느 정도로 중요한 의미를 가지는가 하는 것은, 볼테르가 한 말로 알려지고 있는 다음의 명구에 극적인 형태로 표현되어 있다.

  '나는 당신의 말에 동의하지 않는다. 그러나 당신이 그런 말을 할 권리에 대해서는 나의 목숨을 다하여 지킬 것이다.'

위의 구절에 잘 나타나 있는 바와 같이, 오늘날 서양의 시민사회에서 '관용'은 종교에 대한 관용적 태도라는 좁은 범위에 머물지 않고, 개인의 자유와 타인의 권리에 대한 존중이라는 민주주의 이념을 실현하기 위한 필수적 조건으로 간주되고 있다. 다시 말하여, 서양 사회에서 현

---

[14] 자유주의 사상에서 자유의 개념과 관용의 가치 사이의 필연적 관련에 관해서는 노명식, 『자유주의의 원리와 역사―그 비판적 연구』, 민음사, 1991, 2장; 이근식, 「자유주의와 한국사회」, 이근식·황경식 편, 『자유주의란 무엇인가』, 삼성경제연구소, 2001 참조.

대적 의미의 관용은 집단 간의 갈등을 평화적으로 해결하고 사회의 정의를 구현하기 위한 공적 정책 또는 사회적 가치를 지칭하는 것이면서, 그와 동시에, 민주 사회의 시민으로서 개인과 개인 상호간에 지켜져야 하는 윤리적 태도를 의미하게 된다. 제1차와 제2차 세계대전의 참화를 겪은 후, 전쟁의 발발을 방지하고 세계의 평화를 도모하기 위하여 창설된 유엔은 자유와 평화, 인권, 민주주의의 실현을 국제 사회가 추구해야 할 이상으로 선포하였다. 유엔의 설립은 자유주의와 민주주의에 기초한 시민사회의 이념이 20세기 후반에 들어서면서 서구사회만이 아니라 전세계로 확장되었음을 상징적으로 보여준다. 1995년에 유네스코에 의하여 선포된 '관용의 원칙에 관한 선언' 전문에는, 선언 채택의 배경과 동기가 다음과 같이 서술되어 있다.

> 오늘날, 민족 및 인종적, 종교적, 언어적 소수민, 난민, 이민 노동자, 이주민과 사회 내부의 취약 집단에 대한 불관용, 폭력, 테러리즘, 외국인 혐오증, 공격적 민족주의, 인종주의, 반유태주의, 배척, 소외와 차별뿐만 아니라, 의견과 표현의 자유를 행사하는 개인에 대한 폭력과 위협 - 이 모든 것이 국내적으로나 국제적으로 평화와 민주주의를 위협하고, 발전을 막는 장애가 된다 - 이 증가하고 있는 것에 경악하며, 인종, 성, 언어, 출신 민족, 종교 또는 신체의 불구에 관계없이 모든 이를 위한 인권 및 기본적 자유에 대한 존중을 발전시키고 장려하며, 불관용과 싸우는 것이 회원국의 책임임을 강조하면서, 이 '관용의 원칙에 관한 선언'을 채택하고 엄숙히 선포한다.

위의 선언 배경에 분명히 서술되어 있는 바와 같이, 오늘날 국제 사회에서 '관용'은, 16세기의 '종교적 관용'이 구교도와 신교도 사이의 불관용으로 야기된 피해와 고통을 중지하기 위한 소극적인 의도를 가지고 있었던 것과는 달리, 종교적, 인종적, 민족적, 문화적 차이로 인한 부당한 차별과 폭력에 맞서서, 국내적으로나 국제적으로 인간의 기본적 권리로서의 자유와 평등을 실현하기 위한 적극적인 요청으로서의 의미를 가지게 되었다. 유네스코가 '관용의 교육'을 절박한 지상과제로 삼는 것은 바로 이런 이유에서이다. 위의 원칙 중 '교육'에 관한 조항에 따르면, 관용교육의 첫 단계는 인간이 공유하고 있는 권리와 자유가 무엇인지를 가르치는 것이며, 그러한 권리와 자유가 존중받도록 하고, 타인의 권리와 자유를 보호할 의지를 키우는 것으로 이루어져야 한다. 그리하여 최종적으로는 '다른 문화에 개방적이고, 자유의 가치를 인정할 줄 알고, 인간의 존엄성과 차이를 존중하고, 갈등을 예방하거나 비폭력적 수단으로 해결할 줄 아는, 사려 깊고 책임감 있는 시민'을 기르는 데에 목적을 둔다.

한국의 2007 개정 이후 초등 도덕과 교육과정에서 다문화 교육을 목적으로 하여 구성된 단원과 그 단원에서 다루어지는 내용으로서의 '관용'은 유네스코가 채택한 '관용의 원칙에 관한 선언'에 나타 있는 관용의 정신과 관용교육의 목적을 충실하게 반영하고 있다. 요컨대, 다문화 사회에서 요청되는 소양과 태도로서의 '관용'은 '다른 문화에 대한 이해와 존중'을 그 핵심 요소로 하며, 그 바탕이 되는 것은 자신과 다른 생각이나 신념, 취향 등을 가진 사람들의 권리와 자유를 인정하는 태도이다. 앞 절에서 고찰한 바와 같이, 이런 의미에서의 관용은 한국 사회가 다문화 사회에 진입하면서 새롭게 요청되는 시민적 덕목을 가리킨다면, 이와는 달리, 2007 개정 이전의 도덕과 교육과정에서 '사랑과 관용의 자세'라는 내용 요소로 다루어지는 '관용'은 '다른 사람을 대하는 너그러운 마음'을 강조하는 것으로서, 유교적 윤리에 기반한 전통적 덕목을 나타내고 있다. 이하에서는 전통적 덕목으로서의 관용과 시민적 덕목으로서의 관용이 정확히 어떤 점에서 차이가 있는지를 알아본 후에, 그러한 차이점에도 불구하고, 전통적 덕목으로서의 관용과 시민적 덕목으로서의 관용이 '도덕적 덕목'으로서 가치를 가지게 되는 공통된 근거가 무엇인지를 생각해 보도록 하겠다.

## Ⅳ. 전통적 관용과 시민적 관용

2007 개정 이후 초등 도덕과 교육과정에서 다루어지는 '관용'과 2007 개정 이전 초등 도덕과 교육과정에 나타나 있는 '관용'을 각각 편의상 시민적 덕목으로서의 관용과 전통적 덕목으로서의 관용 또는 간단히 '시민적 관용'과 '전통적 관용'이라고 부를 수 있을 것이다. 시민적 관용과 전통적 관용 사이의 의미상의 차이는 다음의 몇 가지 측면에서 명료화할 수 있다.

우선, 시민적 관용과 전통적 관용이 구분되는 가장 중요한 측면은 '무엇을 관용하는가', 즉 관용의 대상에 있어서의 차이라고 볼 수 있다. 전통적 덕목으로서의 관용은 다른 사람이 무엇인가 실수나 잘못을 저질러서 자신이 피해를 입었음에도 불구하고 탓하거나 비난하지 않고 용서하는 너그러운 마음, 특히 자신보다 어린 사람이나 아래 사람이 저지른 도덕적 과오나 상해에 대하여 엄격한 처벌이나 책임을 묻지 않고 넘어가는 관대한 태도를 가리킨다. 이런 의미에서의 관용에서 관용의 대상은 다른 사람의 '실수나 잘못'이다. 이와는 달리, 시민적 관용의 핵심적 의미는 '다양성과 차이'를 수용하고 존중하는 정신에 있으며, 여기에서 관용은 자신이 옳다고 믿거나 좋다고 생각하는 것과는 다른 것임에도 불구하고 이해하고 존중하는 태도를 뜻한다. 시민적 덕목으로서의 관용은 자신과는 다른 신념이나 견해를 가진 다른 사람들, 또는 우리와는 다른 종교나 문화를 가진 사람들에게 시민으로서의 동등한 권리와 자유를 인정하는 태도를 가리키며, 따라서 시민적 관용에서 관용 또는 허용의 대상은 타인의 실수나 잘못이 아니라, 타인의 '권리와 자유'이다. 다양성과 차이에 대한 존중은 인간의 기본적 권리와 자유가 자신에게 소중한 것인 만큼, 다른 사람들에게도 마찬가지로 소중하다는 것을 인정하는 자세를 나타낸다는 점에서, 다양성과 차이에 대한 관용과 존중은 곧 타인의 권리와 자유에 대한 관용과 존중을 표현한다고 말할 수 있다.

다음으로, 시민적 관용과 전통적 관용은 '누가 관용하는가'의 문제, 즉 관용의 주체라는 측면에서 보면, 각각 '상호적 또는 수평적 형태의' 관용과 '상하적 또는 수직적 형태의' 관용을 나타내는 것으로 해석될 수 있다. 전통적 관용에서 관용은 누군가의 실수나 잘못으로 인하여 피해나 손실을 입은 사람 또는 그런 실수나 잘못에 대하여 책임을 묻거나 처벌을 내릴 위치에 있는 사람이 그런 실수나 잘못을 저지른 사람에 대하여 베푸는 관대한 처분이나 너그러운 용서를 의미한다는 점에서, 관용을 베푸는 사람과 받는 사람이 뚜렷이 구별되는 인간관계에서 일어나는 수직적 형태의 관용이라고 말할 수 있다. 그러나 이와는 달리, 시민적 관용에서 관용은 수직적 인간관계 하에서 일방적으로 베풀어지는 것이 아니라, 시민으로서의 상호 동등한 권리가 인정되는 수평적 인간관계에서 쌍방적으로 주고받는 방식으로 이루어진다. 유네스코의 '관용의 원칙에 관한 선언'에서 '관용은 양보나 겸손, 은혜가 아니다'라고 규정하고 있는 것은 이런 의미에서이다.

전통적 관용이 수직적 관용의 형태를 띠고, 시민적 관용이 수평적 관용의 형태를 띠는 것은 전통적 유교 사회와 현대의 시민 사회 사이의 차이, 즉 신분의 차이와 위계 관계 질서가 엄격했던 전통사회와 달리, 현대 시민 사회는 시민의 평등과 문화의 다양성을 존중한다는 점에서 그 이유를 찾을 수 있을지 모른다. 그러나 수직적 관용과 수평적 관용 사이의 대비는, 그 양자가 오늘날에도 여전히 도덕적 덕목으로서 가치를 가지는 것인 한, 시대나 사회의 변화에 따른 차이라기보다는, 위에서 언급한 '관용의 대상'에서의 차이에 기인한다고 보아야 한다. 즉, 다른 사람의 실수나 잘못에 대한 너그러운 자세는 수직적 방식의 관용으로 나타나지만, 다른 사람의 권리와 자유를 존중하는 태도로서의 관용은 수평적 방식으로 이루어진다는 점에서 뚜렷하게 대비된다.

이와 같이, 전통적 덕목으로서의 관용과 시민적 덕목으로서의 관용 사이에 분명한 차이점이 있다면, 2007 개정 이후 도덕과 교육과정에서 강조되는 시민적 관용은 전통적 의미에서의 관용, 즉 '다른 사람을 대하는 너그러운 마음'이라는 의미에서의 관용과는 구분되는 새로운 의미의 관용이라는 입장을 받아들여야 할 것이다.[15] 2007 개정 초등 6학년 도덕과 교사용 지도서에는 '편견 극복과 관용'이라는 내용 요소의 지도와 관련된 유의점으로서, 도덕적 문제와 관련 없는 '약한 의미의

---

[15] 조기제(2003)는 다원주의적 자유민주주의 국가에서 관용의 가치가 가지는 의의와 초등교육에서의 관용교육의 중요성을 다룬 그의 논문에서 다음과 같이 결론을 맺고 있다. "우리나라 초등교육에서 관용에 대한 교육은 그 필요성에도 불구하고 적절한 비중이 주어지지 않았다. 현행 교과서에서 다루어지는 관용의 덕목은 용서, 사랑과 비슷한 차원에서의 너그러움으로 이해되어 제시되고 있다. 이러한 이해를 넘어 자유에 따르는 하나의 권리로서 관용은 중요하게 가르쳐져야 할 것이다" 이 논문은 2007 개정 교육과정이 시행되기 전인 2003년에 발표되었다.

관용'과 도덕적 문제와 관련된 '강한 의미의 관용'을 구분하는 서양의 한 학자의 아이디어를 소개하면서, 초등 도덕과에서는 도덕적 의미를 지니지 않는 취향, 성향, 감정, 혹은 문제 해결과 관련된 약한 의미의 관용을 먼저 다루어야 한다고 권고하고 있다(교육과학기술부, 2011: 258). 여기에서 관용의 의미를 도덕적 문제에 대한 가치 판단의 개입 여부를 기준으로 하여 관용의 '약한 의미'와 '강한 의미'를 구분하는 것은 그 자체로서는 매우 타당하고 의미있는 구분이라고 말할 수 있다. 표면상으로 보면, 다른 문화에 대한 이해와 존중을 뜻하는 시민적 관용은 약한 의미의 관용에, 다른 사람의 실수나 잘못을 대하는 너그러운 마음으로서의 전통적 관용은 강한 의미의 관용에 해당한다고 생각될 수 있으며, 그 양자를 각각 '문화적 관용'과 '도덕적 관용'으로 구분하는 것도 가능하다고 볼 수 있다. 그러나 관용의 의미에 관한 위의 구분은 시민적 관용 안에서의 구분으로 이해되어야 하며, 강한 의미의 관용 또는 도덕적 관용은 도덕적 문제에 관한 관점이나 신념에서의 차이를 존중하고 자신과 입장이 다른 사람들의 시민적 권리를 인정하고 허용하는 것을 뜻한다고 보아야 한다. 이런 의미에서의 도덕적 관용은 다른 사람이 자신에게 저지른 잘못이나 실수를 너그럽게 용서한다는 의미에서의 전통적 관용과 분명히 구별될 필요가 있다.

만약 전통적 관용과 시민적 관용 사이의 차이를 분명히 의식하지 않은 채, 양자를 직접적으로 관련짓는다면 이것은 관용의 의미와 관용의 교육에 관한 불필요한 오해와 혼란을 일으킬 우려가 있다. 위에서 언급한 강한 의미의 관용, 즉 도덕적 문제에 관한 관용을 '비도덕적 행위에 대한 도덕적 용납' 또는 '도덕적으로 옳지 않은 행위에 대한 관대한 용서'로 해석하는 것이 바로 그런 경우에 해당한다. 도덕적 관용을 이런 관점에서 해석하게 되면, 도덕적 관용의 교육은 도덕적으로 옳지 않은 행위를 용납하라고 가르치는 것으로 되고, 이러한 교육이 얼마나 심각한 혼란이나 위험을 초래할 것인가는 불문가지이다.[16] 만약 전통적 덕목으로서의 관용이 이런 의미에서의 도덕적 관용을 가리키는 것이라면, 그것은 '전통적 덕목'으로서도 가르쳐서는 안 되며, 단지 초등 교육의 단계에서만 유예되어야 할 것이 아니라 교육의 최종 단계에서도 교육적 정당성을 가지기 어려울 것이다. 시민적 덕목으로서의 관용을 문화적 관용만이 아니라 도덕적 관용까지 포함하는 확대된 의미로 해석한다 하더라도, 그것은 명백히 비도덕적인 행위에 대해서도 관대한 용서를 베풀어야 한다는 뜻이 아니라, 문화나 종교의 차이에 기인하는 도덕적 규범의 다양성을 존중해야 한다는 뜻으로 이해되어야 한다.

이상의 고찰에서 드러난 바와 같이, 우리의 고유한 한자어로서의 '관용'과 서양적 개념의 번역어로서의 '관용' 사이에 의미상의 차이가 있다는 것은 분명하며, 그와 같은 차이는 단지 동일한 단어에 들어 있는 두 가지 상이한 의미를 나타내는 것에 그치는 것이 아니라, 도덕교육의 내용으로 들어 있는 두 가지 상이한 의미의 '관용', 즉 전통적 덕목으로서의 관용과 시민적 관용으로서의 덕목 사이의 대비에 그대로 반영되고 있다.[17] 그러므로 한 편으로 전통적 덕목으로서의 '관용', 즉 유교 사상

---

16) 목영해(1997)는 관용의 본질을 '비도덕적 행위에 대한 도덕적 용납'으로 규정하면서, 관용의 교육이 초래할 위험성을 경고하고 있다. 취향과 감성에서의 차이와 다양성을 존중하는 '약한 의미의' 관용과 상대주의 관점에 입각하여 도덕적으로 옳지 않은 행위를 관대하게 용서하는 '강한 의미의' 관용을 구분하여, 초등교육에서의 관용교육은 약한 의미의 관용교육에 한정해야 할 필요가 있다는 것이다. 도덕적 문제와 관련된 관용에 대해서는 신중하게 접근해야 한다는 지적과 도덕 상대주의에 대한 경고는 충분히 존중되어야 마땅하지만, 시민적 덕목으로서의 관용을 '비도덕적 행위에 대한 관대한 용서'라는 관점에서 파악하는 것은 관용의 의미에 대한 정확한 이해라고 보기 어렵다.

으로 대표되는 동양적 사고방식과 전통적 윤리를 반영하는 관용과 다른 한 편으로, 시민적 덕목으로서의 '관용' 즉, 서양의 자유주의 전통과 민주주의 이념에 기초를 둔 다문화 소양으로서의 '관용'을 명백히 구분하는 것은 도덕교육의 내용으로서의 관용의 의미에 관한 오해와 혼란을 방지하기 위하여 반드시 필요하다고 말할 수 있다. 그러나 과연 전통적 덕목으로서의 관용과 시민적 덕목으로서의 관용은 그야말로 용어상으로만 동일할 뿐, 양자 사이에는 아무런 공통의 의미도 없는 것인가? '다른 사람을 대하는 너그러운 마음'으로서의 관용과 '다른 문화에 대한 이해와 존중'으로서의 관용은 오늘날 우리가 사용하는 '관용'이라는 용어가 나타내는 두 가지 상이한 개념으로서 엄밀한 구분을 필요로 할 뿐이며, 그 두 '관용' 사이에는 아무런 의미상의 관련도 성립하지 않는다고 보아야 하는가?

분명히 말하여, 서양의 역사에서 등장하고 형성된 개념인 '똘레랑스'가 '관용'이라는 한자어로 번역된 것은 그 두 단어 사이에 모종의 의미상의 공통점이 있기 때문일 것이다. 아마도 그 공통점은 두 단어 모두 '무엇인가 받아들이거나 용인하기 쉽지 않은 것을 받아들이거나 용인한다'는 점에서 찾을 수 있을 것으로 생각된다. 통상적으로 보면, 다른

---

17) 동화 작가 채인선이 저술한 『아름다운 가치 사전』, 한울림어린이, 2005에는 '관용'이 다음과 같이 정의되어 있다. "관용에는 상대방이 자기와 다르다는 사실을 인정하고 받아들이는 것, 그리고 남의 잘못이나 실수를 너그럽게 용서하는 것, 이 두 가지 의미가 있습니다. 첫째 관용은 '다름'의 가치를 인정하고 그것을 흥미롭게 받아들이는 태도로서, 자기와 다른 모든 사람을 이웃과 친구로 만들 수 있게 합니다. 둘째 관용은 잘못이나 실수를 범한 사람을 용서하는 것입니다, 여기에는 자기 자신도 잘못을 범하고 실수를 할 수 있다는 것, 그리고 똑같은 실수를 다시 하지 않으리라는 믿음이 전제되어 있습니다. 하지만 그가 한 그릇된 행동을 용서하는 것은 아닙니다. 그릇된 행동은 반드시 그에 상응하는 대가를 치르게 하는 것이 그 사람을 용서하는 방법이 될 것입니다."

사람이 자신에게 저지른 실수나 잘못, 자신과는 다른 신념이나 견해 등에 대해서는 부정적 감정이 앞서므로 받아들이거나 용인하기 쉽지 않은 것이지만, 관용과 똘레랑스는, 그럼에도 불구하고 '그 어떤 중요한 이유에 의하여' 그러한 것을 용서하거나 용납한다는 뜻을 나타낸다. 여기에서 주목해야 할 점은 그 두 개념이 동서양의 상이한 역사와 윤리적 전통 속에서 형성된 것임에도 불구하고, 바람직한 윤리적 태도나 도덕적 덕목으로 간주되고 인정된다는 면에서는 차이가 없다는 점이다. 다른 사람의 실수나 잘못을 대하는 너그러운 태도이든, 문화의 다양성과 차이를 이해하고 존중하는 태도이든, 그것이 도덕적 덕목으로서 정당성을 가지기 위해서는 그러한 태도에 도덕적으로 정당한 근거나 이유가 있어야 한다. 그 근거나 이유를 분명히 드러내는 것, 다시 말하여 관용의 윤리학적 근거를 밝히는 것은 동서양의 관용이 도덕적 덕목으로서 가지는 의미와 가치를 명료화하기 위한 중요한 방안이 된다.

관용의 덕목이 정당성을 가지는 이유는 무엇인가? 우리는 어째서 다른 사람이 자신에게 저지른 실수나 잘못에 대하여 너그럽게 대해야 하며, 우리와는 다른 문화를 가진 사람들의 권리와 자유를 존중해야 하는가? 인간은 다른 사람들과 어울려 살아가야 하는 사회적 존재이므로, 그러한 관용의 태도는 개인의 측면에서는 다른 사람들과의 갈등을 줄이고 원만한 사회생활을 영위하는 데에 필요하고, 사회적 측면에서는 사회내의 분쟁이나 갈등을 예방하고 평화적 공존과 통합을 유지하는 데에 필요하다는 대답이 제시될 수 있다. 그러나 이러한 대답은 관용의 윤리학적 근거로서는 충분한 대답이라고 보기 어렵다.

우선, 전통적 유교 윤리에서는 어째서 다른 사람이 자신에게 실수나 잘못을 저지른 사람을 너그럽게 용서하라고 가르쳐 왔는가? 그 이유를 짐작하는 것은 어렵지 않다. 너그러운 마음으로 대하는 것이 깨달음과 배움의 기회를 준다는 것이 바로 그 이유이다. 다른 사람이 저지른 실수나 잘못을 너그러운 마음으로 용서하는 것은 바깥으로 드러난 외적 결과나 직접적인 피해만이 아니라, 그 사람이 그러한 행위를 하게 된 동기, 그 사람이 처한 상황 등을 이해하고 배려하여 줌으로써 다음에는 동일한 실수나 잘못을 저지르지 않도록 기회를 주고, 그렇게 함으로써 그 사람의 도덕적 성장에 도움을 줄 수 있다는 믿음이 있기 때문이다. 만약 다른 사람의 어지간한 실수나 잘못은 눈감아주고 넘어가는 것이 원만한 사회생활에 필요하다는 사실이 그 이유라면, 이런 의미에서의 너그러운 마음은 사회적 유용성은 가질지 모르지만 도덕적 덕목으로서의 가치는 가질 수 없다. 너그러운 마음이 도덕적 가치를 가지는 진짜 이유는 다른 사람에게 도덕적 성장의 기회를 주는 것 이상으로, 그러한 마음을 가지는 것이 너그러움을 베푸는 사람 자신으로 하여금 도덕적으로 훌륭한 사람으로 되도록 만든다는 데에 있다. 전통적 덕목으로서의 너그러움은 다른 사람을 대하는 자세일 뿐, 자기 자신을 향한 자세를 가리키는 것이 아니다. 전통적 유교 윤리에서 훌륭한 사람을 지칭하는 군자는 '다른 사람에게는 너그럽게 대하되, 자기 자신에게는 엄격한 사람'이며, '외유내강(外柔內剛)'은 바로 군자가 갖추어야 할 이러한 인격적 특징을 표현하는 용어이다. 다른 사람이 자신에게 저지른 실수나 잘못을 너그럽게 대하는 태도는 자신의 이익이나 피해에 연연하지 않고 감정이나 욕심을 절제함으로써 가능하며, 관용의 정당성은 그것이 가져다 줄 이익이 아니라 그것에 의하여 실현되는 의로움에 의하여 설명된다.

　서양의 시민 윤리에서 '관용'의 태도를 중요한 시민적 덕목으로 간주하는 이유는 무엇인가? 우리는 어째서 자신이 찬성하거나 동의하지 않는 신념이나 견해, 종교나 문화를 가진 사람들에 대해서도 시민으로서의 동등한 권리와 자유를 존중해 주어야 하는가? 현대의 다문화사회에서 관용은 종교나 문화의 차이에서 기인하는 갈등과 분쟁, 그에 따르는 심각한 폐해와 고통을 방지하고 평화롭게 공존하기 위한 불가피한 전략이라고 생각될 수 있다. 그러나 오로지 이런 이유 때문이라면, 시민적 덕목으로서의 관용은 시민교육의 내용으로서는 그 필요성을 인정할 수 있어도 도덕교육의 내용으로서의 윤리적 정당성과 가치를 가진다고 보기는 어려울 것이다. 다른 문화를 이해하고 존중하는 태도가 시민적 덕목으로서만이 아니라 도덕적 덕목으로서 가치를 가진다고 보기 위해서는 사회적 갈등의 해결이나 평화적 공존뿐만 아니라, 개인의 도덕적 성장이나 인격적 완성의 측면에서 가지는 의미와 중요성을 설명할 필요가 있다.

우선, 서양적 개념으로서의 관용은 그 어원적 의미에서는, 자신이 좋아하거나 인정하지 않는 것을 참고 견디는 태도를 나타낸다는 점에서 자신의 이익과 감정을 억제하는 절제와 인내의 덕목을 함양하는 데에 도움을 준다고 말할 수 있다. 그러나 시민적 덕목으로서의 관용에는 절제나 인내와 같은 소극적인 의미만이 아니라, 다양성과 차이의 중요성과 그 가치를 이해하며, 자신과는 다른 신념이나 견해를 가진 사람들의 권리와 자유를 존중한다는 적극적인 의미가 들어 있다. 자신이 찬성하거나 동의하지 않는 신념이나 견해를 가진 사람들에 대해서도 시민적 권리와 자유를 용납하고 인정하는 태도는 자신이 시민으로서의 권리와 인간으로서의 자유를 누리는 것이 소중한 만큼 다른 사람들도 그러한 권리와 자유가 소중하다는 것을 인정하는 것이라는 점에서, 이것은 도덕의 보편적 격률, 즉 '자신이 타인에게 대우받기 원하는 대로 타인을 대우하라'는 진술로 표현되는 보편 윤리를 충실하게 구현한다. 시민적 덕목으로서의 관용이 가지는 도덕적 의미는 그러한 관용의 태도야말로 타자 존중 또는 인간 존중의 가치를 내면화하고 실천함으로써 개인으로 하여금 훌륭한 시민으로서만이 아니라 인간다움을 갖춘 훌륭한 인간으로 성장할 수 있도록 해준다는 점에서 찾아질 수 있다.[18]

이상의 논의에 따르면, 도덕교육의 내용으로서 '관용'은 전통적 덕목으로서의 관용이든 시민적 덕목으로서의 관용이든, 도덕적 가치와 덕목으로서의 의미를 가진다는 점에서는 공통되며, 다른 사람의 실수나 잘못을 대하는 너그러운 태도로서의 관용, 문화의 다양성과 차이를 이해하고 존중하는 태도로서의 관용이 도덕적 덕목으로서 정당성을 가지는 것은 원만한 사회생활이나 사회 내의 갈등 해결을 위한 필요성과는 구분되는 도덕적 근거나 이유를 가지고 있기 때문이다. 이것은 곧 도덕교육의 내용으로서의 관용의 개념은 다른 어떤 관점보다도 윤리학적 관점에서 파악되어야 한다는 것을 시사한다. 물론, 오늘날 '관용'에 대한 연구는 윤리학이나 철학의 관점에서만이 아니라 정치학, 법학, 역사학 등 다양한 학문 분야에서 이루어지고 있다. 특히, 서양의 정치학 분야에서 관용은 역사상 번성했던 제국의 통치전략 또는 다문화사회의 불평등과 갈등을 정당화하는 정치담론이라는 관점에서 접근되기도 하지만, 이러한 접근은 관용의 윤리적 가치와 그것이 도덕적 덕목으

---

[18] 이선열(2012)에 의하면, 서양의 자유주의 사상에 기초한 '관용'의 개념과 동양의 유가철학에서 중요시하는 '서(恕)'의 정신은 타자 대우의 두 가지 상이한 원칙을 제시한다. 즉, 관용의 태도가 '차이'를 인정함으로써 타자와의 공존을 지향하는 것이라면, 서(恕)의 정신은 동질성 또는 '같음'에 호소함으로써 타자에 대한 존중을 이끌어낸다.

로서 가지는 의미, 즉 관용이 개인을 도덕적으로 훌륭한 인간으로 형성하고 사회가 올바른 방향으로 나아가도록 하는 데에 어떤 의의를 가지는가에 관심을 두는 윤리학적 또는 윤리교육적 관점과는 극명하게 대비된다.[19]

물론, 도덕교육의 내용을 이루는 다른 여러 가지 가치나 덕목의 경우와 마찬가지로, 관용이라는 덕목 또한, 도덕적 선 그 자체 또는 도덕적 가치의 원천이 아니라 그 한 사례이며, 플라톤 식으로 말하면, 덕 그 자체가 아니라 덕의 불완전한 표현이다. 관용은 무한적으로 추구되어야 하는 절대적 가치가 아니라, 무엇을 관용하고 어느 선까지 관용해야 하며, 어째서 관용해야 하는가에 대한 진지한 윤리학적 탐구와 성찰이 반드시 요청되는 제한적 성격의 가치 또는 덕목이다.[20] 관용의 개념에 관한 윤리학적 성찰이 우리에게 알려 주는 한 가지 중요한 사실은, 관용이라는 윤리적 태도는 인간은 실수나 잘못을 저지를 수밖에 없는 존재라는 것, 즉 인간의 불완전성에 대한 자각에서 논리적으로 추론된다는 점이다.[21] 동서양의 관용을 관통하는 근본 원리는 인간의 지식과

---

19) '억압적 관용(repressive tolerance)'이라는 개념을 다룬 마르쿠제의 논문은 관용이 강자의 억압을 정당화하고 지배 체제 유지의 수단으로 작용한다는 주장을 제시함으로써, 관용을 정치권력의 관점에서 접근하는 선도적 역할을 하였다. 마르쿠제의 논문은 폴 월프, 배링턴 무어 등의 논문과 함께 A Critique of Pure Tolerance(1965)에 수록되어 있으며, 이 책은 현대 자본주의 사회에서 이른바 보편적 관용 또는 '순수 관용'은 환상에 불과하다는 주장을 담고 있다. 관용을 제국의 통치전략이나 정치적 담론이라는 관점에서 접근하는 최근의 연구 중에서 국내에 널리 알려진 것으로는 M. Walzer의 On Toleration, 1997이 있으며, 그밖에 W. Brown, Regulating Aversion: Tolerance in the Age of Identity and Empire, Princeton: Princeton University Press, 2006과 A. Chua, Day of Empire, Anchor, 2007 등을 들 수 있다.

20) 관용의 개념이 가지는 문제점으로서 흔히 제기되는 관용의 한계 또는 이른바 '관용의 역설' - 불관용을 관용하는 것도 불관용이고 불관용을 관용하지 않는 것도 불관용이므로, 관용을 위해서는 불관용을 관용할 수도 없고 관용하지 않을 수도 없다는 관용의 개념을 무제한으로 확대하는 데에 빚어진다고 볼 수 있다.

존재의 불완전성을 인정하는 것에 있으며, 관용의 정신은 '나도 옳고, 너도 옳다'가 아니라 '너도 틀릴 수 있고, 나도 틀릴 수 있다'는 것을 받아들이는 데에서 생겨난다. 도덕적으로 옳지 않은 것을 용납해야 한다든가, 모든 신념이나 가치를 옳은 것으로 인정해야 한다는 견해는 관용의 정신을 올바르게 해석한 것이 아니다. 그리하여, 도덕교육에서 관용의 정신을 올바르게 살려내는 방향은, 인간의 오류가능성과 불완전성을 인정하는 것이 극단적인 가치 상대주의로 귀결되지 않도록 하는 것, 가치의 다원성과 다양성을 인정하면서도 가치의 보편적 기준을 부정하지 않는 것에서 찾아진다. 이러한 방향의 노력은 오로지 관용의 덕목과 관련하여 의의를 가지는 것이 아니라, 도덕교육의 내용으로서의 가치와 덕목 그 자체의 성격을 분명하게 확립하는 데에도 중요한 공헌을 할 수 있을 것이다.

## V. 보편적 가치로서의 '관용'의 정신

이제 앞의 서론에서 언급한 문제의식으로 되돌아가서, 도덕교육의 내용에 속하는 특수적 주제로서의 '관용'의 의미에 관한 이 글의 분석과 논의가 도덕교육의 내용 그 자체의 일반적 성격과 관련하여 어떤 시사점을 주는지에 관하여 생각해 보겠다. 분명히 말하여, 도덕교육의 내용 그 자체의 성격을 어떻게 파악해야 하는가는 별도의 본격적 탐구

21) 볼테르의 표현을 빌어서 말하면, "우리는 서로 관용해야 한다. 왜냐하면 우리 모두는 약하고, 의견이 다르고, 변덕스럽고, 잘못을 범하는 존재이기 때문이다." 관용을 정당화하는 근본 원리로서의 '불완전성의 원리'에 대해서는 김용환, 앞의 책, 1997 참조.

를 필요로 하는 대단히 복잡한 주제이다. 현행 도덕과 교육과정에서는 도덕교육의 내용을 '가치·덕목'이라는 개념으로 규정하고 있지만, 도덕교육의 내용을 일반적 수준에서 기술하는 '가치'와 '덕목'이라는 것이 정확히 어떤 성격의 것인가 하는 것은 그다지 분명하지 않다. 전통적 덕목으로서의 관용과 시민적 덕목으로서의 관용 사이의 대비를 중심으로, 도덕적 덕목으로서의 관용의 의미에 관하여 고찰한 앞의 논의는 도덕교육의 내용을 이루는 가치 또는 덕목의 성격 그 자체에 관하여 그에 대한 본격적인 해명을 요구하는 몇 가지 중요한 질문 또는 연구 과제를 제시하고 있다.

우선, 가장 두드러지는 것으로서, 초등 도덕과 교육과정에서 다루지는 내용 요소로서의 관용의 덕목에 관한 탐구는 동양의 전통적 유교 윤리와 서양에서 수입된 민주시민 윤리 사이에는 어떤 차이가 있으며, 그 양자가 도덕교육의 내용으로서 가지는 공통된 의미는 무엇인가 하는 질문을 제기한다. 한국의 도덕교육을 이루는 내용에는 전통적 유교 윤리를 반영하는 가치·덕목과 서양의 민주시민 윤리에 기초한 가치·덕목이 혼재되어 있다. '관용'이라는 이름의 덕목은 전통적 덕목으로서의 관용과 시민적 덕목으로서의 관용을 동시에 지칭한다는 점에서, 한편으로 유교 사상으로 대표되는 동양의 윤리적 전통에 비추어 이해되는 전통적 덕목과 다른 한편으로, 자유주의 사상과 민주주의 이념을 지향하는 시민적 덕목 사이의 차이점을 명백히 밝히는 것과 함께, 양자가 도덕적 덕목으로서 정당성을 가지는 공통의 근거를 찾아야 할 필요성을 극명하게 보여주고 있다.

다음으로, 도덕교육으로서의 관용에 '다른 사람을 대하는 너그러운 마음'으로서의 관용과 '다른 문화에 대한 이해와 존중'을 뜻하는 관용이

라는 두 가지 상이한 의미의 관용이 있다는 것은 동양의 전통적 덕목
으로서의 관용과 서양의 시민적 덕목으로서의 관용을 동양의 유교 윤
리 사상과 서양의 시민 윤리 사상에 비추어 명료하게 구분할 필요성을
나타내기도 하지만, 전통적으로 중요시되어 온 내용과 새롭게 중요성
이 부각되는 내용 사이의 관계를 어떤 관점에서 어떤 방식으로 정립해
야 하는가 하는 문제를 제기하기도 한다. 우리의 입장에서 시민적 덕
목으로서의 관용은 전통적 덕목으로서의 관용과는 달리, 서양으로부터
수입된 이질적 윤리일 뿐만 아니라 그와 동시에, 한국 사회가 다문화사
회와 글로벌시대로 접어들면서 새롭게 요청되는 덕목이기도 하다.
2007 개정 도덕과 교육과정 이후에 새롭게 추가된 '다문화' 관련 단원은
바로 이와 같은 국가적 요구와 사회적 요청을 반영하고 있다. 그러나
도덕교육의 내용이 시대적 변화와 사회적 필요에 의하여 요청되는 내
용만으로 이루어지는 것은 아니며, 도덕교육의 내용을 이루는 것에는
전통적으로 그 가치가 인정되어 온 내용, 시대적 변화와 사회적 필요를
초월하여 항구적 가치를 가지는 내용도 들어 있다. 과연, 도덕교육의
내용에서 기본이 되는 것은 어느 쪽이라고 보아야 하는가?

서양의 시민적 덕목과 대비하여 동양의 전통적 덕목에 속하는 것으
로 파악되는 내용이 오늘날에도 도덕교육의 내용으로서 여전히 정당
성을 가진다는 것은 그러한 내용을 오로지 동양이라는 특정한 사회에
서만 가치를 가지는 덕목, 현대 사회 이전의 전통 사회에서 중시되었던
내용으로서 그 가치를 인정할 것이 아니라, 시대와 사회의 변화에도 불
구하고 전통적으로 지지되어 온 내용, 즉 보편적으로 가치를 가지는 내
용으로서 그 중요성과 의의를 해석해야 할 필요성을 시사하고 있다.
전통적으로 도덕교육의 내용을 이루어 온 덕목 이외에 새로운 내용을

추가해야 한다든가, 전통적 덕목을 새로운 덕목으로 대치해야 한다는 주장은 이런 관점에서 그 타당성을 신중하게 검토해 보아야 한다. 시대적 변화와 사회적 요구를 반영하는 내용이 도덕교육의 내용에서 차지하는 올바른 위치는 어떤 것이며, 관용을 비롯하여 오늘날의 도덕교육에서 다루는 다양한 가치와 덕목들이 '도덕교육의 내용'으로서 가지는 보편적 의의가 무엇인가 하는 것은 도덕교육의 내용 그 자체의 성격을 올바르게 정립하는 데에 있어서 가장 중요한 문제 중의 하나라고 할 수 있다.

위의 문제와 관련하여, 도덕교육의 내용으로서의 관용에 대한 이 글의 분석이 도덕교육의 내용 그 자체의 성격과 관련하여 드러내어주는 한 가지 분명한 사실은, 도덕교육의 내용을 규정하는 일반적 개념으로서의 '가치'와 '덕목'은 그 가장 근본적인 의미에 있어서 '윤리학적 관점'에서 파악되는 개념이라는 점이다. 앞의 본론의 논의에서 드러난 바와 같이, 사회적 변화에 따르는 새로운 요구를 반영하는 시민적 덕목으로서의 관용이든, 우리의 전통적 유교 윤리에 기반을 둔 전통적 덕목으로서의 관용이든, 그것이 도덕교육의 내용으로서 정당성을 가지기 위해서는 도덕적 덕목으로서의 보편적 가치를 가지고 있지 않으면 안 된다. 다른 사람의 실수나 잘못을 대하는 너그러운 태도, 문화의 다양성과 차이를 이해하고 존중하는 태도가 도덕적 덕목으로서의 정당성과 가치를 가지는 것은 원만한 사회생활이나 사회 내의 갈등 해결을 위하여 필요하다는 것만으로는 충분히 설명되지 않는 도덕적 이유나 윤리학적 근거에 비추어 설명된다. 이 점은 유독 관용의 덕목에만 해당되는 것이 아니라, 도덕교육의 내용을 이루는 다른 모든 가치와 덕목에도 공통적으로 해당된다고 보아야 한다.

도덕교육의 내용을 이루는 다양한 가치와 덕목이 윤리학적 관점에서 파악되어야 하는 윤리학적 개념이라고 할 때, 여기에서 말하는 윤리학적 관점이나 윤리학적 개념이라는 것은 정확히 어떤 성격의 것이며, 그것이 도덕적 인간을 형성하는 데에 어떤 의의를 가지는가 하는 것은 오늘날 새롭게 제기된 문제가 결코 아니다. 그것은 덕과 지식의 의미를 질문하고 탐구한 소크라테스 이래로, '윤리·종교적 지식'의 성격을 밝히고자 한 키에르케고르에 이르기까지 서양의 위대한 사상가들이 심각하게 제기하고 평생을 바쳐서 사색과 성찰을 거듭한 항구적 주제이다. 동양의 학문적 전통, 그 중에서도 특히 유학과 성리학은 그 학문 전체가 인간이 갖추어야 할 윤리적 덕목과 도덕적 인간 형성에 관한 논의라고 해도 과언이 아니다. 글로벌시대와 다문화사회로 진입하고 있는 현대 한국에서, 도덕교육의 내용을 이루는 특수적 주제에 관심을 두는 전문적인 연구와 논의가 혹시 이 점을 놓치고 있는 것은 아닌지 돌아보게 된다.

# 현대 사회에서
# 동도서기론(東道西器論)을
# 어떻게 볼 것인가?

심의용

## 현대 사회에서 동도서기론(東道西器論)을 어떻게 볼 것인가?

## Ⅰ. 동양과 서양의 오래된 만남

　동양과 서양은 교류하지 않았던 적이 없었다. 고대로부터 지금까지 동양과 서양은 끊임없이 교류하며 서로의 문명을 형성하고 변모해왔다. 동서교류는 동쪽과 서쪽이라는 단순한 지리적 개념으로 이해해서는 안 된다. 오히려 동양과 서양에 산재한 여러 이질 문명권을 의미하며 동서교류는 동과 서라는 지리적 문제가 아니라 이질 문명권 간의 교류로 이해해야한다.[1]

　'동'과 '서'라는 이원적 대립 개념으로 이해하게 된 원인은 "근대에 들

---

[1] 정수일, 『고대문명교류사』, 사계절, 2002, 15~16쪽.

어와 급부상한 서양이 자기 문명 중심주의로 일시 기선을 놓친 동양을 상대화하면서 문명의 '편가르기'를 추구한 데에 있다."[2] 에드워드 사이드는 이런 제국주의적 지배담론을 오리엔탈리즘(Orientalism)이라고 비판했다.

그러나 서양과 동양의 만남을 단지 정치 지배담론으로 협애화할 수 없다. 클라크(Clake)는 오리엔탈리즘을 달리 본다. 클라크는 사이드가 말하는 정치적 측면의 오리엔탈리즘에 전적으로 동의하지만 정치적 지배담론을 넘어 더 넓은 의미를 포괄하는 개념으로 논할 수 있다고 주장한다.[3] 클라크에 따르면 오리엔탈리즘은 서양이 타자를 일방적으로 규정하는 지배담론이 아니다. 더 보편적인 시각 아래에서 서양과 동양이 만나 대화하고 융합하는 담론이다.

클라크는 서양에 동양이 미친 영향을 부정적 오리엔탈리즘이 아니라 긍정적인 오리엔탈리즘으로 해석하고 20세기까지 서양의 다양한 분야, 철학, 종교, 심리, 과학 등에 미친 동양의 영향을 분석하고 탈식민지 시기의 오리엔탈리즘의 변환과 오리엔탈리즘을 넘어 미래 동서양이 융합할 수 있는 '더 확장된 보편'을 논의한다.

18, 19세기는 오랫동안 동아시아를 지배했던 세계관이 균열을 일으킨 시대였다. 이는 서양 문명의 충격 때문이다. 이제 동아시아를 지배했던 중화주의(Sino-centricism) 질서는 해체되고 서구 중심적(Euro-centricism) 식민 질서로 편입된다. 개항기 이래로 서양의 충격에 대한 대응을 흔히 개화파(開化派), 위정척사파(衛正斥邪派), 동도서기파(東道西器派)로 구분

---

2) 위의 책, 16쪽.
3) J.J. 클라크, 『동양은 어떻게 서양을 계몽했는가』, 우물이 있는 집, 2004, 1부 서론 참조.

한다. 주로 개화론자들의 문명과 근대에 대한 문제와 위정척사들의 주체성과 민족주의를 다루는 연구는 많았지만 상대적으로 동도서기파는 주목을 받지 못했다.

동도서기론은 21세기 현대에도 여전히 논란의 여지가 있는 문제이다. 본 논문은 클라크가 서양도 동양을 통해 끊임없이 사상적 변화를 형성했다고 주장하는 것처럼 동양도 서양을 통해 끊임없이 사상적 변화를 형성했다고 전제한다. 17, 18세기 서양문명이 들어온 이래 지금까지 동도서기론도 각 시대적 한계와 조건 속에서 변화를 이루어왔다. 또한 이러한 변모에 대한 논쟁은 현재 진행형이다.

운양(雲養) 김윤식(金允植)은 극단적인 위정척사파나 급진적 개화파와는 다른 노선을 걸었다. 이런 점에서 온건개화파로 평가되지만 그는 친청(親淸)에서 친일(親日)로 애국계몽 운동으로 변신의 변신을 거듭한 인물이다. 김윤식은 서양문물을 받아들이는데 친청에서 친일로 그리고 애국계몽의 민족주의적 입장으로 변신을 거듭해왔다는 점에서 근대적 전환기 전통적인 유학자가 어떻게 서양의 근대를 받아들이며 자기변용을 해갔는가를 이해하는 데 좋은 사례가 될 것이다. 동도서기론이 역사적 흐름 속에서 어떻게 변모되어왔는지를 혹은 어떻게 변모되어야할 것인지를 살펴보도록 한다.


## Ⅱ. 동도서기론은 어떻게 변용되었는가?

동도서기론은 흔히 동양의 정신과 도덕 가치인 도(道)를 지키면서 서양 기술 문명인 기(器)를 수용하여 근대화를 이루자는 논의이다. 이러한 이분법적 구분은 단지 19세기 구한말에 이루어진 논의만이 아니라 21세기에도 지속적으로 논의되는 담론이라는 것이 문제다.

20세기에 들어와 아시아적 가치와 동아시아론 혹은 유교자본주의라는 문제도 이런 이분법적 구분에서 벗어나지 않았다. 이런 시각은 동양의 정신적 가치나 윤리 도덕의식을 강조한다는 점에서 기본적으로 19세기 동도서기론의 범위를 벗어나지 않았다. 그만큼 동도서기론은 서양의 근대에 대응하는 방법론적 전략이지만 더 넓게 보자면 서양 문명이 들어온 이후 오늘날에 이르기까지 우리 사회에 일어나는 문제를 바라보는 시각일 수도 있다.[4]

그러나 '동도서기'라는 용어는 그 당시 현실에서 사용된 것이 아니라 1968년 한우근(韓㳓劤)이 「開港當時의 危機意識과 開化思想」이라는 논문에서 처음 사용된 것이다. '실학(實學)'이 역사적 실체로서 어떤 집단의 규합적 개념일 수 없다는 주장처럼 동도서기론도 어떤 역사적 실체가 있는 규합적 개념이 아닐 수도 있다. 이는 동도서기라는 구분도 명확하게 분리할 수 없다는 것이고 그만큼 동도서기론의 사상적 지형을 판별하기 어렵다는 말이기도 하다.

문제는 동도서기론을 위정척사파나 급진개화파와 어떤 기준에 의해서 어떻게 구별할 것인가의 문제이다. 아직까지는 명확하게 구분하는 정설은 없다. 동도서기론을 위정척사파의 지형으로부터 분리되었다고 보기도 하고 혹은 개화사상의 발전 단계 속에서 문명개화로 나아가는 중간단계로 설정하는 시각도 있다.[5]

---

[4] 김문용, 「동도서기론은 아직도 유효할까」, 『가치청바지 – 동서양의 가치는 화해할 수 있을까』, 웅진지식하우스, 2007, 73~75쪽.

[5] 장영숙, 「동도서기론의 연구동향과 과제」, 『역사와 현실』, 한국역사연구회, 2003, 518~522쪽.

동도서기론의 시원에 대해서도 다양한 견해가 있다. 크게 개항 이후 서양의 도전을 극복하기 위해 정책을 제기하는 과정에서 등장했다고 보는 경우도 있고 19세기 이후 서기(西器)의 중국원류설에서 벗어나 유학과 서학이 상보적으로 결합된다는 의식이 싹트기 시작하면서 형성된 것이라고 보는 경우도 있다.

서양이 위협세력으로 나타난 뒤 서기(西器)의 우수성을 받아들이려는 서양문명 수용론을 동도서기의 시초로 본다.[6] 대체로 19세기의 개항과 개화정책과 더불어 초기 개화사상가 박규수로부터 동도서기의 단초가 시작되었다고 본다.[7] 즉 서세동점의 형세에서 서양이 동양을 압도했을 때 그에 대응하는 과정에서 동도서기의 논리는 형성되었던 것이다.

동도서기론은 18세기까지 거슬러 올라갈 수도 있다. 노대환은 동도서기론의 형성과정을 18세기와 19세기에 걸쳐 세부적으로 논의하고 있다. 노대환의 시기적 구분은 매우 섬세하고 사회 정치적 맥락과 함께 동도서기론의 변화를 잘 설명하고 있다.[8]

그러나 세밀한 차이에 대한 분석보다 동도서기론을 큰 틀에서 이해할 필요가 있다. 왜냐하면 어떤 담론이든 그것이 형성되는 것은 어떤 역사적 조건 하에서 어떤 갈등적 상황에 직면하고 그것에 대한 해소책으로 등장하기 때문이다. 동도서기론도 마찬가지다. 동도서기론이 어떤 역사적 조건 아래에서 어떤 요소의 갈등과 충돌로 형성되고 그 논의의 구조가 무언인지를 알아야 한다. 간단히 18세기 동도서기론과 19세기 동도서기론으로 칭할 수 있다.

6) 장영숙, 「동도서기론의 정치적 역할과 변화」, 『역사와 현실』, 한국역사연구회, 2006, 346쪽.
7) 배항섭, 「동도서기론의 구조와 전개양상」, 『사림(史林)』 42, 수선사학회, 2012, 4쪽.
8) 노대환, 『동도서기론 형성 과정 연구』, 일지사, 2005 참조.

18세기의 동도서기론은 중화주의라는 전통 유학에 기반하여 서양 문명을 이해하고 융합하려고 했다. 중화주의에서 벗어나 다른 문명을 꿈꾼 사람도 있었다. 대표적으로 홍대용과 최한기이다. 이들은 서양 문명을 적극적으로 수용하면서 성리학을 변모시키려 했던 사람이었다.

19세기의 동도서기론은 중화주의적 사대 질서 체계에서 만국공법체계로 이행하는 시기이다. 서양 문명의 위세에 눌려 방어적 태도를 취하면서 서양 문물을 받아들이지 않을 수 없는 시기이다. 또한 일본의 세력이 확장됨으로써 일본은 조선과 대한제국을 위협하는 세력이면서 동시에 청일전쟁과 러일전쟁에서 승리하고 서양 문물을 수용했기에 추구해야할 모델이기도 했다.

김윤식은 이 18세기와 19세기의 동도서기론의 흐름 속에서 모든 시대적 특성을 체현하여 독특한 위상을 가지고 있다. 그렇기 때문에 동도서기론의 변화 양상과 전통 유학이 서양문물에 대해 어떻게 대응하여 변모했는지를 설명하는 데에 대표적인 예로 논의될 수 있을 것이다.

1922년 1월 말 경 김윤식의 장례를 사회장으로 할 것인지에 대한 찬반운동이 있었다. 그것은 조선 사회 내부에 커다란 파장을 일으킨 사건이었다.[9] 일반적으로 사회장을 추진한 사람들은 민족주의 혹은 민족개량주의 세력으로 간주되고 반대했던 사람들은 사회주의 세력으로 간주되었다. 민족주의 세력에는 친일파도 있었지만 사회 각계각층의 민족주의적 성향을 가진 사람들과 지도자들도 있었다. 어떻게 이것이 가능할까.

김윤식의 행적을 보면 친일파였다는 것을 부인하기는 힘들다. 다른

---

[9] 임경석, 「운양 김윤식의 죽음을 하는 두개의 시각」, 『역사와 현실』 57, 한국역사연구회, 2005 참조.

측면에서 김윤식은 근본적으로 유학자였다. 유학자였던 그가 친청(親淸)에서 친일(親日)로 변신한 것은 부귀권력을 추구한 것이 아니라 중국을 대신하여 동아시아의 강자로 떠오른 일본을 조선의 자주(自主)를 위한 새로운 보호막으로 설정한 외교 전략의 일환이라고 보기도 한다.

일제에 병합된 이후로는 인식의 전환이 있었다. 일본은 조선의 보호막이 아니라는 깨달음이다. 김윤식은 민족자결주의(民族自決主義)의 영향을 받아 자주가 아닌 독립을 주장했다. 이후로 김윤식이 민족의 자강(自强)을 위해 계몽과 교육 운동에 힘쓴 이유는 바로 여기에 있다는 것이다.[10]

김윤식의 행적은 변화무쌍하다. 유학자로서 친청(親淸)에서 친일(親日)로 그리고 애국계몽운동으로 변신에 변신을 거듭했다. 그가 민족주의자냐 친일주의자냐를 규정하기 이전에 이러한 변화무쌍한 행적 이면에 유학자로서의 정체성과 동도와 서기를 바라보는 그의 관점이 자리하고 있다. 김윤식은 도학자로서 유학의 정체성을 버리지 않았다.

그런 만큼 김윤식은 정통 유학 전통의 학맥을 이은 유학자였다. 김윤식은 봉서(鳳棲) 유신환(俞莘煥)과 환제(瓛齊) 박규수(朴珪壽)의 문하에서 수학했다. 유신환의 학풍은 화이론을 극복하면서 낙론(洛論)의 인물성동론(人物性同論)을 옹호하며, 현실 문제를 긍정적으로 받아들여 당면 과제를 적극적으로 해결하려고 했다.

유신환의 사후에 김윤식은 박규수를 사숙하였다. 박규수는 연암 박지원의 손자로 실사구시(實事求是)와 이용후생(利用厚生)에 입각한 실학의 맥을 이은 사람이다. 현실 문제에 관심을 가지고 적극적으로 정치현실

---

10) 백승철, 「운양 김윤식의 국제 정세인식과 외교론」, 『열상고전연구』 42, 열상고전연구회, 2014, 34~35쪽.

현대 사회에서 동도서기론(東道西器論)을 어떻게 볼 것인가? • 113

에 참여했다. 김윤식은 화이론적 세계관에서 벗어나 노론 낙론계의 학풍과 북학파의 실학사상과 긴밀한 관련을 가진다.

격동기를 살았던 김윤식의 파란만장했던 생애와 다양하게 교류했던 인물들을 볼 때 친일 논란을 불러일으킬 만하다. 이런 면모에 대해 조긍섭(曺兢燮)은 1920년 김택영에게 보낸 편지에서 운양을 이렇게 평한다.

> 일전에 우연히 『운양집』을 보니 그는 학식이 널리 트이고 풍부하여 영재나 매천의 위에 있는 듯했으나 한 줌의 지조가 없어서 결국 장락노(長樂老)가 되는 것을 면치 못했으니 크게 탄식할 만합니다. 그러니 매천의 협애함이 도리어 너무도 소중하지 않습니까?[11]

매천의 협애함이 소중하다는 평가는 치명적이지만 김윤식 스스로도 「사진에 스스로 제하다(自題照)」라는 시에서는 "백이도 못되고 유하혜도 못 되니 보통 사람이라"라고 스스로를 평하고 있기도 하다. 많은 사람들이 김윤식을 우유부단하고 모호하다고 평가한다. 그러나 이 우유부단하고 모호한 김윤식의 정체성에는 전통 유학 사상이 근저를 이루고 있고 동도서기의 입장 변화가 잘 드러나 있다.

## III. 중층적 구조를 지닌 동도서기론

근대는 중화주의의 사대 질서 체계에서 만국공법의 세계 질서로 이행하는 시기였다. 동아시아는 서세동진(西勢東進)이라는 상황 속에서 서

---

11) 이지양, 「근대 전환기 운양 김윤식의 활동과 『운양집』 해제」, 『雲養集』, 연세대학교 국학연구원, 2013에서 재인용.

양의 '근대'와 만나게 되어 전통적 질서 체제는 급격한 변화를 겪게 된다. 이제 만국공법(萬國公法)의 질서에 편입되고 중화주의의 사대 질서 체제는 무너지는 시기이다.

중화주의는 중심이라는 의미를 포괄하면서 보편적 문명을 상징한다. 중화주의는 종족적이고 지리적인 의미에서 중국을 의미하면서 동시에 동아시아의 윤리적이고 정치적인 이념이었다. 또한 지리적인 의미와 무관한 보편으로서의 문화였다. 이를 문화적 중화주의라 할 수 있다.

시공간의 확장은 사고의 확장이다. 확장된 시공간 속에서 중(中), 즉 중심은 달라진다. 17세기부터 19세기까지 조선 땅에서 일어난 가장 거대한 변화는 바로 이 중심의 변화이다. 그것은 구체적으로 지도에 의한 지리적 발견과 천문학에 의한 우주에 대한 발견이었다. 서양 문명의 수용과 개화는 중화주의의 변화와 극복이기도 했다. 흔히 종족적 중화주의나 지역적 의미의 중화의식은 이미 17, 18세기로부터 무너지고 있었다. 그러나 유교 보편주의(Confucian universalism)로서 문화적 중화주의는 아직까지 전통적 지식인들에게 사라지지는 않았다.

먼저 김윤식의 동도서기론을 두 시기로 나누어 '중층성'과 '이중 구속'이라는 개념으로 구분하여 논의하려고 한다. 두 시기의 동도서기론은 분명 변화가 있다. 동도서기론과 관련된 그의 저작을 시기별로 일람하고 이것의 정치적 맥락을 함께 논의함으로써 동도서기론의 시무(時務)론적 성격과 개방적 태도를 드러내 보이고자 한다.

그는 전통 유학자이지만 북학파의 영향 아래 있었기 때문에 외래 문물을 이용후생(利用厚生)의 차원에서 적극적으로 받아들이려 했다. 동도서기론은 고종이 윤음을 통해 발표된 뒤로 널리 확산되어 갔다. 김윤식이 어제대찬(御製代撰)한 1882년 고종의 윤음포유(綸音布諭)에는 이런 생각이 잘 드러나 있다.

> 그리고 기구를 제조할 때 조금이라도 서양 것을 본뜨는 것(效西法)만 보
> 면 대뜸 사교에 물들었다고 지목하는데, 이 또한 이해하지 못함이 심하도
> 다. …… 종교를 배척하되 기구를 본받는 것(斥其敎而效其器), 이는 본디 서
> 로 부딪히지 않고 병행할 수 있는 일이다.[12]

여기서 서법(西法)과 기(器)는 그들의 교(敎)와는 다른 것으로 이롭기 때문에 받아들일 수 있다고 본다. 여기서는 교(敎)와 기(器)·법(法)이 대비적으로 사용되고 있는데 교는 천주교나 기독교로서 현대적 의미의 '종교'라고 할 수 있다. 기는 문명기술에 해당한다. 김윤식이 말하는 교(敎)는 전통 유교 문화이며 문화적 중화주의 질서 아래 있는 것이었다.

김윤식은 동도와 서기의 관계에서도 동도와 서기는 서로 분리되어 추구될 수 있다는 신기선의 입장과는 달리 도와 기는 서로 분리될 수 없다는 입장이었고 도는 기를 통해서만 드러날 수밖에 없다는 입장을 취하고 있다. 김윤식의 논리는 동도(東道)와 서기(西器)를 두 가지 다른 것이라고 생각하는 것과는 다르다. 신기선의 경우 동도와 서기는 서로 다른 영역으로 서기를 수용해도 전혀 상관이 없다.[13]

그런데 김윤식의 경우 체용이 서로 바탕을 이루기(體用相資) 때문에 체로서의 동도와 용으로서의 서기는 서로 분리될 수 없다. 서기를 수용한다는 것은 동시에 서도도 같이 수용하는 것이기 때문이다. 그래서 이런 모순을 당시에 이미 비판적으로 바라보면서 동도가 자멸할 것이

---

12) 『雲養集』 4, 「曉諭國內大小民人」, 407쪽.
13) 노대환, 「19세기 후반 申箕善의 현실 인식과 사상적 변화」, 『동국사학』 53, 동국사
학회, 2012 참조.

라고 주장한 사람들도 있었다.[14] 이지양은 김윤식의 이런 사유는 논리적인 오류로서 모순된 논리 때문에 자주 자기 논리를 스스로 부정하면서 논리를 완화시켜나간다고 비판한다.[15]

그러나 시무(時務)의 논리로는 달리 볼 수도 있다. 김윤식은 일반적으로 온건개화파로 설명하고 변법파와 구별하여 개량파로 규정한다. 하지만 '개화(開化)'를 거부했다는 점에서 '시무(時務)'파로 분류되기도 한다. 김윤식은 유교 문명, 즉 전통적인 가르침으로서의 교(敎)에 대한 자부심을 가지고 있었기 때문에 조선은 이미 문명개화 되었다고 보았다.

김윤식은 갑신정변을 일으킨 개화파들이 유교적 도리를 야만으로 보는 것을 비판하고 있다. 이때까지만 해도 김윤식은 동도로 상징되는 유교적 정치제도와 도덕 윤리는 바뀔 수 없는 것이고 서양 문물은 받아들일 수 있다는 입장을 취하고 있다. 조선 문명은 이미 개화되었기 때문에 김윤식은 개화가 아니라 '시무(時務)'를 말하는 것이다.

그는 1892년에 쓴 「시무설(時務說)」에서 이 점을 분명히 밝히고 있다. 그는 '시무'를 '당면한 시대에 맞게 마땅히 행해야할 일(即當時所當行之務也)'이라고 규정한다. 그것은 시대와 조건에 따라 다른 일이다.

오늘날의 논자들은 서양의 정치제도를 모방하는 것을 '시무'라고 하면서, 자기의 역량은 헤아리지 않고 오직 남만 쳐다본다. 이는 체질과 병증은 따지지도 않고 남이 먹어본 약을 복용하여 확연한 효과를 얻으려는 것과 같으니, 매우 어려울 것이다. 만난 시대가 각기 다르고, 나라마다 각각의 시무가 있다.[16]

---

14) 권오영, 「東道西器論의 構造와 그 展開」, 『한국사시민강좌』 7, 일조각, 1990, 82~83쪽.
15) 이지양, 「김윤식의 동도서기론과 개화론」, 『열상고전연구』 42, 열상고전연구회, 2014 참조.

김윤식은 서양문명에 대한 우월감이 있다. 갑신정변을 주도한 문명 개화론자들이 서양문명의 전면적 수용을 주장하던 것과 다른 태도이다. 이는 '시무'로서 그의 동도서기를 이해하는 현실적 맥락으로서 주목해야할 점이다. 그의 문명적 우월 의식은 분명 유교적 혹은 문명적 보편주의를 전제하고 있다.[17]

이때까지 김윤식에게 문화적 보편주의는 동도(東道)로서 근본이었다. 갑오개혁 이전 시기에 김윤식은 이러한 문화적 중화 질서에서 벗어나지 못했던 것이다. 이는 두 가지 측면에서 드러난다. 군주제의 폐해에 대한 김윤식의 입장은 유배당했을 때 1890년에 썼던 「십육사의(十六私議)」에 잘 나타나 있다. 제16조가 〈직무를 맡김(任職)〉인데 김윤식은 왕과 관료, 즉 정부의 권한을 분리하고 있다.

> 지금 천하 만국은 모두 직무를 맡겨 정무를 다스린다. 한번 전권을 위임하는 임명장을 주면 시종일관 흔들지 않고 그 직무를 다한다. 그러므로 임금은 정부의 권한을 간섭할 수 없고, 정부는 모든 관아의 권한을 간섭할 수 없고, 관장(官長)은 사민(四民)의 권한을 간섭할 수 없다.[18]

이런 생각은 군주제를 변화하지 않고 전통적인 왕정체제를 버리지 않겠다는 것이다. 이것이 바로 동도를 지키는 것이었고 문명개화한 것으로 김윤식은 보고 있는 것이다. 동도서기의 입장에서 본다면 동도를 지키는 것은 전통 유교를 바탕으로 한 정치 질서이고 군주제였다. 서

---

16) 『雲養集』 4, 「時務說」, 278쪽.
17) 배항섭은 이를 문화적 대국의식이라고 표현한다. 배항섭, 「동도서기론의 구조와 전개양상」, 『사림(史林)』 42, 수선사학회, 2012, 8~10쪽.
18) 『雲養集』 4, 「十六私議」, 225쪽.

기를 수용한다는 것은 이런 동도를 지키기 위한 보완책이었을 뿐이다.[19]

김윤식은 서양 정치 체제의 장점을 인정하고 있지만 그것은 서양에서만 가능하고 조선에 적용하는 것은 아직 적절하지 않다고 본 것이다. 조선의 경우는 정부와 관료의 역할을 강화하는 것으로 충분하다고 보았기 때문에 위임정치를 군주제의 보완으로 여겼던 것이다. 김윤식은 아직까지 근대 만국공법의 국제 질서에 유교적 군주 체제가 적합하지 않다는 인식에는 아직 이르지 못했던 것이다.[20]

다른 하나는 그가 실제로 행했던 외교적 정책이다. 김윤식은 청당(淸黨)이라고 불릴 정도로 친청(親淸) 정책을 취했다. 친청이라는 사대(事大)[21] 정책은 중화 체제를 인정하는 것이지만 이는 단지 청나라라는 대국에 대한 사대만은 아니었다. 김윤식에게서 친청 정책은 속방(屬邦) 자주를 유지하기 위한 외교적 전략이었고 그것이 시무(時務)로서 중요한 사안이었다.

속방 자주와 속국 독립은 분명히 구별되어야 할 문제이다. 속방 자주란 중화 체제에 귀속되어 조공 질서를 유지하면서도 내치(內治)와 외

---

19) 장영숙, 「동도서기론의 정치적 역할과 변화」, 『역사와 현실』, 한국역사연구회, 2006, 349~356쪽 참조.
20) 김성배, 「갑오개혁기 조선의 국가·자주 개념의 변화」, 『아시아리뷰』 4:2, 서울대학교 아시아연구소, 2015, 77쪽.
21) 사대주의와 사대는 구별해야 한다. '사대주의'는 일본인들이 갑신정변이 실패하자 일본과 연계된 개화파를 독립당이나 독립의 주의라고 하고 청나라와 관계한 일파를 사대당, 사대의 주의라고 표현한 것으로부터 유래되었다. 이러한 대조법은 '사대'는 '독립'과 반대되고 나쁜 것이고 의존적이고 수구적으로 규정되고 '독립'만이 최고의 가치가 되게 했다. 동시에 독립을 추구하는 개화당, 즉 독립당이 최고의 가치가 되어버리게 했다. 박병주, 「갑신정변과 갑오경장 시기의 사대와 독립의 의미」, 『한국학연구』 34, 인하대학교 한국학연구소, 2010, 49쪽.

교는 간섭을 받지 않는 자주의 상태이면서 대국의 보호를 받는 소국의 안전 정책이다.

그러나 김윤식의 속방 자주 정책은 청나라와 의존 관계에 있는 중화 질서를 고집하는 것은 아니다. 속방 자주 정책을 취했던 김윤식은 독립을 반대했는데 이는 일본의 교묘한 계책을 간파했기 때문이다. 대국 청나라의 속방으로부터 벗어나 독립한다는 것은 일본의 속국이 될 것이라는 점을 알았기 때문이다.

또한 청나라의 속방으로 자주를 지키려 한 것은 청나라와의 전통적 중화 질서와 근대적 만국공법 세계 질서라는 이중적 국제질서에 놓인 것은 아니라는 점이다. 김윤식은 오히려 실리적인 차원에서 외교 정책을 구사했던 것이다. 청나라에 대한 사대의 예가 지켜야할 전통이기 때문이 아니라 조선의 안전판이 되기 때문에 취했던 정책이었다.[22] 이는 안전판으로서의 대국이 달라지면 달라질 수도 있는 외교 정책이다.

김윤식의 속방자주론은 동아시아에서 청나라의 국제 관계 속에서 정치적 우위를 인정하면서 청나라의 전통적 사대관계를 조선의 안정과 자주를 위해 전략적으로 이용하려는 외교 정책이었다. 물론 이러한 외교 정책을 표명하면서도 서양 문물을 수용하려는 데에 적극적이었지만 동시에 문화적 보편주의로서 동도에 대한 우월감은 유지되고 있었다. 김윤식에게 동도서기는 동도에 대한 우월감에 근거하여 서양 문물을 수용하는 입장이면서 전략적으로 중화 질서 체제를 유지하면서 만국공법적 세계 체제를 수용하려는 중층적 구조 위에서 지탱하고 있다.

---

22) 자세한 사항은 김성배, 「19세기 조선의 유교와 근대국제정치 –운양 김윤식의 경우」, 『국제정치논총』 47:2, 한국국제정치학회, 2007을 참조.

# Ⅳ. 이중적 고뇌를 지닌 동도서기론

이러한 김윤식의 사고 방식은 갑오개혁과 청일전쟁을 겪으면서 변화하게 된다. 김윤식은 친청(親清)에서 친일(親日)로 돌아서는 것이다. 속방자주론에서 독립자주론으로 변화하게 되었지만 이렇게 변신하게 된 명확한 이유는 알 수 없다.[23] 단지 청일전쟁과 국제 정세를 보고 더 이상 청나라가 대국으로 조선을 지켜줄 수 없을 것이라고 판단했던 것인지도 모른다.

청일전쟁과 갑오개혁이라는 시대적 변화는 김윤식이 전통적인 유교적 군주 체제에서 벗어나 군주의 권력을 제한하고 정부 중심의 권력 체제를 지향하는 서양의 근대 입헌주의를 수용하게 되는 계기를 제공했다.[24] 또한 친청(親清)의 입장에서 친일(親日)로 변화하게 된다.

동도서기론자로서 김윤식의 변화는 1902년에 쓴 「연암집서(燕巖集序)」와 1907년에 쓴 「신학육예설(新學六藝說)」에 잘 드러나 있다. 김윤식은 「연암집서」에서 연암의 학문이 오늘날 시무(時務)에 적합하고 서양의 여러 학문과 가장 잘 부합한다고 하면서 연암의 학문 성격과 서양의 여러 학문과 비교하고 있다. 예를 들면 연암의 학문을 겸애론(兼愛論: 평등론), 군학(群學: 사회학), 농학(農學)·공학(工學)·상학(商學), 명예(名譽)의 설, 격치(格致: 과학), 철학(哲學) 등으로 구분하고 있다.

주목할 부분은 "이러한 서양의 좋은 법(善法)이 육경(六經)과 암암리에 합치하지 않은 적이 없었다."고 평하는 대목이다. 김윤식은 공허한 이

---

23) 김성배, 「갑오개혁기 조선의 국가·자주 개념의 변화」, 『아시아리뷰』 4:2, 서울대학교 아시아연구소, 2015, 80~81쪽.
24) 위의 글, 83~84쪽.

치(空理)에 빠져서 실제의 일(實事)을 탐구하지 않는 세속의 유자들을 비난하면서 "서양인들이 육경이 쓸데없는 책이라 의심하게 만드는 지경에 이르렀으니, 탄식하지 않을 수 있으랴"[25]라고 탄식하고 있다.

서양의 좋은 법이 육경에 합치되는 데 서양인들이 육경을 쓸데없는 책이라 의심하게 만드는 지경이 이르렀다는 말에는 문화적 보편주의로서 동도에 대한 우월성은 없다. 오히려 서양의 문명과 동양의 문명이 서로 융합될 수 있는 대등한 시각으로 넓혀가고 있다.

이러한 논리는 1907년에 쓴 「신학육예설」에 분명하게 드러난다. 여기서 김윤식은 육예(六藝)인 예악사어서수(禮樂射御書數)에 서양 문명의 여러 요소를 배당한다. 예를 들면 서양의 정치(政治)·법률(法律)·공법(公法)·경제(經濟)는 육예 가운데 예(禮)에 해당하고, 서양의 음악은 악(樂)에 해당하고 총포는 사(射)에 해당하고 기차와 배는 어(御)에 해당하고 각국의 국문(國文)은 서(書)에 해당하고 수학의 정밀한 이치와 빠른 셈법은 수(數)에 해당한다는 것이다.

서양 문명 대부분이 육예에 해당한다. 이런 태도는 서양 문명이건 동양 문명이건 육예라는 점에서 동일하다는 것이다. 김윤식은 이전에 체용상자(體用相資)라고 했듯이 기(器)와 도(道)의 관계를 분리할 수 없는 것일 뿐 아니라 기(器) 속에서를 리(理)를 찾을 수 있다는 논리를 편다. 교(敎)와 법(法)의 대립적 사고는 리(理)와 기(器)라는 상보적 사고로 바뀐다.

> 도덕과 인의는 리(理)이고 육예는 기(器)이다. 도덕과 인의는 모두 육예로부터 나온다. ...... 만일 기(器)를 버리고 리(理)만 말한다면 리는 장차 어디에 담으려는가?[26]

25) 『雲養集』 4, 「燕巖集序」, 95쪽.

육예를 떠나서 도덕과 인의의 리(理)는 없다는 말은 서양의 육예에서도 리(理)를 찾을 수 있다는 논리이며 동양의 육예를 서양의 문물로 대체하는 데에 아무런 문제도 없다는 뜻이다. 물로 이런 논리는 동양의 리(理)를 부정하거나 포기한 것은 아니다. 그리곤 이렇게 결론을 내리고 있다.

> 부질없이 옛것(古)만이 옳고 오늘의 것(今)은 그르다고 여기지 말라. 오늘날을 알지 못하고 어찌 옛 것을 알겠는가? 대번에 자기만 옳고 남은 그르다고 여기지 말라. 백 대 후에 자연히 공론(公論)이 있을 것이다.[27]

이제 동도서기론은 신학(新學)과 구학(舊學)이라는 논쟁으로 변모되어 신학을 수용하는 것이 구학의 육예와 같다는 논리가 되어 서양의 신학과 동양의 구학은 내적으로 리(理)가 관통되어 있는 동일한 차원이 된다. 이 두 가지는 서로 융합되어 백 대 후에는 리(理)를 실현한 공론(公論)을 형성할 것이라는 기대를 김윤식은 가지고 있었던 것이다.

그러므로 당연히 김윤식은 이전에 서교(西敎)를 배척했던 입장에서 서기(西器)와 서법(西法)은 물론 서교(西敎)를 수용할 수 있다는 입장으로 전환한다. 이러한 입장은 1911년에 쓴 「돈화론(敦化論)」에 잘 나타나 있다. 이지양은 이러한 변화를 자기 논리를 스스로 부정한 결과라고 평가하고 있다.[28] 「돈화론」은 이렇게 시작한다.

> 사람의 습성은 비록 사는 지역이 멀리 떨어져 있어도 본성이 선한 것은

---

26) 『雲養集』 4, 「新學六藝說」, 289쪽.
27) 위의 글, 295쪽.
28) 이지양, 앞의 논문, 107쪽.

같고 각 종교의 종지(宗旨)가 비록 달라도 선을 행하는 것은 같다.[29]

　김윤식은 습성(習性)과 근본적인 본성(性)을 구별하여 여러 종교의 양태는 달라도 선을 행하는 것은 동일하다고 보고 있다. 이는 여러 교(敎)의 현상적인 차이의 근본에는 동일한 본성이 있다고 본 것이다. 이는 서양의 종교이든 동양의 유교이든 공통적으로 지향하는 보편으로서의 리(理)를 상정한 것이 아닐 수 없다.

　김윤식도 스스로의 논리를 부정한 것이라는 점을 의식했을 것이다. 그래서 이어서 지난날에는 이단, 즉 서교를 물리쳐야 한다고 했는데 지금 와서 왜 뒤집느냐고 스스로 질문하고 있다. 변론의 논지는 종교가 심술(心術)을 해치고 정사에 방해된다면 물리치는 것이 당연하지만 어떤 종교이든 선을 행하게 한다면 물리칠 이유가 없다는 것이다. 중국에서 공자의 가르침을 국교(國敎)를 만들려는 것을 비난하면서 이렇게 결론 내린다.

　　지금 종교를 제한하여 하나의 국교만을 만들려고 한다면 이는 또한 협소
　한 태도가 아니겠는가?(今限之爲一國之敎, 不亦小乎.)[30]

　김윤식은 국가에서 종교를 금지하고 하나의 국교를 내세우는 정책에 반대하고 있다. 당연히 종교의 자유를 인정하는 것이다. 서양 여러 나라들은 인심(人心)을 강제할 수 없기 때문에 종교를 믿을 자유(信敎自由)를 허가하였고 이것에 마침내 세계에 통행되는 규율(世界通行之規)이

---

29) 『雲養集』 7, 「敦化論」.
30) 위의 책.

되었다고 한다. 김윤식은 국교로서 종교를 금지하는 것이 아니라 종교의 자유를 허가하는 세계의 규율을 따르려고 했다.

김윤식은 전통 유교의 중화 질서 체제에 근거하여 군주제를 유지하면서 서양의 문물을 받아들일 수 있다는 입장에서 서양의 정치 제도를 수용하고 서양의 종교까지도 수용할 수 있는 입장으로 변화하였다. 여기에는 친청에서 친일로 그리고 다시 애국계몽의 민족주의 입장으로의 변화가 있다. 속방 자주에서 결국에는 일본으로부터 조선의 독립을 주장하는 태도를 보였다.

이러한 변화를 기회주의적 변절로 보고 시대적 변화 속에서 "'친일' '친외세'의 賣國賣族 논리가 '문명화'나 '개화'의 이름을 빌어 합리화될 위험성이 발생할 수 있다"고 평가하기도 한다.[31] 그러나 그의 변화가 상황 추수적인 면이 있지만 급진개화론자와는 달리 전통의 무게를 견디며 "근대 수용 과정에서도 전통의 연장을 꾀했다는 점이야말로" 동도서기의 전형으로 다룰 수 있다고 평가하기도 한다.[32]

김윤식이 청일전쟁과 갑오개혁을 계기로 친청(親淸) 노선에서 친일 노선으로 변신한 일은 단지 권력을 쫓는 기회주의적 변절이 아니라 친청 노선과 마찬가지로 서양에 대항하여 동양을 지킬 수 있는 것은 일본뿐이라는 믿음 때문이었다. 이는 일본을 청을 대신하여 조선을 보호해줄 것이라는 것을 넘어서 동양과 서양의 대결구조에서 동양의 수호자로서 일본을 인식했기 때문이다.[33]

김윤식은 황인종이 단결하여 백인종에 대항해야 한다는 일본의 '아

---

31) 이지양, 앞의 논문, 121쪽.
32) 김성배, 앞의 논문, 143쪽.
33) 정성희, 「근대 초기 유학자의 현실인식과 대응논리 - 운양 김윤식을 중심으로」, 『유학연구』 32, 충남대학교 유학연구소, 2015, 186~187쪽.

시아 연대론'에 어느 정도 포섭된 측면도 있는지도 모른다.[34] 김윤식은
지리적 차원의 중화주의가 아니라 문화적 차원의 중화주의를 보편적
문명으로 생각하고 있었기에 친청이라는 외교적 입장을 가질 수 있었
다가 다시 아시아 연대론으로서 문화적 중화주의를 지킬 수 있는 친일
로 외교적 입장을 바꾸었던 것이다.

중일전쟁과 러일전쟁을 겪은 후에 일본이 동아시아라는 중화주의
문명권을 지켜줄 강자로 판단했기 때문이다. 이런 점에서 친청에서 친
일로 의식이 변화는 것은 국가 민족적인 자각보다는 중화의 사대 질서
체제에 익숙했던 지식인으로서 급박하게 변화하는 시대적 조류를 판
단하고 당면한 시무(時務)를 해결하려는 데에 그의 동도서기론의 변화
를 해석할 수 있을 것이다.

결국에는 중화 체제를 지키고 군주제를 강화하는 데에 동도서기론
이 이념적 기능을 해왔지만 중화 질서 체제가 만국공법 세계질서로 편
입되고 군주제가 해체되는 시점에 이르러서는 새로운 문명을 이루려
는 애국계몽의 민족주의 논리로 변화되어 갔다고 할 수 있다. 김윤식
에게 동도는 도덕 인의라는 리(理)로 축소되고 동기(東器)는 이미 망했던
것이다. 서양 문명을 수용하여 기존의 낡은 구습을 개혁해 나가는 방
식으로 변했다고 할 수 있다. 이제 남은 것은 학교를 설립하고 동도의
정신 아래에서 애국계몽 활동을 펼치는 일이었다.

운양 김윤식은 조선말에서 식민지시기에 이르기까지 격변의 시대를
살다간 유학자이자 관료였다. 온건개화론이나 시무파로 분류되지만
그 바탕은 전통 유학적 가치관이 자리잡고 있었다. 김윤식은 위정척사

---

[34] 김용태, 「애국계몽기 雲養 金允植의 사상과 활동」, 『漢文學報』 22, 우리한문학회,
2010, 21~22쪽.

파들이 서양문물을 배척하거나 급진개화파들이 전통을 부정하고 서양 문명을 수용하려는 태도와는 달리 전통 사상에 입각해서 유교의 부흥을 모색하면서도 서양 문명을 수용하고 다른 종교까지도 수용하려는 태도로 발전하였다.

리(理)는 서양 문명에도 있고 동양 문명에도 있다는 리(理)의 편재성에 대한 주장은 서양 문명과 종교까지 수용하려는 개방적 태도이다. 이러한 태도를 배항섭은 "동양 문명과 서양 문명을 상대화함으로써 새로운 사유의 지평을 열어갈 수 있는 전제라고 볼 수 있다"고 평가하고 있다.[35]

김윤식은 중화 질서 체제 속에서 전통을 끝까지 버리지 않았지만 친일로 전향하여 식민 체제 속에서 근대 서양 문명을 적극적으로 수용하자는 입장이었으면서 조선의 독립과 민족의 계몽을 주장하기도 했다. 이를 어떻게 이해할 수 있을까? 일본은 근대 서양 문명의 모범이었으면서 동시에 식민 지배의 원흉이었다. 때문에 급변하는 시대에서 조선 지식인들의 정신적인 고뇌는 민족의 계몽과 함께 민족의 해방이었다. "근대조선의 지식인은 일본의 '근대'에 의해 각성됨과 동시에 그것을 저항 극복해야 하는 이중적 고뇌를 가지고 있었다."[36]

이러한 이중적 고뇌를 이중 구속이라고 칭할 수 있다. 당시 지식인들은 서양 문명을 모델로 하는 근대를 위해서 계몽해야하는 동시에 식민 체제로부터 민족을 해방해야 하는 이중적 고민을 할 수밖에 없었다. 이는 민족의 한계, 즉 동도의 한계를 초월하는 보편을 추구하면서 동시

35) 배항섭, 「동도서기론의 구조와 전개양상」, 『사림(史林)』 42, 수선사학회, 2012.
36) 양현혜 「김교신의 '조선산 기독교'론과 우치무라 간조」, 『한국 근대지식인의 민족적 자아형성』, 소화, 2004, 95~96쪽.

에 민족의 해방이라는 민족의 정체성을 추구해야만 했던 것이다.

김윤식도 이러한 이중적 구속 속에서 보편으로서 도덕 인의라는 리(理)를 말하면서도 이 리(理)는 동양과 서양에 모두 편재하므로 일본을 통한 서양의 문물을 적극 수용하면서도 조선의 독립을 위해 혹은 국가와 민족의 정체성을 형성하기 위해 애국 계몽 자강 운동으로 교육 사업을 펼칠 수밖에 없었던 것이 아닐까?

김윤식의 동도서기론의 변화는 그의 시무론과 연결해서 살펴볼 수 있다. 서양 문물을 수용하는 범위가 차츰 넓어지면서 동도에 대한 규정은 점차로 추상적으로 변하여 결국 도덕과 인의라는 리(理)로 축소되었고 이 리(理)는 육예(六藝) 즉 기(器) 속에서만 찾을 수 있다는 입장이다. 이는 동도의 근본은 끝내 버리지 못하면서도 서양 문물을 수용하려는 개방적 태도이기도 하다. 이러한 개방적 태도는 18세기 박지원의 개방적 태도를 잇고 있는 것이다.

## Ⅴ. 현대 사회에서 동도서기론은 어떤 의미를 가질까

김윤식에 대한 평가는 극과 극이다. 김윤식의 동도서기론의 한계로 지적할 수 있는 것은 "대청(對淸) 대일(對日) 의식의 변화를 보면 민족적 자각보다는 사대적 질서가 익숙했던 전통 지식인으로서의 한계"를[37] 가질 수밖에 없었다고 보는 입장이 있다.

이와 달리 대청 외교와 대일 외교는 조선의 자주를 지키려는 외교정책의 연장이었지만 일본의 식민화 이후에 외교 전략은 실패했고 실력

---

37) 정성희, 앞의 논문, 2015, 186쪽.

을 갖추지 않고서는 독립이 불가능하다는 생각과 민족자결주의의 세계적인 확산을 통해 김윤식은 자강을 위한 계몽 운동과 교육에 희망을 가졌다고 평가하기도 한다.[38]

　김윤식의 동도서기론은 전통 중화 체제를 고수하려던 것이든 민족주의적 계몽 운동을 지향했건 더 이상 현실을 설명할 수 있는 사유로서의 생명력을 가지기 어려웠다. 이후 동도서기론은 신구학론(新舊學論)으로 발전하였다. 구학과 신학 논쟁은 동과 서라는 지역적 구분보다는 구와 신이라는 시간적 구분으로 바뀌어 구학으로서의 유학은 근대에서 쓸모없는 이념으로서 낡은 유산이고 신학은 선진 문명이란 가치 관념으로 바뀌었다.[39]

　문제는 신학은 과학으로 대변되는 서양의 물질문명이고 구학은 도덕으로 대변되는 동양의 정신문화로 규정되었다는 점이다. 이는 정신과 물질이라는 서양의 근대적 이원론적 세계관이 그대로 투영된 것이다. 또한 동양과 서양은 문명과 야만이라는 이분법적 인식이 등장하게 된다. 이런 이분법적 구분은 동양의 도덕적 가치와 정신을 강조하거나 서양이 부국강병을 이룰 수 있었던 격치학(格致學: science의 번역어)을 강조하는 담론이 형성된다.

　『대학』에 나오는 말인 '격물치지(格物致知)'는 단지 외적인 대상에 대한 객관적 원리를 아는 것에 그치는 것은 아니다. 사물에 내재한 원리를 아는 것이면서 동시에 인간의 실천과 연결된 일이다. 인륜적 도리를 중심으로 생각하여 物理를 도리와 연결시켜 통합적으로 인식하는

---

38) 백승철, 앞의 논문, 35~36쪽.
39) 박정심, 「自强期 新舊學論의 '舊學(儒學)' 인식에 관한 연구」, 『동양철학연구』 66, 동양철학연구회, 2011 참조.

체계였다. 그러므로 주자의 성리학적 맥락에서 격물치지는 도덕주의적이다.[40]

결국 격치(格致)를 도리(道理)와 분리된 물리(物理)로 인식하게 된 것은 서구 근대과학의 영향으로 볼 수 있다.[41] 이러한 이분법적 대비는 18, 19세기 초의 동도서기론과는 전혀 다른 19세기와 20세기의 특성이며 한계이다. 적어도 홍대용이나 최한기에게서 격치(格致)의 의미는 물리에만 국한된 내용은 아니었다.

홍대용은 서양 과학을 수용하면서 중화 질서 자체를 뛰어넘는 어떤 보편을 가정했고 최한기도 동과 서가 중요한 것이 아니라 동과 서를 융합하고 통합하여 자신의 기학을 완성하려는 지향을 가지고 있었다. 이러한 태도를 가진 동도서기론은 19세기 말에 서양의 위협 아래 해금(海禁)이 진행되고 일본의 식민지 아래에서 근대를 이루려는 조건 속에서 나온 동도서기론과는 그 의미가 다를 것이다.

그럴 때 현대 21세기 동도서기론은 어떤 의미를 가질 것인가를 묻지 않을 수 없다. 테크놀로지(technology) 시대이다. AI를 넘어 첨단 테크놀로지는 서기(西器)의 핵심이다. 아직도 근대 문명으로서 서기(西器)와 도덕과 인의(仁義)라는 동도(東道)가 유효할까. 테크놀로지 시대에 도덕과 인의로서 동도를 말한다는 것은 시대착오적이다. 현대에서 동도(東道)는 도덕이나 인의로 한정될 필요도 없고 더욱이 유교로 한정될 필요가 없다.

김상환은 "동도서기론에 대한 재고, 그것이 물음으로서 요구하는 성찰의 개진, 이것이 동아시아의 근대성 및 탈근대성이 거론되는 지점에

---

40) 이행훈, 『학문의 고고학』, 소명출판, 2016, 52~53쪽.
41) 구희진, 「한말 근대개혁의 추진과 格物致知 인식의 변화」, 『역사교육』 114, 역사교육연구회, 2010 참조.

서 우리를 기다리는 정신사적 과제이다."[42]라고 하면서 테크놀로지 시대에 동도서기론의 의미에 대해서 점검하고 있다. 김상환은 테크놀로지 시대가 가진 위험성과 근대성의 한계를 논의한다. 하이데거는 바로 기술 시대에 근대적 이성의 문제점을 '존재 망각'이라는 문제와 함께 논의했던 대표적인 철학자이다. 테크놀로지의 위험성을 어떻게 극복할까? 하이데거의 말이다.

> 내 생각에는 오로지 현대의 기술적 세계가 성립했던 동일한 지역에서부터 어떤 전회가 준비될 수 있습니다. 선불교나 그 밖의 동양적 세계체험을 받아들인다고 해서 그런 전회가 일어날 수 있는 것이 아니지요. 사고방식을 바꾸기 위해서는 유럽적 문화유산의 계승과 재전유가 필요합니다. 사유는 오로지 동일한 기원과 동일한 본성을 지닌 사유를 통해서만 변형되는 것입니다.[43]

테크놀로지의 위험성을 극복하는 일은 동양적 정신에 있지 않다. 사유는 오로지 동일한 기원과 동일한 본성을 지닌 전통적 사유를 통해서만 변형된다. 하이데거가 유럽 근대 기술 문명을 비판하면서도 "유럽적 문화유산의 계승과 재전유"를 말하는 이유이다. 서양 전통을 다시 재해석하는 과정을 통해 근대 테크놀로지에 담긴 위험성을 변화될 수 있다. 전통은 근대적 언어로 다시 전유되어야 한다.

전통에 대한 전유의 문제다. 다시 클라크다. 클라크는 서양이 동양과의 접촉을 통해 동양을 이해하고 융합하는 과정의 단계를 3단계의

---

[42] 김상환, 「테크놀러지 시대의 東道西器論」, 『철학사상』 16, 서울대학교 철학사상연구소, 2003 참조.
[43] 위의 논문, 599쪽.

순서로 설명한다. 보편주의 단계, 비교 단계, 해석학 단계이다.[44] 동도
가 현대에서 서도와 어떻게 관련을 맺는가하는 문제는 마지막 해석학
단계를 참조할 수 있을 것이다.

클라크가 말하는 해석학적 접근은 비교적 접근에서 더 나아가 동양
을 낯선 '타자'로 취급하는 것이 아니라 '인류의 대화'라는 차원에서 접
근한다. 이러한 접근에는 이미 전제된 보편은 없다. 이런 접근에서는
보편철학을 탐구하려는 욕구는 발견되지 않는다.[45]

해석학에서 말하는 '전유(轉有, appropriation)'에 대해 폴 리꾀르는 "낯설었
던 것을 자기 것으로 만드는 것을 말한다"고 하면서 "우리는 낯설음을
통해서, 그리고 이를 넘어섬으로써 전통의 의미를 회복시켜야 한다."[46]
고 강조한다. 폴 리꾀르에 따르면 '전통의 고집스러움에서 벗어나 낯선
타자를 전유하여 '자기 것'으로 만들 때 고집스러운 전통의 이해 지평은
확대되고 그것을 통해 낯선 타자와 대화하고 공존할 수 있다.

주목해야할 것은 미리 전제된 어떤 보편이 있는 것이 아니다. 오히
려 이러한 해석학적 전유를 통해 전통의 이해지평을 확대하면서 타자
의 이해성을 높이는 과정에서 '더 나은 보편'으로 나아갈 수 있다는 점
이다.

나는 역사적으로 아무런 관계가 없는 텍스트들과 생각들을 하나로 합치
는 과정에서 비록 중국과 서양의 문화적·역사적 상황이 상이하더라도, 양
자의 문학이 서로 비교 가능한 것으로 이해될 수 있는 공통의 기반을 찾고
자 한다. 그러한 비교의 궁극적 목표는 협소하게 규정된 시야의 한계를 뛰

---

44) J.J. 클라크, 앞의 책, 183~196쪽.
45) 위의 책, 같은 쪽.
46) 폴 리꾀르, 『해석이론』, 서광사, 2016, 83~84쪽.

어넘어, 이질적인 것으로 드러나는 것들을 가능한 한 융합시키고, 우리의 지평을 확장하는 데 있다.[47]

이러한 태도는 클라크가 지적했듯이 이미 서양에서 근대의 한계를 넘어서려는 노력 속에서 드러나고 있다. 근대유럽의 문명 또한 진보라는 보편주의를 내걸고 식민지를 야만으로 규정하고 인종주의적 정책을 시행했다. 클라크에 따르면 서양에서는 이미 근대유럽의 보편주의를 비판하면서 근대유럽이 타자의 특수성을 이해하지 못하고 보편주의를 강제했던 그런 보편성을 역사화하고 '더 나은 보편주의'를 찾아나가자고 말한다. 여기에 동양의 역할은 컸다. 이러한 태도와 전통의 전유라는 문제는 동일하게 동양에 대해서도 적용할 수 있을 것이다.

김윤식은 지역은 달라도 본성의 선함은 공통적이라고 한다. 그래서 각 종교에서도 선을 행하는 공통점은 있다고 강조한다. 김윤식이 여러 문명의 차이를 이해하고 전통 사상에 입각하여 '더 나은 보편'으로서 선을 행하는 것을 인정하는 개방적 태도는 이런 의미에서 주목할 만하다. 이러한 태도는 18세기 홍대용, 박지원, 최한기에 이르는 실학파의 서구 문명을 대하는 개방적 태도와 밀접하게 연관된다는 점에서 동도서기론의 현대적 전망을 생각하는 데에 중요한 기점이 될 수 있을 것이다.

---

47) 짱롱시, 『도와 로고스』, 강, 1997, 14쪽.

# Ⅵ. 더 나은 보편은 가능한가?

전통 사상과 관련하여 근대를 생각할 때 두 가지 측면에서 생각해 볼 수 있다. 즉 전통 사상은 반봉건과 반외세를 어떤 논리로 대응했는가. 봉건이라는 말은 적합하지 않을 수 있지만 흔히 말하는 반봉건이란 유교적 왕권을 지지하는 주자학적 정치 이데올로기로서 전근대적 정치 체제와 현실에 적응하지 못하여 구습을 얽매인 기득권 계층의 타락에 저항하는 입장을 말하고 반외세는 서양 문명으로 대변되는 제국주의적 침탈과 일본의 식민적 지배를 벗어나려는 저항을 말한다.

그럴 때 문제는 식민주의와 유럽 중심적 근대주의이다. 식민주의적 사고에 얽매여 있기 때문에 강고한 민족주의가 드러나고 유럽 중심적 근대주의에 얽매이기 때문에 자본주의 맹아론이나 유교 자본주의 혹은 반대급부로서 자생적 근대화 이론이 나타나게 되는 것이 아닐까.

시공간의 확대는 시각의 확대를 의미한다. 현대는 글로벌 세계이다. 글로벌 세계에서 지구촌은 이제 하나의 운명 공동체가 되었다. 이때 지리적 의미의 동과 서는 무의미하다. 모더니티라는 근대는 '서'로 '동'을 지배하려는 제국적 질서에 근거한다. 유럽 중심의 근대는 야만을 전제한 보편이었으며 인종주의 등이 결합된 정치적 폭력을 내재하고 있었다.

서양에서는 이런 폭력적 보편주의나 유럽 중심적 근대성에 대한 반성을 하고 있다. 때문에 근대를 넘어서려는 담론을 생산해 냈다. 그것을 포스트모던 담론이라 할 수 있다. 포스트모던이나 포스트콜로니얼 등 탈근대와 탈식민주의 담론은 이런 맥락에서 나온 것이다.

우리에게는 이 두 가지 담론이 모두 얽혀있는 것이 아닐까. 식민주의와 근대주의 모두를 넘어설 수 있는 관점은 불가능할까. 탈식민주의와 탈근대주의는 어떻게 동시적으로 가능할까를 고민해야 한다. 동도에 너무 집착할 때 과도한 민족주의 담론으로 흐를 수 있고 서기에 집착할 때는 과도한 근대주의 담론이 나온다. 우리에겐 포스트모던 담론 그 이상이 필요한 것인지도 모른다.

한때 포스트는 유행이었지만 이제는 트랜스(trans)를 말한다. 트랜스히스토리, 트랜스네이션, 트랜스휴먼, 트랜스크리틱, 트랜스는 대립적 항들을 초월하는 시각이다. 그런 의미에서 메타적 인지에 해당한다. 메타적 인지란 자신이 인지한 것을 넘어 그 인지가 작동하는 방식과 근원을 아는 것을 말한다.

그렇다면 현대 우리에게 요구되는 동도서기론도 동도와 서도를 넘어 트랜스 되어야 하지 않을까. 동도와 서도가 작동하는 방식과 근원을 동시에 바라볼 수 있는 더 넓은 시각이다. 일명 트랜스 웨스트-이스트-타오(transwest-east-dao)이다. 초동서도(超東西道)이다. 이는 동도와 서도를 버리는 것이 아니라 대립을 넘어선 메타적 인지를 의미한다. 이 메타적 영역에서 '더 나은 보편'은 생성되지 않을까. 메타는 '넘어서, 위에 있는, 초월하는'의 뜻이다. 그것이 앞으로 다가올 동도서기론의 메타모포시스(metamorphosis)일지도 모른다.

# 최한기의 지구 지식은 어떤 문명론적 상상을 낳았는가?

김문용

# 최한기의 지구 지식은 어떤 문명론적 상상을 낳았는가?

## Ⅰ. 지리 지식과 문명론의 관계

동아시아에서 근대 사회의 형성이란 그 세세한 곡절이나 차이에 주목하지 않는 한, 어차피 '서양적 근대'로의 전환이다. 이 점은 세계관의 차원에서도 별반 다를 것이 없다. 근대로 진입해 들어오는 과정에서 동아시아인들의 뇌리는 유럽에서 기원하는 다양한 층위의 세계상(世界像), 그것들과 결부된 강고한 가치관들로 침윤되었다. 그러면 그런 침윤의 과정에서 동아시아적 근대가 빚어낸 저 세세한 곡절이나 차이를 우리는 과연 충분히 인지하고 있는가? 아니면 아직도 저 '서양적 근대'의 위력에 눌려 근대전환기의 사정을 세세하게 돌아볼 여유를 갖지 못하고 있는가? 혹시, 물에 빠진 동아시아 전통을 통째로 건져 올린다는 생각에 지나치게 성긴 그물코를 들이대고만 있는 것은 아닌가?

이 글은 최한기(1803-1877)의 지리 지식과 그의 문명관 사이의 관련 양상을 검토한다. 이 주제는 개념의 층위에서 지리와 문명, 지식과 세계관이라는 이중의 대비를 함축한다. 그리고 역사의 층위에서 유럽발 근대와 조선 내지 동아시아 전통의 조우를 반영하고 있다. 주지하듯이 최한기는 유럽 근대 문명의 파고가 한층 고양되어 가던 1850년대 전후, 새로운 문명에 대한 조망과 구상을 시도한 조선의 대표적인 학자이자 사상가였다. 우리는 새로운 지리 지식이 그의 문명관에 어떻게 영향을 끼쳤는지 살펴봄으로써 조선 사회의 근대적 전환에 대한 시각을 다각화하는 데 기여하기를 기대한다.

최한기는 1836년에 간행한 『기측체의』에 이러한 언급을 남겼다.

> 천하의 경륜(經綸)이 모두 지지(地志)와 지도(地圖)에 담겨 있으니, 전체 국면을 상고하고 형세를 살펴서 착수(着手)의 완급을 정하며, 이웃 나라를 관찰하고 우열을 비교하여 시조(時措)의 취사를 결정한다.[1]

이 문장은 유학자의 경륜 포부와 지리 지식의 관계를 압축적으로 보여준다. 동아시아나 유럽을 막론하고 지리학은 본래 장소 또는 공간을 중심으로 구성된 인간 세계 전체를 다루는 학문이었다.[2] 지금은 자연지리와 인문지리를 나누고, 자연지리에서 지질학·기상학·수문학 등이 분화해 나가기도 했지만, 본래 지리학은 인간 삶의 환경을 아우르고

---

1) 崔漢綺, 『推測錄』 6, 「地志學」. "天下經綸, 盡在地志圖, 案全局而察形勢, 以定着手之緩急, 觀隣國而較優劣, 以定時措之取捨."
2) 이러한 생각은 다음의 주장과 통한다. 쩌우전환, 한지은 옮김, 『지리학의 창으로 보는 중국의 근대』, 푸른역사, 2013, 23쪽. "서양 고대에서 지리학은 '과학의 어머니'로 여겨졌다."

나아가 그 성취까지도 대상에 포함하는 것이었다. 따라서 지리지와 지도를 읽는 일은 자연과 함께 문명을 이해하고 구상하는 일이기도 했고, 이런 맥락에서 최한기의 언급은 설득력이 있는 것이었다.

최한기는 세계지리 방면의 저작으로 『지구전요』를 남겼다. 표제의 '지구'에 대한 요즘의 어감에 따를 때, 이 책이 지리지(geography)에 속하는 것임을 상상하기는 쉽지 않다. 그러나 전체 13권으로 구성된 이 책은 우주지 지식으로 채워져 있는 첫 권, 역상도(曆象圖) 23매와 제국도(諸國圖) 41매를 수록하고 있는 마지막 권을 제외한 나머지 11권이 모두 세계지리지에 해당한다. 이 점에서 이 책은 지리지·지도집의 하나임에 틀림이 없되, 다만 지리를 천문 또는 우주 질서로부터 분리하지 않고 그것과의 연계 속에서 파악한다는 특징을 가지고 있다고 봐야 한다. 책의 표제는 예수회 선교사 브노아(Michel Benoist)의 『지구도설(地球圖說)』이 지구와 태양을 포함한 천체들의 관계를 설명하는 우주지(cosmography)이면서도, 짧게나마 오대주와 각국에 대한 지리지적 기술을 포함하고 있었음을 상기시켜 준다. 최한기에게서 지리 지식은 우주 지식의 한 부분으로 자리 잡고 있었다.

이 글에서 말하는 '문명'은 civilization의 번역어로서의 그것이다. 이런 의미의 문명 개념은 1870년대 일본에서 사용되기 시작했고, 따라서 최한기 본인의 저작에는 한 번도 등장하지 않는다. 그럼에도 불구하고 이 개념은 그의 세계관을 표현하기 위한 적절한 개념 가운데 하나로 인정되어 왔다. 비교적 최근에 이행훈은 최한기의 문명관을 주체와 타자, 중심과 변방, 문명과 자연, 지배와 복종의 경계를 부정하는 평화와 대동의 문명관으로 요약한 바 있다.[3] 그리고 김선희는 '중화'라는 언표 속에 잠재된 문명의식의 탐구를 목표로 하면서, "문명의식이란 지식의 추동력이자 제한점이자 방향등으로서의 가치와 이념이 작동해야 한다는 점에 대한 합의이지, 가치나 이념의 실질적인 내용은 아닐 것"이라고 주장하였다.[4] 이런 선행 연구는 이 글의 구상에 전제가 되었음을 밝힌다.


## Ⅱ. 『지구전요』의 문명론적 위상

『지구전요』의 서문[序]에는 책의 전체 주제와 저술 의도가 기술되어 있고, 뒤이은 「범례」에는 본문의 구성과 부문별 채록 저본이 소개되어 있다. 이에 따르자면, 우주지와 기상지(meteorology)로 대부분 채워져 있는 권 1은 브노아의 『지구도설』에서 채록하고, 중간의 순수 지리지에 해당하는 부문은 청(淸)의 위원(魏源, 1794-1857)의 『해국도지(海國圖志)』와 서계여(徐繼畬, 1795-1873)의 『영환지략(瀛環志略)』에서, 그런 가운데 특별히 일본에 관해서만은 신유한(申維翰)의 『해유록(海遊錄)』에서 채록했음을 알 수 있다. 마지막 권 13에 실린 역상도와 제국도의 출처는 최한기가 따로 밝히지 않았지만, 각각 『지구도설』과 『영환지략』임이 이미 밝혀져 있기도 하다.[5]

여기서 주목해야 할 것은 저본의 내용과 성격, 그리고 채록 과정에

---

3) 이행훈, 「최한기의 기화적 문명관」, 『한국사상사학』 22, 한국사상사학회, 2004, 329~330쪽.

4) 김선희, 「19세기 지식장의 변동과 문명의식」, 『한국사상사학』 49, 한국사상사학회, 2015, 246쪽.

5) 『지구전요』의 역상도·제국도와 『지구도설』·『영환지략』의 원본 사이의 자잘한 차이에 대해서는 다음을 참조. 오상학, 『조선시대 세계지도와 세계인식』, 창비, 2011, 317~334쪽.

작용한 최한기의 편집 의도와 관점이다. 주지하듯이『해국도지』와『영환지략』은 19세기 중후반 중국은 물론 조선과 일본의 지식인들에게 많은 영향을 끼친 세계인문지리서이다.『해국도지』는 영국인 머레이(Hugh Murray)의 The Encyclopedia of Geography를 번역한『사주지(四洲志)』를 저본으로 삼아 위원이 1842년에 50권으로 완성하고, 1847년에 60권, 다시 1852년에 100권으로 보완한 책이다. 이 책의 성격을 결정지은 것으로는 무엇보다 번역·편찬 시기가 아편전쟁 와중이었다는 점, 더구나『사주지』번역을 주관하고 위원에게『해국도지』편찬을 권유한 사람이 아편전쟁 당시의 흠차대신 임칙서(林則徐, 1785-1850)였다는 점을 들어야 할 것이다. 요컨대『해국도지』는 외국의 침략에 대한 방책을 강구하는 데 편찬 목적을 두었고, 이는 실제로 책머리의「주해편(籌海篇)」2권을 비롯하여 여러 곳에서 해방(海防)의 전략과 무비책(武備策)에 많은 지면을 할애하는 것으로 나타났다. 한편,『영환지략』은 서계여가 1844년에『영환고략(瀛環考略)』을 집필하고, 이를 1848년에 10권으로 개작하여 1850년에 간행한 책이다. 이 책은 자료의 출전을 명시하지 않고 있다는 점, 해방책을 특별히 강조하지 않는 순수 지리서에 가깝다는 점 등에서『해국도지』와 차이가 있다.

　최한기가『해국도지』와『영환지략』을 언제 입수했는지, 그리고 그가 입수한『해국도지』가 몇 권 본인지는 확실치 않다. 눈여겨볼 것은 그가 두 책을 소개하면서,『해국도지』는 빠짐없이 기록하는 데만 치중하여 줄거리[綱領]를 갖추지 못한 반면,『영환지략』은 체제를 갖추었으나 너무 간단하다고 평한 대목이다.[6] 두 책의 차이에 대한 타당한 지

---

6) 『地球典要』,「凡例」, 5쪽. "海國圖志出於初創, 卓集西土之蒐誕神異, 諸書之隨聞輒錄, 要無遺迭, 未得要領者, 易致眩惑. 瀛環志略出於挽近, 規整漸就端緒, 未免太簡."

최한기의 지구 지식은 어떤 문명론적 상상을 낳았는가?　143

적이라고 할 수 있다. 그러나 두 책이 가지고 있는 또 다른 중요한 차이, 즉 해방책을 위시한 시무(時務)의 강조 여부에 대해 별다른 언급이 없다는 점에 주목할 필요가 있다. 이 점은 그의 정세 인식 및 사상적 지향을 이해하는 데 좋은 단서가 된다.

『지구도설』과 관련한 사정 역시 검토의 여지가 있다. 최한기는 "오직 『지구도설』만이 지구의 전체 운화(運化)를 대략이나마 밝혀 주었기 때문에 그것을 책의 맨 앞에 채록한다."[7]고 하였다. 『지구도설』이 기존의 서학 우주지 또는 천문학서와 크게 다른 점은 프톨레미·티코·메르센·코페르니쿠스의 우주 모델을 차례로 소개하고, 나아가 케플러·카시니까지 거론하면서 태양계의 구조와 행성의 운동을 설명한다는 데 있다. 최한기가 말한 '지구의 전체 운화'란 분명, 태양을 중심으로 행성들이 늘어서서 자전과 공전[輪轉]을 거듭하며, 거기에 지구도 예외가 아니라는 태양중심설을 가리킨다. 그는 태양중심설을 접하면서 비로소 자신의 기학적 우주론의 전개에 박차를 가할 수 있었는데, 그 첫번째 결실이 바로 『지구전요』의 우주지 부문이었다.

흥미로운 점은 최한기와 『지구도설』의 조우가 조선후기 지식수용사에서 하나의 변곡점을 형성하고 있다는 사실이다. 『지구도설』은 브노아가 1760년에 『지구전도(坤輿全圖)』라는 제목으로 판각하고, 1767년 전

---

이규경은 최한기가 『해국도지』와 『영환지략』 외에 전희조(錢熙祚)의 『수산각총서(守山閣叢書)』도 소장하고 있다고 증언했지만, 그것들을 입수한 정확한 연대는 확인할 수 없다(李圭景, 『五洲衍文長箋散稿』, 「中原新出奇書辨證說」). 다만, 『해국도지』는 '초창(初創)'에 나오고 『영환지략』은 '만근(挽近)'에 나왔다고 한 최한기의 말에 따르자면, 그가 입수한 『해국도지』는 『영환지략』이 출간되기 이전의 50권본이나 60권본일 가능성이 크다. 참고로, 일본에는 1853년에 『해국도지』 60권본과 『영환지략』이 전해졌다.

7) 『地球典要』, 「凡例」, 1쪽. "地球之全體運化, 惟地球圖說畧明之, 故採錄于卷首."

대흔(錢大昕)이『지구도설』이라는 이름으로 북경에서 간행한 책이다. 18세기 중엽 이래로 서학서가 조선에 많이 유입되었지만, 지금까지 확인된 바로는 이 책에서 소개하는 태양중심설을 처음으로 수용한 인물은 최한기이다.『지구전요』의 편찬 시점을 기준으로 하자면 중국에서의 지식 생산과 조선의 수용 사이에 무려 90년의 시간 지연(time lag)이 존재한다. 이 시간지연은 조선시대 사상사의 낙후성과 독창성 사이에서 숙고를 요하는 문제라고 할 수 있다.[8]

어쨌거나 최한기의 경우로 한정할 때,『지구전요』가 편찬된 1857년 전후를 교차점으로 삼아 시간 지연의 문제가 급속히 완화되어 가고 있었다.『지구전요』에서는 편찬된 지 90년이나 지난『지구도설』이 저본의 하나로 활용되는가 하면, 다른 한편으로는 편찬 후 10년 안쪽의『해국도지』와『영환지략』도 함께 활용되고 있었다. 그는 한문서학서에 크게 의존하는 저술로 1866년에『신기천험(身機踐驗)』, 1868년에『성기운화(星氣運化)』등을 더 남겼는데, 전자는 중국에서 1951년에 간행된『전체신론(全體新論)』을, 후자는 1859년에 간행된『담천(談天)』을 저본으로 삼는 것이었다. 이런 면모는 이전과 비교하여 조선에서 지식 수용과 반응의 속도가 빨라지고 있었음을 보여준다.

여기에는 최한기 개인의 관심이나 노력 이상으로 시대 환경의 변화가 크게 작용했다고 해야 할 것이다. 우리는 그 환경적 요인으로 우선, 19세기 초엽부터 영미 계열의 개신교 선교사들이 동남아시아와 중국 진출을 본격화하고, 그 부수 효과로 19세기 중엽에 이르러 근대 지식의

---

[8] 김영식은 이러한 시간 지연이 "중국에 비해 조선이 낙후되었음을 뜻하는 것이 아니라 오히려 중국과 조선의 차별성, 조선의 중국으로부터의 독자성을 보여주는 것이라고 할 수 있다."고 하였다. 이 문제에 대한 다층적인 해석이 가능함을 보여준다고 할 수 있다. 김영식,『중국과 조선, 그리고 중화』, 아카넷, 2018, 430쪽 참조.

전래가 폭발적으로 증대했던 점을 들 수 있다. 그리고 아편전쟁 이후 유럽인들의 침탈이 노골화하면서 동아시아인들 사이에 경각심이 강화되고, 이와 병행하여 각국 사이에 인적·물적 내왕이 빈발하였던 사실 역시 고려해야 할 것이다.

『지구전요』는 지식수용사의 맥락에서뿐 아니라, 최한기 본인의 학문·사상 전개 과정에서도 하나의 전환점에 처해 있었다. 그는 『지구도설』「범례」에서, "내가 지은 『우주책(宇宙策)』 12권은 실로 이 책과 안팎처럼 서로 부합하니, 혹은 안에서 얻어서 밖으로 베풀고, 혹은 밖에서 얻어서 그 안을 제어한다."[9]고 하였다. 이 말대로라면, 우리는 『우주책』을 통해 『지구전요』 편찬 당시 그의 사상의 전모를 좀 더 분명하게 확인할 수 있을 것이다. 그런데 『우주책』은 아직껏 발견되지 않고 있다. 그나마 저작 시기를 알 수 없는 『명남루수록(明南樓隨錄)』에 '우주책'이 언급되고 있어 몇 가지 추론의 단서를 얻을 수 있다는 점이 다행이다. 『명남루수록』은 1권 분량으로 규모가 비교적 작은 저작으로서 서문이나 범례가 붙어있지 않고, 장·절 구분 없이 서너 줄에서 10여 줄 안팎의 길이로 단락 구분만 되어 있다. 『명남루수록』에서 '우주책'이 처음 출현하는 다음 대목을 먼저 검토해 보자.

> 이 '우주책'은 수천 년 사해(四海)의 서적을 모두 한 방에 모아 견문과 증험을 쌓고, 사등운화(四等運化)나 신기(神氣)·형질(形質)과 관련하여 전에 드러나지 않았던 것을 드러내고 뒤에 계발해야 할 것을 계발하는 것이니, 내가 이미 많이 늙은 줄 모르겠고 오직 남은 날이 부족할 뿐이다. 지난 것을 잇는 것은 소략하게나마 갖추었으나, 미래를 새로 여는 준비는 자연 한계가

---

9) 『지구도설』, 「범례」, 7쪽. "余所著宇宙策十二卷, 實與此書爲內外詮, 或得於內而施於外, 或得乎外而制其內."

없어 내 생전에 끝날 것이 아니니, 오직 후세에 있을 우내(宇內)의 현명하고 박식한 이들에게 희망을 걸 뿐이다.10)

『명남루수록』에는 이 단락을 비롯하여 '우주책'이 여덟 곳에서 언급되고 있다. 이를 바탕으로 연구자들 사이에서는, 『명남루수록』이 『우주책』을 '인용'하고 있으며, 이를 통해 『우주책』의 대체적인 내용을 파악할 수 있다는 견해가 지배적이다. 그러나 윗글은 어세로 보아 결코 『우주책』을 '인용'하고 있다고 보기 어렵다. '우주책'을 책의 제목으로 인정할 경우, 윗글은 책을 '설명'하는 글, 이를테면 서문의 한 구절 같은 느낌을 준다. 또 '우주책'을 언급하고 있는 나머지 사례들 중에는 '우주책의 제3등 재지(才智)', '우주책의 제2등 도덕', '우주책을 강구하는 사람들'의 경우처럼, '우주책'이 책의 제목이기보다는 '우주를 經綸하는 方策'이라는 뜻의 일반 용어에 가까워 보이는 것들도 있다. 보기에 따라서는 위 인용문의 '우주책' 역시 책 제목이라고 단정할 근거는 없다고 볼 수도 있다. 그러면 맨 앞에서 인용한 '내가 지은 『우주책』 12권'의 '우주책' 역시 책 제목이 아닐 가능성이 있는가? 좀 더 분명한 근거가 나오기 전까지 이 문제에 대한 판단은 유보할 수밖에 없고,11) 대신 우

---

10) 『明南樓隨錄』, 300쪽. "此宇宙策, 乃數千年四海書籍, 咸聚一室, 積聞見, 累證驗, 四等運化, 神氣形質, 發前未發, 啓後當啓, 不知老之已隆, 惟日不足. 繼往固所略, 備開來, 自多無窮, 非我生前所訖, 惟有望於在後之宇內賢知."

11) 이상의 검토를 바탕으로 할 때, 『명남루수록』의 성격은 또 어떻게 이해할 수 있는가? '수록'이라는 제목에도 불구하고, 이 책은 내용의 측면에서 '우주책' 또는 '기화' 등의 개념을 중심으로 비교적 잘 정리되어 있는 편이다. 서문이나 발문이 없다는 점을 제외하자면, 기술 방식의 측면에서 『기학』과 별반 차이나지 않는다. 조심스러운 추론이기는 하지만, 아마도 『명남루수록』은 『우주책』의 완성 이후에 그것을 인용·설명하는 것이기보다는 『우주책』을 집필하는 과정에서 그 일부로 작성된 것이고, 그 제목은 최한기가 아닌 다른 누군가에 의해 나중에 붙여진 것이 아닐까 한다.

리는『지구전요』에 대한 문명론적 해석을 보강하기 위해 그의 다른 저작들에 눈을 돌려야 할 것이다.


## Ⅲ. 지구 이해와 문명관

### 1. 운동하는 지구 – 문명의 다양성

마테오 리치의「곤여만국전도」는 8폭 병풍의 형식이지만, 펼치면 세계가 한 화면에 담기고, 중국이 그 화면의 중앙에 위치하도록 그려져 있었다. 나중에 선교사 로드리게스(J. Rodriquez, 陸若漢)는 이런 화면 배치를 근거로 여전히 중국이 세계의 지리적 중심 아니냐고 묻는 조선인 역관 이영후(李榮後)에게, 그것은 다만 중국인들이 보기 편하도록 하기 위한 것일 뿐이라는 설명을 추가해야 했다.[12] 반면에『지구전요』제국도의 맨 앞에 있는 세계지도는 유라시아대륙·아프리카·오세아니아를 포함하는 지구전도(地球前圖)와 아메리카대륙·태평양·대서양을 담은 지구후도(地球後圖), 두 장으로 구성되어 있다. 세계지도를 이렇듯 두 장으로 나누면서 중국을 포함한 동아시아는 이제 지도의 중앙이 아니라 동쪽 끝에 위치하게 되었다. 이는 무엇보다 좀 더 자세한 지도를 그리기 위한 것이었겠지만, 한편으로는 굳이 독자들의 시각을 배려해야 할 필요가 없어졌음을 의미하기도 한다.


---

12) 陸若漢,「西洋國陸若漢答李榮後書」(安鼎福,『雜同散異』).

〈그림 1〉 지구전도

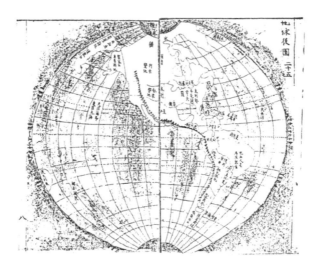

〈그림 2〉 지구후도

최한기에게서 '지원(地圓)'이라는 사실 자체는 더이상 17-18세기 동아시아인들에게서만큼 각성의 효과가 큰 것은 아니었다. 그는 『지구전요』를 편집하면서 『지구도설』에 있던 「논지구(論地球)」 절을 삭제하였다. 그 대신 「측량지주신정(測量地周新程)」 장을 「추지도측천도(推地度測天度)」로 제목을 바꾸고 그 맨 앞에 「논지구」 장의 일부 기록을 끼워 넣었다. '지원'을 의미 있는 지식 항목으로 독립시키기를 거부한 셈이다. 그의 이러한 관점은 『지구전요』 「서」의 첫머리에서 '지형(地形)의 방원(方圓)과 지체(地體)의 동정(動靜)' 문제를 땅에 관한 새로운 지식의 관건으로 삼은 것에서부터 드러난다. 그가 보기에 '지구'는 둥근 것이자 곧 운동하는 것이었고, 실제의 지구에서 이 두 속성은 분리할 수 없는 것이었다.

17·18세기 이래로 지구설은 화이론적 세계관을 해체하고 문명·습속의 다양성을 옹호하는 논거로서 작용해 왔다. 홍대용의 경우 그 논리적 연결은 두 경로가 있었다. 하나는, 구형인 지구 위에는 중심이 별도로 정해져 있지 않으며, 따라서 문명의 중심과 주변을 구별하는 화이론의 지리적 근거는 존재하지 않는다는 것이다. 다른 하나는, 태양이 하늘의 황도를 따라 지구를 공전하면서 지역 간에 기후와 풍토 그리고 습속의 차이를 다양하게 만들어 내는 것이므로, 각 습속의 가치는 하나의 기준으로 재단할 수 없다는 것이다.

최한기의 논의에서 전자의 논리적 경로는 쉽게 발견되지 않는다. 당시는 이미 중화의 본질이 지역과 혈통이 아닌 도덕 또는 문명에 있다는 생각이 자리 잡아 가고 있었기 때문이기도 할 것이다. 반면 후자의 경로는 그에게서도 확고한 우주론적 근거를 가지는 것으로 강조되었다. 『지구전요』의 「논춘하추동(論春夏秋冬)」 장에서는 "사시(四時)의 순환은 지구의 운동에 말미암아 생긴다."는 말을 필두로, 지구의 공전궤도가 타원이며, 지구가 공전하면서 태양의 고도뿐 아니라 지구와 태양의 거리 역시 변화하고, 나아가 지구에서 보는 태양 직경의 크기와 궤도의 높낮이도 변화한다는 점을 자세히 설명하고 있다. 코페르니쿠스의 태양중심설과 케플러의 타원궤도설에 기초하는 이러한 설명은 지구 위 기후·풍토·습속의 다양성에 대한 지리적 이해를 강화하는 것이었음에 틀림없다.

우리는 최한기가 1860년에 완성한 『인정』의 다음과 같은 언급을 통해 논의를 좀 더 진전시킬 수 있을 것이다.

땅덩어리[地體]가 둥글기 때문에 해와 달의 빛을 받는 것이 같지 않으며, 밤낮의 길이, 조석(潮汐)의 들고 남이 지역에 따라 차이가 있게 된다.…… 지구의 회전이 달의 운행과 상응하면서 달이 지평 위로 나오면 밀물이 생기고, 달이 지평 아래로 들어가면 썰물이 생긴다.…… '지구'가 밝혀지기 전에는 혹 이런 말이 있었더라도 누가 믿을 수 있었겠는가!…… 만고에 깜깜하던 것이 이에 이르러 대부분 밝혀졌다. 그 나머지 자잘한 것들, 즉 남북의 기후, 토질에 적합한 물산(物産), 민속의 질박함이나 화려함 등에 어찌 지구와 관계없는 것이 있겠는가! 전체 대기(大氣)의 변화 역시 지구의 남북 해륙 (海陸)에 따라 저절로 달라지는데, 이것은 땅덩어리에 말미암아 생기는 것이지 대기에 원래 이렇듯 서로 다른 운화가 있는 것은 아니다.13)

이런 설명은 최한기의 여러 저작에 표현을 조금씩 달리하면서 반복적으로 출현하는 것 가운데 하나다. 비록 지구의 운동 기제에 대한 자

---

13) 『人政』 11, 「氣化不同」. "地體圓, 故受日月之光不同, 晝夜長短, 潮汐進退, 隨地有異.…… 地轉與月行相應, 月出地平而潮生, 月入地平而汐生.…… 地球不明之前, 縱有如此說道, 人豈信哉!…… 萬古晦昧, 至此得明其大端. 其餘微細事物, 南北風氣, 土宜物産, 民俗質文, 有何不關於地球者乎! 一體之大氣化, 亦於地球之南北海陸, 自有不同者, 生於地體, 非大氣元有此不同之運化."

세한 해명을 생략하고, 조석의 발생에 대한 잘못된 설명을 포함하고 있기도 하지만,[14] 각 지역의 기후·토질·물산·민속의 다양성이 지구 또는 땅덩어리의 운동에 말미암음을 강조한다는 점에서는 나무랄 데가 없다. 흥미로운 점은 우주의 운동·변화를 지칭하는 대기의 운화와 지구를 대비하면서 전자를 일관성 내지 통일성, 후자를 다양성과 연계하고 있다는 점이다. 그의 관점에서 문명이란 대기의 운화가 지표면 각 지역의 위치나 환경에 따라 다양하게 굴절되면서 관철된 결과였던 셈이다.

최한기의 문명관에서 특별히 주목해야 할 것은 역시 화이론 내지 중화주의의 귀추 문제이다. 일찍이 『기측체의』에서 그는 법제·기용(器用)·토산은 나라를 다스리는 데 도움이 되는 것이라면 서양의 것이라도 채용해야 하지만, 풍속·예교(禮敎)의 경우는 서양에 비록 좋은 것이 있더라도 우리의 것이 풍기에 맞고 오랜 훈도에 물들어 있으므로 갑작스럽게 바꿀 수 없다고 주장한 바 있다. 그리고 특별히 종교(敎術) 문제를 추가로 거론하면서, 이것이 갑작스럽게 바꿀 수 없는 것이기는 하지만, 어느 종교나 권선징악의 취지를 벗어나는 것은 아니라는 상호 이해적이고 포용적인 관점을 드러내 보이기도 하였다.[15] 17세기 이래 서학

---

[14] 조석에 대한 이러한 주장은 달의 輪轉과 조석의 연관성을 지나치게 단순하게 추론한 결과로 생각된다. 비슷한 추론의 오류로, 지구 자전의 영향으로 해수가 서쪽으로 흐르기 때문에 배가 동향할 때보다 서향할 때 더 빠르다고 한 것을 더 들 수 있다. 『地球典要』1, 「海陸分界」, 34쪽. "海舶西向而行, 則順而速, 東向而行, 則逆而遲, 是豈特大海, 又于地中海, 可見其所以然. 蓋地自右轉, 則旁氣輪有牽援之勢, 如舟行速, 而舟旁之水, 若西流, 故航海之向西, 順也."

[15] 『推測錄』6, 「東西取捨」. "海舶周遊, 書籍互譯, 耳目傳達. 法制之善, 器用之利, 土産之良, 苟有勝我者, 爲邦之道, 固宜取用. 至於風俗禮敎, 自有風氣之攸宜, 薰陶之習染, 縱有勝我者, 不可以猝變. 況以隱晦掩光明, 神怪撼誠正哉!…… 凡天下萬國, 莫不有敎, 而敎術雖多, 總不離於勸善懲惡.…… 然善惡有出入, 勸懲無定法, 且有風氣習染, 縱有別樣敎術, 不可猝變."

수용사의 맥락에서 볼 때, 그의 주장에서 두드러지는 점은 바꿀 수 없다는 뒷부분보다 채용할 수 있다는 앞부분임에 틀림이 없다. 채용 가능 대상의 범위를 저쪽의 기용으로 제한하지 않고 그 법제·토산까지 넓혀 설정한 점, 그리고 갑자기 바꿀 수 없는 부문에서도 저쪽에 장점이 있을 수 있다고 인정한 점, 이런 면모는 이후 1960년대 청국의 중체서용론이나 1980년대 조선의 동도서기론보다도 오히려 진취적인 것이었다.

그러면 이러한 면모는 이후 어떻게 유지 또는 변모하는가? 『지구전요』의 두 예문을 살펴보자.

4주 각국이 정속(政俗)은 비록 서로 같지 않으나 대체적인 인생의 도리(道理)와 기화(氣化), 경상(經常)은 조금도 다르지 않다. 기용의 제작과 풍속의 전습(傳習)은 큰 틀에서 변별된다. 오직 중서의 이동(異同)이 있을 뿐이니, 서인이 중화를 말한 것, 화인이 서법을 말한 것들을 수집하여 '중서이동고(中西異同考)'를 작성하여 끝에 붙였다.[16]

땅의 표면에서 중국은 땅이 가장 넓고, 물산이 풍성하며, 윤리가 으뜸이어서 만방이 모두 우러른다.…… 이 아시아 전체에서 중국의 정삭(正朔)을 받들지 않는 나라는 동해의 일본, 북예(北裔)의 러시아, 극서(極西)의 약소한 회부(回部)들, 남황(南荒)의 인도 여러 나라들뿐이니, 중국은 실로 아시아에서 그 절반을 얻은 데 그치지 않는다.[17]

16) 『地球典要』, 「凡例」, 7쪽. 『지구전요』 11의 「中西同異」는 『해국도지』 72의 「中國西洋曆法同異表」, 12의 「前後紀年表」는 『해국도지』 73의 「中國西洋紀年通表」를 일부 수정하여 전재한 것이다.
17) 『地球典要』 1, 「中國」. "坤輿之面, 中國爲最幅員饒廣, 物産豊羨, 倫理所宗, 萬方咸仰.... 是亞細亞一土, 未奉中國正朔者, 僅有東海之日本, 北裔之峨羅斯, 極西之弱小諸回部, 南荒之印度諸國耳, 則中國之在亞細亞, 固不止得其半也."

우리는 여기에서 우선, 정속·기용·풍속을 다양성의 측면에서, 도리·기화·경상(도덕)을 통일성의 측면에서 바라보는 관점이 위에 인용한『인정』의 그것과 상통하는 것임을 확인할 수 있다. 이 점은 중국의 도덕과 서양의 기용을 대비하고 양자의 결합을 추구한 1860년대 이후의 중체서용론과 관점이 다르다는 점에서 주목할 만하다.

인용문에서 또 하나 우선 눈에 띄는 것은 '중서'의 대비이다. 이 표현은 무엇보다 저본인『영환지략』에 기인하는 측면이 크지만, 그것을 '동서'로 바꾸려는 적극적인 시도가 없었던 것은 분명하다. 이런 태도는 여기뿐 아니라『지구전요』의 여러 곳에서 줄곧 유지된다.

그는 왜『기측체의』에서와는 달리, '동'이라는 표현을 통해 동아시아 문명을 전유하려는 적극적인 시도를 포기했는가?

그가 지리지 부문의 끝부분에 붙인「중서이동」장의 중서 비교 항목은 성좌명(星座名)·역법·문자 세 가지에 불과하였다. 중국 연원이 분명한 것들뿐이다. 좀 더 큰 틀에서 보자면, 그는『지구전요』의 편찬 과정에서 중국 문물에 상응하는 외국 문물의 우수성을 확인할 수 있었다. 그는「중국」장에서, "땅의 면적은 중국이 가장 넓으며 물산도 풍부하고 倫理가 宗을 이루어 만방에 두루 미친다."고 매우 긍정적인 평가를 하고 있지만, 그것을 굳이 '내 것'으로 전유할 필요를 느끼지 못했을 것이다. 그는 1880년대 이후에 출현하는 동도서기론자들과 분명히 다른 입장에 있었던 것이다.

## 2. 연결된 우주 – 문명의 통일성

『지구전요』의「논기화(論氣化)」와「조석(潮汐)」두 장은 저본인『지구도설』에는 없는 것들이다. 그는 왜 이 두 장을 추가했을까? 「논기화」의 첫 대목은 이 점을 이해하는 데 도움을 준다.

경성천(經星天) 안은 기(氣)가 가득 차 있어 한 점도 빈틈이 없고, 토·목·수·화·지·월·금·수·태양의 8륜(輪)이 끊임없이 순환하는데, 여기에는 부득불한 형세가 존재함에 틀림이 없다. 이것을 어찌 보통의 물상(物象)으로 설명할 수 있겠는가! 쟁반에 물을 채우고 휘저으면 수면에 뜬 티끌도 따라서 돌지만, 8천(天)의 경우 누가 그것을 흔들어 돌릴 수 있겠는가! 시계 바늘은 추가 톱니를 하나씩 잡아당겨 순차적으로 움직이지만, 8천에 무슨 추가 있어서 그것을 돌리는 것이겠는가! 우주[一體의 활동은 사람의 장부가 영위(榮衛)를 운행하듯 저절로 쉬지도 멈추지도 않는다.[18]

이 글에는 근대적인 우주지를 기학의 체계 안에 포섭하고자 했던 최한기의 근본 고민이 서려 있다. 그 문제의 핵심은 천체들의 운동을 어떻게 하면 무형의 기를 통해 설명해 낼 수 있을까 하는 것이다. 그는 기학적 우주지의 총론으로 「논기화」 장을 설치하고, 우주지와 지구학의 매개 사례로 '조석'을 거론하고 싶어 했을 것이다. 그러나 그의 시도가 의도한 만큼의 성취를 이루었다고 보기는 어렵다. 인용문에서 그는 보통의 물상에 개재하는 통상적인 원리, 즉 물체 사이의 기계적 연관을 통해 그 운동을 설명하는 것을 상정해 보지만 이내 부정하고 만다. 차라리 장부의 영위와 같은 생명 활동으로 비유하는 데 그치고 마는 것

---

[18] 『地球典要』 1, 「論氣化」, 24쪽. "經星天內, 惟氣充滿, 無點毫空隙, 而土木火地月金水太陽八輪, 循環不已, 必有不得不然之勢, 豈可以物象論之! 盈盤之水, 從中攪之, 水面浮芥, 無不隨洄而轉, 惟此八輪, 豈因有攪而轉哉! 時鐘塔輪, 因推牽, 而撥輪齒, 遞次皆東, 惟此八輪, 豈因錘重而轉哉! 一體活動, 如人臟腑之運榮衛, 自有不息不停."

처럼 보인다. 이 문제에 대한 최한기 나름의 해결점은 1867년에 완성한 『성기운화』에서 기학과 기계론을 다시 결합함으로써 얻어졌다.

『지구전요』의 우주지 부문과 『성기운화』는 자매편이라 할 만큼 긴밀히 연결되어 있다. 최한기는 『지구전요』의 「범례」에서, "모름지기 지구는 우내에서 선전(旋轉)하는 여러 별들과 잇달아 연결되어 한 몸을 이룸으로써[連綴成體] 기화를 온전하게 한다."[19]고 하였다. 천체들 사이의 '연철성체'는 천체 운동의 항상성, 천체들 사이의 영속적인 관계를 보증하는 키워드이다. 「논기화」에서는 아직 그 키의 실상이 해명되지 못한 상태로 남아 있었다. 최한기는 영국인 허셜(J. F. W. Hershell)의 *Outlines of Astronomy*를 번역한 『담천(談天)』을 구해 읽고 이 문제에 대한 나름의 답을 찾았다. 『성기운화』 서문은 다음과 같은 언급으로 시작된다.

> "지구가 우내에 여러 행성들과 나란히 열지어 있다. 여러 행성들의 '연철성체'와 '섭동추전(攝動推轉)'을 알려면 땅덩어리가 안에서는 신열(身熱)을 뿜어내고 밖으로는 겹겹의 기륜(氣輪)으로 싸여있음을 먼저 밝혀야 한다. 상하・좌우, 원근・은현(隱現)의 여러 별들은 각각 기륜으로 넓게 둘러싸여 서로 교감한다. 이리 잡아당기고 저리 끌어당기는 것이 잠시도 멈출 수 없는 형세이고, 저절로 일통(一統)의 궤도를 갖춘 기계이다."[20]

여기서 '연철성체'와 짝을 이루어 새로운 답안으로 제기된 것이 '섭동추전'이다. 『성기운화』의 본문을 참조하여 그 아이디어를 정리하자면 다음과 같다. 첫째, 전통적인 기론에서 만물을 그렇게 설명하듯이, 천

---

19) 『地球典要』, 「凡例」 4쪽. "地在宇內, 須與旋轉之諸曜, 連綴成體, 以全氣化."
20) 『星氣運化』, 「星氣運化序」, 83쪽. "地居宇內, 卽諸行星之等列. 欲知諸行星之聯綴成體, 攝動推轉, 先明地體之內發身熱之蒸散, 外裹層疊之氣輪. 與上下左右遠近隱現諸星, 各具廣包之氣輪, 互攝交感, 此提彼挈, 勢不得暫時停息, 機自成一統循軌."

체들 역시 기로 구성되어 있고 기로 둘러싸여 있다. 둘째, 천체의 주위를 둘러싸고 있는 기를 기륜이라 하는데, 기륜의 두께는 천체의 부피에 비례하며, 천체에서 멀어질수록 그 기가 옅어진다. 셋째, 천체들은 서로 떨어져 있는 것으로 보이지만 그 기륜들이 서로 중첩되어 있고, 기륜 때문에 한 천체가 회전 운동을 하면 다른 천체가 영향을 받는다. 천체들 사이에 기륜을 통해 서로 미는 힘이 작용함으로써 각각의 회전 운동이 지속되는데, 이것을 섭동(攝動)이라 한다.

최한기는 『지구전요』에 새롭게 추가된 「조석」장에 기륜이라는 용어를 들여오고, 섭동을 연상케 하는 논법으로 조석 작용을 설명하였다. 그러나 섭동이라는 용어는 분명 『담천』에서 차용한 것이다. 『담천』에서 섭동(perturbation)은 케플러의 타원궤도와 면적속도 일정의 법칙에서 벗어나는 행성이나 소행성의 운동을 설명하는 개념이지만, 최한기는 이것을 만유인력 개념을 대신하여 천체들 사이의 통상적인 운동을 설명하는 개념으로 전환하였다.[21] 『담천』의 섭동 개념에 대한 명백한 오해 내지 곡해에 해당한다. 그러나 이것은 과학상의 오류를 넘어 사상적 창의라고 볼 여지가 다분하다. 그는 분명, 실험이나 관찰 도구와 데이터를 가지고 있던 과학자가 아니라 전통적인 기론의 이론적 확장을 도모한 사상가였다.

우주가 서로 긴밀히 연결되어 운동하는 천체들로 구성되고 지구도 그 천체들의 하나라고 하는 생각, 이것은 인류 문명에 대한 관점과 어떤 관련을 맺는가? 먼저 『인정』에서 따온 다음 글을 음미해 보는 것이 좋을 것이다.

---

21) 문중량, 「최한기의 기론적 서양과학 읽기와 기륜설」, 『대동문화연구』 43, 성균관대학교 대동문화연구원, 2003, 305쪽.

사람은 혼자서 살 수 없으므로 반드시 여러 사람과 화합한 후에야 어떤 일을 할 수 있고 살아갈 수 있다. 몸[形體]으로 말하자면 오륜의 근지(根枝)가 있고, 거처로 말하자면 이웃 마을과 나라가 연접해 있으며, 천하로 말하자면 각국 사이에 화호(和好)의 빙문(聘問)이 있으니, 서로 침해하지 않고 각각 분수를 지킨다.…… 각자 강역의 경계를 지키고 풍토의 차이에 얽매여 나라마다 전법(典法)의 번간(繁簡)이 다르고 문교(文敎)의 성위(誠僞)가 다른 것은 일국의 인도(人道)인데, 이를 천하의 인도에 질정하면 바르게 된다. 향당에 전해오는 구습이 있고 학교에 옮겨가는 악습이 있는 것은 한 고을의 인도인데, 이를 천하의 인도에 질정하면 오활한 구습과 비루한 악습이 비록 유행을 벗어나지는 못하더라도 인도에 도움이 안 되는 것은 필경 인도에 해로운 것임을 알게 된다.[22]

최한기에게서 우주의 천체들 사이에 적용되는 '연철성체'와 '섭동추전'의 관념은 지구상의 인간 세계에도 그대로 적용되는 것이었다. 인체 내부의 기관이 서로 긴밀하게 연결되어 작용하듯이 개인과 개인, 집안과 집안, 마을과 마을, 국가와 국가가 서로 연결되고 작용하면서 존속한다. 이때 단위들 사이의 상호작용 가운데 기본이 되는 것은 교류이다. 최한기는 각 단위의 집단이 상호 교류하고, 그 과정에서 인류의 보편적 가치 즉 '천하의 인도'에 비추어 각자 과오와 낙후를 개선함으로써 점차 화해와 완선의 경지로 나아갈 수 있다고 믿었다.

각급 단위에서 상호 교류가 완성된 단계를 최한기는 일통(一統)이라

---

22) 『人政』 6, 「天下人道」. "人不可以獨生, 必與人衆和合, 乃可有爲, 又可得生. 以形體, 則有五倫根枝, 以居處, 則有隣里邑國之連接, 以天下, 則有各國和好之聘問, 無相侵害, 有各守分,…… 各守疆域之限, 拘束風土之異, 國典有繁簡, 敎文有誠僞, 乃一國之人道, 而就質於天下人道而得正矣. 鄕薰有遺傳之俗習, 黌塾有轉移之染着, 乃一鄕之人道, 而就質於天下之人道, 迂俗陋習, 縱未免隨衆, 然可知其無補於人道者, 有害於人道."

고 언명하였다. 일가(一家), 일향(一鄕), 일국(一國), 우내의 일통이 모두 요청되는 것이지만, 『지구전요』의 편찬 시점을 전후하여 그에게서 강조된 것은 당연히 우내의 일통이다. "오랑캐의 장기(長技)를 배워 오랑캐를 제압하기 위해"『해국도지』를 짓는다고 했던 위원과 달리,[23] 그는 "서방 사람의 저서는 동·남·북 사람들에게 도움이 되고, 동방 사람의 저서는 서·남·북 사람에게 도움이 되며, 남북 사람의 저서 또한 동서 사람들이 찾는 바"가 되기를 기대했다.[24] 이 점에서 그에게 무엇보다 큰 걱정거리는, "존왕(尊王)의 명분은 세대가 바뀌어 가도 고쳐지지 않고, 각국의 전통은 자기 지계(地界)의 범위 안에 고착되어 있는"[25] 국가 단위의 견고성이었다고 할 수 있을 것이다.

## 3. 지구의 기화 – 문명의 자연성과 도덕성

최한기는 『지구전요』와 『기학』을 저술한 1857년 전후부터 우주·자연의 운동·변화를 기화로 표현하고, 그 기화에 승순(承順)하는 것을 개인적인 학문과 실천의 목표이자 인류 문명의 과제로 삼았다. 이러한 주장의 바탕에 서양으로부터 도래한 새로운 우주·자연 지식이 전 시대에 비해 폭발적으로 증대한 사실이 깔려있음은 물론이다. 실제로 그는 "근래에 기화가 밝혀졌다."는 언명을 도처에서 반복하고, 이를 바탕으로 기학의 당위를 주장하곤 하였다. 문제는 그의 기학이 자연현상으

---

23) 魏源, 『海國圖志』, 「原序」, 216쪽. "是書何以作? 曰爲以夷攻夷而作, 爲以夷款夷而作, 爲師夷長技而制夷而作."
24) 『明南樓隨錄』, 307쪽. "西方人所著書, 有補於東南北人, 東南方人所著書, 有益於西南北人, 南北人所著書, 亦爲東西人所共求……"
25) 『明南樓隨錄』, 293쪽. "一統之義, 有以宇內爲一統…… 有以一國爲一統…… 有以一家爲一統…… 尊王名分, 無改於世代遞易, 各國所守之統, 堅固於地界之限…."

로서의 기화와 인간적 실천으로서의 승순이 문명의 성격 형성에 어떻게 관련되는가이다. 우리는 『지구전요』의 다음 언급에서 이 문제에 대한 검토를 시작해 볼 수 있다.

　사람과 만물은 땅의 기화를 타고서 생겨나고 소멸한다. 땅의 입장에서 사람과 만물을 보자면 너무 작아서 알아볼 수 없고, 사람의 입장에서 땅을 보자면 표면의 바다와 땅에서 일어나는 기화를 대충 더듬어 알 뿐, 그 안도 보지 못하고 그 밖도 이해하지 못하니, 어떻게 지구를 안다고 말할 수 있겠는가! 우내의 사람과 만물이 지구의 사무에 관여할 때는 옳고 그른 일을 낱낱이 구별하고, 연구하고 배운 대로 실천하며, 인도의 경상(經常)을 분명히 말하고, 정교(政敎)의 화행(化行)을 수립해야 지구의 인생 도리를 안다고 말할 수 있다.[26]

　최한기에게서 인간이란 실천의 주체이기에 앞서 삶이 땅의 운동·변화에 종속되어 있는 존재, 즉 자연물의 일부이다. 근래에 기화가 많이 밝혀졌다고는 하지만, 여전히 땅속과 땅 위 천체들의 세계에 대해 제대로 알지 못하는, 지적으로 미미한 존재일 뿐이다. 그에게서 '기화에의 승순'이란 기화를 벗어나 존재할 수 없는 인간의 한계를 인지하고 그것에 순응하라는 것에 가깝다. 그는 이 '승순'의 사회적 실천을 위한 대표적인 항목으로 도덕[經常]과 정교를 제기한다. 그런데 이 두 가지는 서로 대비되는 실천의 두 분야가 아니라 하나의 실천이 가지는 두 층위를 의미한다고 보아야 한다. 그에게서 기화에의 승순이 요청되는 적극적

---

[26] 『地球典要』, 「序」2쪽. "人與物乘地之氣化, 而起滅生息. 以地視人物, 不識有無, 以人視地, 惟能揣摩, 被面之海陸, 發作之氣化, 而不見其內, 不瞭其外, 將何以認識地球言哉! 當於宇內人物, 關涉地球之事務, 條別勸懲, 研習須用, 明言人道之經常, 樹立政敎之化行, 足可謂認地球之人生道理也."

인 실천은 정교, 즉 정치와 교학일 뿐이다. 그중에서도 정치야말로 기화를 기준으로 삼아 이루어져야 할 사회적 실천의 핵심이자 기본에 해당한다고 할 수 있다. 교학조차도 정치를 도외시하면 이단이고, 정치에 해를 끼치면 사도(邪道)가 된다.[27]

그러면 도덕은 정교와 어떻게 결합되는가? 정교가 사회적 실천의 분야라고 한다면, 인생의 도리 즉 인도는 사회적 실천의 수단이자 동시에 목적에 해당한다고 할 수 있다. 최한기에게서 인도에 대한 언급은 이미 『기측체의』에서부터 반복적으로 나타나지만, 특히 1950년대의 저작에서부터 출현 빈도가 대폭 높아지는 것을 볼 수 있다. 『인정』의 다음 두 인용문은 그의 인도 개념의 특징을 잘 드러내 주고 있다.

> 인도란 온 백성의 운화(統民運化)가 각각의 자리에 처하는 도(道)이다. …… 인(仁)으로 정교(政敎)를 시행하고 의(義)로 제어하며, 예(禮)로 화합을 이끌고 율(律)로 악을 금하여, 천인(天人) 운화의 기를 순조롭게 따르고 원근(遠近)에 늘어진 기강을 잡아끌어 당긴다. 그리하여 더하거나 덜어내고 싶어도 더하면 넘치고 덜어내면 부족해지며, 허물거나 없애버리고 싶어도 허물면 곧 다시 만들어지고 없애면 곧 다시 생겨난다. 천하 사람들이 기도하지 않아도 그렇게 되고 도모하지 않아도 그렇게 되니, 이것이 천하의 인도이다.[28]

---

27) 『地球典要』, 「洋回敎文辨」, 448쪽. "宇內通行不易之敎學, 當以政治爲本, 外政治以設敎學, 乃異端也. 害政治以建敎學, 乃邪道也. 政治以天地氣化爲準, 若將無關於氣化, 而施政治則陋習也."

28) 『人政』 6, 「天下人道」. "人道者, 統民運化, 各安其分之道也. …… 仁爲政敎, 義爲裁御. 禮以導和, 律以禁惡, 承順天人運化之氣, 提挈遠近綱維之張, 雖欲增損, 而增之則美, 損之則缺. 又欲毀滅, 而隨毀卽成, 隨滅卽起. 天下之人, 不期而然, 不謀而同, 是天下之人道也."

오륜의 가르침은 지극하고 극진하므로 이것을 천하에 확충하면 만국의
화해가 저절로 이루어진다. 부자유친·군신유의·부부유별·장유유서·붕
우유신 밑에 조민유화(兆民有和) 한 구절을 첨가한다면 오륜의 통행(通行)
으로 온 백성의 조화라는 실효를 드러낼 수 있다.[29]

우리가 앞의 인용문에서 포착할 수 있는 인도 개념의 특징 하나는
발생의 비인위성 내지 자연성이다. 그는 천하의 모든 사람이 기대하지
않아도 그렇게 되고, 일부러 도모하지 않아도 서로 같아지는 것이 바로
인도라고 하였다. 그는 인도가 인위적이지 않기 때문에 보편적일 수
있다고 믿었고, 이런 믿음 위에서 인류 공통의 이념[敎]과 통치[化]의 실
현을 낙관했다고 할 수 있다.[30] 그가 정교의 중요성을 강조했지만, 그
에게서 각국의 정교란 바다·육지의 지세와 같은 자연환경에 맞추어
자연스럽게 행해지는 것, 그래서 마치 기후에 따라 농사짓는 법이 달라
지는 것과 다를 게 없는 것이었다.[31] 그는 『지구전요』에서 『영환지략』
이나 『해국도지』와 달리 각국의 인문지리 기술에 공통으로 적용되는
범례를 제시하였는데,[32] 이는 모두 기화를 중심에 두는 것으로서 인도

---

29) 『人政』, 18,「畎畝敎法兆民有和」. "五倫之敎, 至矣盡矣, 而推擴天下, 自有萬國咸和.
父子有親, 君臣有義, 夫婦有別, 長幼有序, 朋友有信之下, 添一兆民有和一句, 以著
五倫通行, 兆民致和之實效.

30) 『明南樓隨錄』(『全集』 1) 301쪽. "治天下因天下所同之源, 以施天下所同之敎, 以行天
下所同之化, 方可以治天下矣."

31) 『明南樓隨錄』, 315쪽. "地面各國, 因海陸地勢, 開國治民, 無論開荒久近, 爲政設敎.
自有所承之氣化, 以行政敎, 如因雨暘而行稼穡之農, 其實因大氣之運行政敎, 而爲治
國之政敎也."

32) 『地球典要』의 「凡例」에서 제시한 공통의 기술항목은 다음과 같다. 첫째, 기화가
만들어 놓은 부문(疆域, 山水, 風氣, 人民, 物産); 둘째, 기화에 순응하여 나타나는
여러 부문(衣食, 宮城, 文字, 歷, 農, 商, 工, 器用); 셋째, 기화를 이끄는 통법 부문
(政, 敎, 學, 禮, 刑禁, 俗尙, 使聘); 넷째, 기화가 지나온 자취 부문(各部, 沿革).

내지 문명과 자연 사이의 간극을 최소화하고자 하는 그의 관점을 잘 드러내 준다.

위의 두 번째 인용문을 통해 추론할 수 있는 인도 개념의 또 하나의 특징은 보편도덕의 강조이다. 이미 앞 절에서 살펴보았듯이 최한기는 인류 문명의 다양성과 통일성을 동시에 강조하였다. 그는 『지구전요』 단계에서 각국 또는 각 지역 문명의 다양성에 새롭게 눈을 뜨고, 『인정』 단계에 이르러 그 통일성의 근거에 좀 더 관심을 기울인 것으로 보인 다. 이때 그가 문명의 통일성을 가능하게 하는 규준으로 고안한 것이 '천하의 인도'이다. 이것은 기존에 인도 개념을 구성하던 오륜에 '조민 유화'를 추가함으로써 한층 구체화하였다. "사람은 혼자서 살 수 없으 므로 반드시 여러 사람과 화합한 후에야, 어떤 일을 할 수 있고 또 살아 갈 수 있다.…… 천하로 말하면 각국이 화호(和好)와 빙문(聘問)을 맺어 서로 침해하지 않고 각각 분수를 지켜야 한다."[33] 그에게서 '조민유화' 는 유교적 도덕주의가 새로운 성격과 크기의 '세계'와 만나 얻은 신생 아였다.

## Ⅳ. 상상의 현실성과 새로운 가능성

우주의 범위로 확대된 새로운 세계상과 유가적 경륜의 이상이 결합 된 최한기의 문명론적 전망은 매우 낙관적이다. 문명의 다양성을 인정 하고, 상호 교류를 통해 우내 일통에 도달하자는 것이 그의 문명론적

---

[33] 『人政』, 6, 「天下人道」. "人不可以獨生, 必與人衆和合, 乃可有爲, 又可得生.…… 以 天下, 則有各國和好之聘問, 無相侵害, 有各守分."

실천 지침의 핵심이다. 그는 일시적으로 "마을 골짜기에 사나운 비바람이 몰아치고 이웃 나라 사이에 전쟁이 일어나더라도"[34] 끝내 우주의 기화를 승순하는 현자들이 나타나 천도가 실현될 것이라고 믿었다. 이런 점에서 그의 '문명'은 자연적인 것이었고, 여전히 유교적 이상을 벗어난 것은 아니었다는 점에서 도덕적인 것이었다. 그의 이런 문명관은 상반되는 두 측면에서 검토의 여지가 있다.

첫째는 현실성의 문제이다. 1879년 청국의 북양대신(北洋大臣) 이홍장(李鴻章)은 조선의 영중추부사 이유원(李裕元)에게 보낸 밀함에서, 조선이 러·일의 침략을 막으려면 『만국공법』에 따라 서양 열강과 조약을 체결하고 통상해야만 한다고 권고하였다. 『만국공법』 덕분에 1877년 벨기에·덴마크 등 약소국이 국권을 유지하고 터키가 러시아의 침략에서 벗어났다는 주장이 근거였다. 그러나 이유원은 "만국공법이 약소국들의 운명을 구하기는 했지만 일본의 유구 합병을 막지는 못했다."며 이홍장의 권고안을 완곡히 거절하였다.[35]

1880년대에 이르러 일부 조선인들 사이에서도 『만국공법』은 국가간 세력균형을 통해 국권의 침탈을 막을 수 있는 방책으로 수용되어 가고 있었다. 그러나 『만국공법』은 그 지지자들의 주장과는 달리, 만국에 공정한 법이라고 할 수 없었다. "19세기 유럽의 국제법은 지리적인 기초(유럽), 종교적-윤리적 영감(기독교), 경제적인 동기(중상주의), 그리고 정치

---

34) 『明南樓隨錄』, 296쪽. "失於承順之若干人, 或因天地氣化未及暢露之端, 做出虛無怪誕之事, 訛惑愚迷. 或因經傳一二字名目, 不宜取用於後世者, 以自己私欲, 溥演其說, 反害人事. 鄕谷或起飄風驟雨, 隣國或致戰爭旗鼓. 然作息無常, 起滅不久, 又有得於承順之諸賢, 知推擴大氣之效則, 究明人道之無違, 鬼神方術, 因宗旨差誤, 而除祛悖類亂徒……"
35) 오영섭, 「개항 후 만국공법 인식의 추이」, 『동방학지』, 연세대학교 국학연구원, 446쪽.

적인 목적(제국주의)을 가진 일련의 규칙들"이었고, 『만국공법』의 저자 휘튼은 19세기 유럽 공법학의 그러한 특징을 더욱 발전시킨 인물이었다.[36] 당시 국제 정세의 맥락이야 어떻든, 논리적 측면에서 이유원의 언급은 타당성이 있는 것이었다.

과연, 최한기가 기대한 대로 '문명 교류를 통한 우내 일통의 성취'는 조선에도 해당되는 일이었는가?

둘째, '유럽적 근대'의 대안으로서의 가능성 문제이다. 근래에 일련의 역사가들이 유럽 중심의 세계사(world history) 기술을 비판하면서 새로운 지구사(global history)의 수립을 주창하고 있다. 파멜라 크로슬리는 근대 이후의 세계사 기술은 줄곧 유럽 중심의 사관이 지배해 왔으며, 이른바 '세계 체제'란 "보편이나 지구가 아니라, 내적 역동성의 일관성 그리고 지속적이면서 예측 가능한 체제 내의 거주민들의 공유된 관념에 의해 제한되고 정의되는 '세계'를 의미한다."[37]고 주장한다. 그에 따르자면 월러스틴이 묘사한 '세계 체제' 역시 "특정한 몇 세기 동안 유럽과 유럽의 경제력 및 군사력에 종속되었던 지역들을 제한하여 지칭하는 용어였다."[38]

그러면 새로운 지구사란 어떤 것인가? 크로슬리는 "근세와 근대 유럽 패권의 목적론적 문제로 알려진 연구와 '근대성', '발전', '종속' 등 목적론적으로 추출된 개념과 연관되지 않고 지구적 패턴에 초점을 맞춘 연구"를 지지한다. 그리고 이러한 연구는 "지리학, 기상학, 고식물학, 자연인류학, 인구유전학, 신경학, 유행병학, 인공지능과 컴퓨터 사이언

36) 김용구, 『만국공법』, 도서출판 소화, 2008, 41쪽, 63쪽.
37) 파멜라 카일 크로슬리, 『글로벌 히스토리란 무엇인가?』, 휴머니스트, 2010, 167쪽.
38) 위의 책, 188쪽.

스, 그리고 문화의 쟁점을 초월한 물적 특징을 지닌 다른 학문들"의 도움을 얻어 진행될 것이라고 주장하였다.[39]

최한기는 자신의 말년에 본격화한 제국주의의 거대한 조류를 의식하지 못했다. 그런 만큼 그의 문명론적 상상은 순진했음에 틀림이 없다. 그러나 그의 구상 속에는 이후에 전개된 유럽 중심의 세계 인식에서 벗어나는 긍정적인 요소가 담겨 있다. 지금의 새로운 지구사가 현대 과학의 여러 성과를 바탕으로 가능할 것이듯, 그의 문명 구상에는 '우주적 시야의 지구'라는, 당시로서는 새로운 지식에 기반을 두고 있었다. 과연 그의 성취를 재해석할 여지는 없는가?

---

[39] 위의 책, 같은 쪽.

# 예수회 세계지도와
# 조선의 지적 변용

김선희

# 예수회 세계지도와 조선의 지적 변용

## Ⅰ. 신학(新學)이면서 이학(異學)으로서의 서학

주지하듯 조선인들에게 '중화'는 단순히 조선을 주변화시키는 중심의 이름이 아니라 예치(禮治) 등의 방식으로 실현해야 할 진정한 '문명'의 지향이기도 했다. 이런 맥락에서 조선에게 중국은 조선에 다양한 긴장을 발생시키는 정치적 타자이자 동시에 '중화'라는 문화적 이념의 공동 상속자였다. 이런 배경에서 유학-성리학에 기반을 두고 있던 조선 지식인들은 중국으로부터 유입된 담론을 지적, 정치적, 사회적 상황에 따라 변용하거나 절충하면서 독자적인 지적 체계와 계보를 구축해 나갔다. 이 체계와 계보에 일종의 변수가 등장한 것은 예수회원들 즉 '서양'이라는 또 다른 문명의 담지자가 서구의 종교와 학술, 세계관을 중국에 소개한 이후였다.

주지하듯 기독교 전교를 위해 기독교의 철학과 신학은 물론 당시 르네상스의 수학과 자연학적 지식까지 중국어로 번역하며 중국의 상층부 지식인들과 조정(朝廷)을 설득하고자 노력했던 예수회는 무기(武器)를 앞세운 패권의 타자가 아니라 동아시아 지적 체계에 활력을 제공하던 수준 높은 지식의 소유자들이었다. 낯선 두 세계의 조우가 만든 긴장과 충돌은 정치적 차원이 아니라 '중화 질서'와 그를 뒷받침하던 지적 체계에서 발생했던 것이다.

이 긴장과 충돌에 중국인들보다 더욱 민감하게 반응한 것은 조선이었다. 중국과 학문의 계보를 공유하고 그들과의 문화적 동질성 속에서 개별 지식의 위상을 결정하던 조선의 입장에서, 중화 질서 '외부'에서 온 '문명'의 담지자는 일종의 형용 모순이었다. 조선 후기, 이(夷)로서의 서양과 학(學)으로서의 서학(西學)의 등장은 조선 유학자들에게 기존의 문명 의식을 재조정하도록 요구하는 변수로 작용했다.

결과적으로 '서학(西學)' 즉 예수회의 지적 실천이 만든 파장은 단순히 '진보한 서양 지식의 동아시아 이전'라는 근대적 인상과 달리 매우 복잡한 분기와 양상으로 나타났다. 조선 후기에 일종의 박학(博學) 혹은 학술의 실용적 전환을 추구했던 유학자들 가운데 실제로 성리학을 상대화하거나 적극적으로 타자화한 경우를 찾기는 쉽지 않다. 누구보다 다양한 서학 지식을 수용했던 성호 이익이나 서학을 경유해 이기론을 극복하고자 했던 다산 정약용조차 성리학을 폐기하거나 전복하려는 의도가 없었음이 이 점을 보여준다. 이처럼 조선 후기의 학풍을 성리학이라는 형이상학적 이론 체계와 그와 대척적인 실학의 실용적 지식 추구라는 이분법적인 구도로만 변별하기 어려울 것이다.

이 시기에 중국과 조선에서 개별 지식들의 최종 승인을 결정하던 성리학의 권위 밖에서, 비교적 자유롭게 천문학, 수학 등 서학의 분과적 지식을 접하고 이를 내면화하려는 시도들이 나타났다는 점은 분명하다. 왜 어떤 학자들은 낯선 타자의 이론과 지식을 적극적으로 수용하고자 했는가? 그에 대한 일부의 답을 서학을 지칭하던 당시의 명칭에서 확인할 수 있다. 어떤 유학자들에게 서학은 '이학(異學)'이지만 동시에 '신학(新學)'이기도 했다.

그러나 이들에게 이 이학 혹은 신학이 성리학을 대체할 진보한 상위 학문이었다고 말하기는 어렵다. 주지하듯 일부 유학자가 서양 수학이나 천문학 등을 학습하고 연구했다 해도 그 수용 방식은 대체로 기존 성리학적 이론 체계와의 연접 즉 상수학이나 이기론적 우주론을 경유하는 경우가 대부분이었다. 따라서 이들의 관심과 독자적 학습의 노력을 단순히 진보한 지식 체계의 도입을 통한 낙후한 전통 지식의 교체라고 이해하기는 어려울 것이다. 그렇다면 이들에게 신학, 이학으로서의 서학은 성리학이라는 최상위 학문을 교체하는 전면적 전환의 대상이 아니라 기존의 개별 지식과 수평적 레벨에서 충돌하는 부분적 교체의 자원일 가능성이 높다.[1]

이 맥락에서 한 가지 확인해 둘 것이 있다. '서학'이라는 학술의 주도권, 다시 말해 체계화와 맥락화 더 나아가 지적 계보에 등록하는 주도권이 누구에게 있었는가 하는 점이다. 일반적으로 서학은 중국에 '전달'된 것이고 그 전달의 주체는 예수회원들이라고 여겨진다. 그러나 문제

---

[1] 다음의 연구는 이러한 관점에서 조선 후기 백과전서 '유서'를 통해 당시 어떤 서학 지식들이 어떻게 수용되고 변용되었는지를 검토한 것이다. 김선희, 「조선 후기 유서(類書)와 서학(西學)─『성호사설』과 『오주연문장전산고』를 중심으로」, 『민족문화연구』 83, 고려대학교 민족문화연구원, 2019.

는 단순하지 않다. 서학이 유럽 학술이 원본 그대로 전이된 것도, 유럽의 전통적 지식 체계 그 자체로 전이된 것도, 무엇보다 유럽의 학술 언어로 전달된 것이 아니기 때문이다.

예수회원들은 기독교 신학과 철학부터 천문학, 수학, 기억술, 자명종과 악기에 이르기 매우 다양한 분야의 지식을 전달했지만 이 전달은 중국인 조력자들의 조력을 통한 '번역' 과정을 거쳤을 뿐만 아니라 번역 자체도 체계적 기획에 따른 순차적 과정이 아니라 선교사들이 처한 상황과 목적에 따른 개별적 작업에 가까웠다. 그런 점에서 서학의 전이는 처음부터 개별 지식의 근거로서의 유럽의 지식의 '체계'와 분리되어 있는, 분과적 지식들의 개별적 전달에 가까웠다. 무엇보다 중국의 전통적 학술 개념을 사용한 '번역'이었다는 점에서 '원본'과도 상당한 격차가 있었다.[2]

특히 어떤 서학의 자원들은 단순한 호기심의 대상을 넘어 전통적 지식 체계 안에서 독특하게 접합되고 절충되며 혼합되기도 한다. 어떤 지식들은 낯선 신학(新學)이나 이질적인 이학(異學)의 수준을 넘어서 전통적인 내부의 체계와 중첩되었고 그 중첩의 효과가 최초의 기원과 다른 방향으로 진행되었던 것이다. 그런 사례 중 하나가 예수회가 중국에서 간행한 세계 지도다.

---

[2] 마테오 리치가 'anima'의 번역어로 택한 '영혼(靈魂)'이라는 개념이 이러한 특성을 잘 보여준다. 마테오 리치는 완전히 비물질적인 이성혼(anima rationalis)를 '영혼'으로 번역하고자 했지만 전통적인 동아시아 맥락에서 '혼(魂)'은 '기(氣)'의 물질성과 연결되어있는 개념이었기 때문에 중국과 조선인들은 '혼=기'라는 관념을 완전히 배제하기 어려웠다.

## Ⅱ. 세계 지도 수용 과정에 나타난 지적 중첩성

화(華)를 무시간적이고 유일한 중심으로 두고 주변에 야만으로서 이 (夷)를 배치했던 전통적인 「화이도(華夷圖)」의 예에서 알 수 있듯, 동아시아에서 지도는 중심의 권위에 의해 주변 지역이 위계화되어 있다는 강력한 정치적 메시지를 각인시키는 효과적인 이념적 도구였다. 이런 맥락에서 마테오 리치(Matteo Ricci, 1552~1610, 利瑪竇)가 중국에 진출했던 초기부터 '세계 지도'의 제작을 중요한 전교 사업의 일환으로 추진했던 배경을 이해할 수 있다. 우주에 구현된 신의 섭리를 이해시키고자 했던 마테오 리치에게 『기하원본(幾何原本)』 같은 수학서나 『혼개통헌도설(渾蓋通憲圖說)』, 『건곤체의(乾坤體義)』처럼 서구 우주론과 천문학의 번역 역시 중요한 사업이었지만, 문명국 유럽의 존재를 강렬하고 즉각적인 시각적 정보로 전달할 수 있는 지도 역시 효과적인 매체였을 것이다. 마테오 리치의 보고가 이러한 인식을 잘 보여준다.

중국인들은 자국의 위대성에 대해서 강한 자부심을 가지고 있습니다. 다른 모든 세계를 야만으로 여기고 있을 정도입니다. 이런 믿음을 바꾸지 않고서야 어찌 전교가 가능하겠습니까? 이러한 중국인들로 하여금 우리 천주교를 신뢰하게 하는 수단으로서, 이 지도는 우리가 사용할 수 있는 가장 유용한 물건입니다.[3]

마테오 리치는 1584년 지금의 마카오인 조경(肇慶)에서 당시 최신의 서양식 지도를 중국 중심으로 바꾸고 해설을 덧붙인 「산해여지도(山海

---

[3] 정기준, 『고지도의 우주관과 제도원리의 비교 연구』, 경인문화사, 2013, 77쪽.

輿地圖)」[4]를 만든다. 첫 지도의 불완전함을 극복하기 위해 마테오 리치는 여러 번의 지도 제작을 시도했고 중국인 조력자들을 만나 지도의 완성도를 점차 높여나갔다. 마테오 리치가 중국에서 만든 세계 지도 가운데 가장 많이 알려진 것은 1602년 북경판「곤여만국전도(坤與萬國全圖)」로, 6폭 병풍으로 제작된 대형 전도다. 이지조(李之藻, 1571~1630)의 조력으로 만든 이 지도에는 유럽, 아프리카 등의 5대주가 그려져 있으며 8백여 개가 넘는 지명이 표기되어 있다.

마테오 리치의 세계 지도는 곧 조선에도 전해진다. 마테오 리치의「곤여만국전도」를 비롯해 예수회 선교사들의 지도가 조선에 유입되기 시작한 것은 1603년 북경에 갔던 이광정(李光庭 1552~1627)과 권희(權憘, 1547~1624)에 의해서였다. 이수광(李秀光, 1563~1628)은『지봉유설(芝峯類說)』에 이광정과 권희가 '구라파국여지도(歐羅巴國輿地圖) 6폭'을 홍문관(弘文館)에 보냈다고 기록한 바 있다.[5]「곤여만국전도」는 조선에 유입된 지 백여 년 뒤인 1708년에는 숙종의 어명으로 모사본이 제작되기도 했다.[6]

이를 통해 새로운 지식의 공식적 승인 기관 역할을 하는 조정에서 이 지도의 존재와 그 효용을 인지하고 있었고 그 안에 담긴 새로운 정보와

---

4) 선행 연구는 여러 검토를 통해 이 지도가 마테오 리치가 제작한 것이 아니라고 주장한다. 류강, 이재훈 옮김,『고지도의 비밀』, 글항아리, 2011.

5)『芝峯類說』,「外國」.

6) 이 모사본은 전 관상감정 이국화(李國華)와 유우창(柳遇昌)의 지휘 아래 당대의 화가 김진여(金振汝)가 그린 것이다. 조선본「곤여만국전도」는 지도의 여백과 바다 부분에 동물이나 서양식 범선 등이 그려져 있어「회입곤여만국전도(繪入坤與萬國全圖)」로 불리며, 서울대학교 박물관과 일본 남만문화관 소장본이 바로 조선본 곤여만국전도이다. 양보경,「조선 후기 서구식 지도의 수용과『회입곤여만국전도』」,『문화역사지리』24:2, 2012 참조. 한편 서울대학교 규장각한국학연구원에는 양주 봉선사(奉先寺)본이 사진으로만 전하는데 이는 일제 강점기에 촬영된 것으로 실학 박물관에 의해 2011년에 복원되었다. 자세한 것은 경기문화재단 실학박물관 편,『마테오 리치의 곤여만국전도와 조선후기의 세계관』, 경인문화사, 2013 참조.

지식에 적극적인 관심을 두고 있었음을 알 수 있다. 이런 경향은 자연스럽게 조정 밖의 지식인들에게로 확산되었을 것이다. 성호 이익(星湖 李瀷, 1681~1763)의 기록이 한 예이다. 성호는 '내가 「(곤여)만국전도(萬國全圖)」를 보니 지구(地球)의 둘레가 9만 리에 지나지 않는다고 하였다.'[7]고 전하는 등 여러 기사에서 「곤여만국전도」에서 얻은 지식을 활용한다.[8]

중국과 조선인들은 「곤여만국전도」뿐만 아니라 줄리오 알레니(Julio Aleni, 1582~1649, 艾儒略)의 『직방외기(職方外紀)』, 페르비스트(Verbiest, Ferdinand, 1623~1688, 南懷仁)의 『곤여도설(坤輿圖說)』같은 세계 지리서를 통해서도 전통적인 직방 세계 외부의 정보를 얻을 수 있었다. 예수회원들의 지도와 지리서를 통해 중국과 조선인들은 중화 세계 밖에도 중국만큼 수준 높은 문명을 보유한 지역 혹은 국가가 있다는 사실에 눈뜨게 되었다. 현대 연구들은 이러한 지적 경험이 만든 파장을 중화 세계가 만들어 놓은 정치적, 문화적 위계 즉 화이관(華夷觀)의 균열과 긴장으로 해석하는 경우가 많다. 한마디로 조선의 지식인들이 이 세계 지도에 '지적 충격'을 받고 전통적인 중화 중심주의를 이탈하게 되었다는 식이다.

이 지점에서 확인해야 할 것이 있다. 「곤여만국전도」가 단순히 세계의 지리적 형태만을 담고 있는 '그림'만이 아니라는 것이다. 「곤여만국전도」에는 대륙의 크기와 위치를 그린 도상(圖像) 이외에 각 대륙의 민

---

7) 『星湖僿說』, 「一萬二千峯」. "余考萬國全圖, 大地一周不過九萬里."
8) 성호는 「곤여만국전도」를 보고 '땅은 탄환과 같다. 북극으로 말하면 북으로 2백 50리를 가면 북극이 1도가 더 높고, 남으로 2백 50리를 가면 북극은 1도가 낮아진 다. 이는 속일 수 없는 현상이다. 이렇게 미루어볼 때에 하늘이 3백 60도이므로 북쪽이나 남쪽으로 각기 9만 리를 가야만 북극이 제자리에 돌아온다(『星湖僿說』 「地厚」. "地如彈丸, 以北極言, 則北走二百五十里, 而極高一度, 南走二百五十里, 而極低一度, 此不可誣也. 從此推之, 天有三百六十度, 故北走南走 皆九萬里而極還").' 며 구체로서의 지구의 둘레를 설명하기도 한다.

족과 산물들이 지리지 형식으로 기술되어 있다. 또한 지도의 여백에는 마테오 리치, 이지조 등의 발문이 삽입되어 있으며, 지도 바깥에는 남반구와 북반구의 모습, 천체구조론에 의한 '구중천설(九重天說)' 같은 천문학적 이론과 일월이나 천체의 주기에 관한 '일월식도(日月蝕圖)', '천지의도(天地儀圖)' 등이 그려져 있다. 다시 말해 「곤여만국전도」는 지리적 형태를 도상화하고 지명을 적어 놓은 전통적인 지도와 다른, 지리학, 천문학, 우주론, 수학 등 서로 다른 범주의 지식들이 중층적으로 결합되어 있는 혼종적 지식의 매트릭스와 같았다.

문제는 이 낯선 혼종성이 사실상 당시 유럽 지도 제작술의 특징이나 일반적 상황이 아니라 중국적 절충의 산물이라는 사실이다. 마테오 리치가 활동할 당시의 유럽에서 지도 제작은 새로운 지식이 만들어낸 균열의 폭이 가장 심중했던 지적 영역이었다. 주지하듯 신대륙의 발견과 더불어 새롭게 전통적 체계에 개입하기 시작한 지리적 정보들과 코페르니쿠스의 이론적 도전 등은 전통적인 이론 체계에 상당한 혼란과 균열을 초래했고 그에 따라 전시대의 강고한 체계적 통일성이 무너진 상황이었다.[9]

그런 의미에서 마테오 리치의 지도 제작은 이론적 충돌이나 새로운 정보 간의 갈등이라는 유럽적 문맥과 지적 정황을 떠나, 중국이라는 새로운 장에서 이루어진 '독자적'인 시도였다고 할 수 있다.[10] 이 지점에

---

[9] 앤서니 그래프턴, 서성철 옮김, 『신대륙과 케케묵은 텍스트들』, 일빛, 2000.

[10] 마테오 리치의 지식은 예수회 대학 콜레지오 로마노에서 학습한 체계적 '교과서'들에서 유래한 것이며, 무엇보다 예수회의 시도들은 교황청의 승인이 필요하다는 점에서 그의 지도 제작을 '독립적' 행위라고 평가하기는 어렵다. 그러나 적어도 지도 제작이 교황청의 명령이나 기획이 아닌 마테오 리치 자신의 선택에 따른 결과이며, 중국 지식과의 종합에 따른 결과라는 점은 분명하다. 세계 지도 제작은 마테오 리치의 '선택'이었으며 그 안에 들어갈 내용을 선별하고 '번역'하는 과정 역시 마테

서 우리는 일반적인 인식을 재검토할 필요가 있다. 유럽 세계 지도의 번역판으로서「곤여만국전도」의 지식과 정보들이 모두 유럽에서 유래한 것이라는 선입견이다. 최근의 연구들은 이러한 일반적 인식을 재검토할 수 있게 해준다. 예를 들어 한 선행 연구에 따르면「곤여만국전도」에 등장하는 중국어 지명 가운데 약 360개가 유럽의 지리 사료에 등장한 적이 없다고 한다. 중국을 지도의 중심에 배치함으로써 지도에 대한 중국인들의 기대를 반영했던 마테오 리치는 아시아 지역을 설명하기 위해 유럽 지도 외에도 중국의 옛 지도와 지리서를 참고하지 않을 수 없었을 것이다.[11]

　한편 지도 제작 방식에서도「곤여만국전도」는 유럽 전통과 구별된다. 천문학적 정보와 그를 형상화한 도상을 지도의 빈 공간에 채워 넣는 방식은 유럽에서 낯선 것이었다. 당시의 유럽 지도는 지도와 지지가 분리[12]되었을 뿐 아니라 일반적으로 천문학적 정보가 수록되지 않았다. 마테오 리치가 참조한 당대의 유럽의 세계 지도 즉 오르텔리우스 지도(1570)나 메르카토르 지도(1569)에서 알 수 있듯[13] 당시 유럽 세계 지도에서 천문학적 데이터와 이론에 대한 설명이 필수적으로 포함되지 않았다. 자신이 참조한 유럽 지도와 달리, 마테오 리치는 중국인들에게 기독교적 우주론을 천문학적 지식을 통해 설득하기 위해 구중천설[14]을 도해와 이론으로 설명하는 한편, '지구설(地球說)' 등의 천문학적

　　오 리치 자신의 선택과 기획에 따른 것이었다.
11)　류강, 앞의 책, 588쪽.
12)　양보경,「『회입 곤여만국전도』와 조선후기의 서구식 지도」,『마테오 리치의 곤여 만국전도와 조선 후기의 세계관』, 경인문화사, 2013, 152쪽.
13)　Natasha Reichle, ed. *China at the Center: Ricci and Verbiest World Maps*, San Francisco: Asian Art Museum, 2016, 22.
14)　1602년에 완성된「곤여만국전도」에는「구중천도」가 그려져 있지만 1603년 북경에

이론을 부기했다.

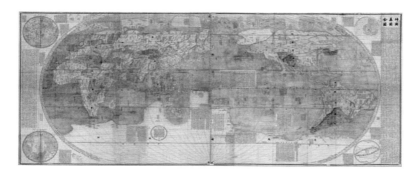

〈그림 1〉 곤여만국전도 (1602)

　결과적으로 마테오 리치는 당시 지도를 둘러싼 유럽 내의 논쟁들과 관계없이, 유럽과 중국의 이론들을 독자적 스토리 라인과 논리 구조 안에 절충함으로써 각기 다른 범주에 속한 불균질한 정보들을 하나의 도상 안에 체계화해냈다. 이런 맥락에서 마테오 리치의 세계 지도는 유럽의 지도 제작술이 그대로 이식된 것이 아니라 중국에서의 특수한 필요에 따라, 학문적 범주가 다른 이질적인 정보들이 절충된 혼종적 결합물의 형태를 띠게 되었다. 이 지점에서 우리는 낮은 수준에 머물던 동아시아의 지도 제작 수준을 상회하는 진보적인 세계 지도 기술이 마테오 리치를 통해 중국에서 구현되었다는 일반적인 상식을 재검토할 수 있다. 「곤여만국전도」는 예수회원들에게는 더없이 체계적인 지식의 소산으로 보였을지라도 동아시아적 맥락에서는 예수회원들이 기대하는 만큼의 논리성이나 정합성을 가진 정보일 수 없었던 것이다.

────────

서 이응시가 각판한 「양의현람도(兩儀玄覽圖)」에는 「십이중천도」로 바뀌어 있다. 양보경, 앞의 글, 129쪽.

다른 측면에도 고려해 보아야 할 점이 있다. 중국과 조선의 유학자들에게는 마테오 리치가 이 지도를 이해하기 위해 필수적이라고 여겼던 천문학적, 수학적 정보들을 반드시 수용해야 할 필연적 이유가 없었다는 것이다. 다시 말해 이 지도 안에 담긴 모든 정보가 수용자들에게 일괄적으로, 통일적으로, 일관되게 수용되었을 것이라는 기대하기 어렵다. 중국과 조선의 유학자들은 얼마든지 선별적으로 지도에 담긴 다층적 지식들을 자신들의 관심과 목적에 따라 취사선택할 수 있었기 때문이다.

예를 들어 마테오 리치 세계 지도 가운데 중국과 조선인들에게 가장 낯선 지식은 하늘뿐 아니라 땅이 둥글다는 지구설(地球說)이었다. 전통적인 천원지방의 관념에 익숙한 조선 지식인의 입장에서 세계 지도와 그에 적힌 개별 이론들을 이해하기 위해서는 우주관 자체를 바꾸어야 했다. 이런 맥락에서 땅이 둥글다는 지구설은 단순히 새로운 지식이 아니라 전통적인 우주론에 배치되는 위험한 발상이었다. 예수회 세계 지도의 우수성을 인정한다 해도 그 안에 담긴 지구설까지 수용하지 않을 수 있다는 것이다. 결과적으로 이 지도에 담긴 정보들은 중국과 조선 지식인들에게 예수회원들이 기대한 논리적 연쇄에 따라 일관되게 혹은 통합적으로 수용되었다고 말하기 어렵다.

이 점은 전근대 동아시아의 지적 변동에 관한 우리의 인식에 중요한 시사점을 준다. 일반적으로 조선 유학자들의 지구설 수용 여부 자체를 일종의 근대성의 지표로 해석하는 경향이 있다. 그러나 문제는 단순하지 않다. 지구설을 수용한 이들 가운데 예수회원들이 제시한 천문학적 정보들과 수학적 계산을 충분히 이해하고 그에 따른 논리적 추론의 결과로 이 이론을 수용했다고 평가할 수 있는 학자들이 얼마나 될 것인가? 물론 조선 유학자들 가운데 지도나 서학서를 통해 일종의 우주론적 관념을 전환한 학자들이 없었던 것은 아니다. 예를 들어 홍대용(洪大容, 1731~1783)은 '오직 서양 어떤 지역은 지혜와 기술이 정밀하고 소상하여 측량에 있어서는 해박하고 자세하다. 땅을 둥글다는[地球] 학설은 다시 의심할 여지가 없다.'15)고 말한다. 그러나 이들이 서학의 정보들을 적극적으로 인정했다고 해서 이 수용의 방식과 내용이 예수회원들이 기대하는 방식대로였는가를 묻는다고 쉽게 답하기 어렵다.16) 중요한 것은 결과론적인 수용과 배척 여부가 아니라 수용과 배척의 근거와 논리이기 때문이다.

사실 이들에게는 매개나 절충적 지점이 있었다. 중국과 조선의 유학자들이 지구설을 수용할 수 있었던 근거 중 하나는 이 이론이 기존의 지식과 중첩되어 있었기 때문이었다. 성호처럼 '땅이 강과 바다를 거두어 모아 새지 않게 한다(振河海而不洩)'는 전통적인 자사(子思)의 설과 지구설을 연결하는 경우도 있지만17) 지구설은 기의 회전 운동으로 별의 운

---

15) 『湛軒書』, 「繄山問答」 "惟西洋一域, 慧術精詳, 測量該悉, 地球之說, 更無餘疑."

16) 수학 역시 유사하다. 예를 들어 황윤석, 홍길주, 이가환 등 유학자들 국가적으로 승인된 서학서였던 『기하원본』에 통달했다고 평가된다. 그러나 『기하원본』은 매우 어려운 책이었고 실제로 수학적 계산에 능통할 정도의 수준에 이른 인물들은 김영, 문광도, 홍양해 등 관상감에서 실무를 담당했던 중인 전문가들뿐이었다. 성호를 비롯해 여러 학자들이 『기하원본』의 우수성을 인정했다 해서 그것이 곧 '수학적 이해'를 의미하는 것은 아니라는 것이다.

17) '지구(地球)'에 관한 이론은 매우 타당합니다. 성인(聖人)이 어찌 그 이치에 어두웠겠습니까. 자사(子思)가 「중용」에서 "[땅이] 강과 바다를 거두어 모아 새지 않게 한다(振河海而不洩)"고 하였으니 이는 분명 물이 땅 위에 있다는 말입니다. 이 때문에 혼천설(渾天說)과 개천설(蓋天說)을 통합하는 것에 대해 중국 선비들은 의심이 있었으나 지금 중국의 서적을 살펴보면 영정(永靜) 이하에 대해서는 누구나 다 따르고 있으니 천하에 통행되는 정설임을 알 수 있습니다. (…) 서양의 역법이 유입되지 않았다면 누가 그 이론을 다시 세상에 나오게 할 수 있었겠습니까『星湖先生全集』 27, 「答安百順」, "地毬之說, 千萬是當, 聖人豈昧其理. 子思之言曰振河海而不洩, 此分明是水在地上之說. 是以渾蓋合一者, 中土之置疑. 而今見中國之書, 自永

동을 설명하는 동아시아의 전통적 방식으로도 추론 가능한 이론이었다. 서명응(徐命膺, 1716~1787)은 기본적으로 지구설이 하도(河圖)의 중궁으로부터 추론될 수 있다고 보았으며,[18] 중국학자들이 지구설을 접하고 이러한 정밀한 이치는 성인도 알기 어려웠을 것이라고 말한 데에 반박하면서 이미 성인이 지구설을 밝혀놓았음에도 이를 무시하거나 이에 대해 무지했다고 평가한다.[19] 왕부지(王夫之, 1619~1692)는 지구설이 고대의 혼천설을 훔친 것이라고 비판하기도 한다.[20] 지구설을 적극적으로 인정했던 홍대용의 논거 역시 전통적인 '기'의 순환 운동이었다.

대저 땅덩이는 하루 동안에 한 바퀴를 도는데, 땅의 둘레는 9만 리이고 하루는 12시(時)로, 9만 리 둘레의 넓이를 12시간에 달리는 것으로, 그 운행의 빠름은 번개나 포탄보다도 더하다. 땅은 이미 빨리 회전할 때 기(氣)와 격하게 부딪치면 허공에서 쌓이고 땅에서 모이게 되니, 이리하여 상하의 세력이 생긴다. 이것이 지면(地面)의 세력이다. 땅에서 멀다면 이런 세력이 없을 것이다.[21]

이들보다 앞선 시대, 김만중(金萬重, 1637~1692) 역시 주희를 경유해 지구설을 수용한다.

---

靜以下莫不從之, 可見天下之通行 (…) 西曆不入, 誰得以開剔得出耶").'

18) 박권수, 「서명응 (1716-1787) 의 역학적 천문관」, 『한국과학사학회지』 20:1, 한국과학사학회, 1998, 83쪽.

19) 위의 글, 92~94쪽.

20) 류강, 앞의 책, 595쪽.

21) 『湛軒書』內集 4, 「毉山問答」 248 091b.: "夫地塊旋轉, 一日一周, 地周九萬里, 一日十二時, 以九萬之濶, 趁十二之限, 其行之疾, 亟於震電, 急於炮丸. 地旣疾轉, 虛氣激薄, 閣於空而湊於地, 於是有上下之勢, 此地面之勢也. 遠於地則無是勢也."

오직 서양의 지구설은 땅을 하늘에 표준하여 360도로 구획되었다. 경도는 남북극의 고하를 살피고 위도는 이를 일월식에 증험하여 그 이치가 확실하고 그 기술이 정확하다. 믿지 않아서도 안 될 뿐만 아니라 믿지 않을 수도 없다. 오늘날 학사 대부들은 혹은 지구가 둥글다면 둥근 고리에 붙어사는 것이라고 의심하지만 이것은 우물 안 개구리나 여름벌레와 같은 견해다. 주문공(朱文公)은 말하기를 "지금 여기에 앉아서 단지 땅이 움직이지 않는다고 한다면, 어찌 하늘이 바깥에서 운행하고 있으며, 땅이 거기에 따라 회전하지 않는다는 것을 알 수 있겠는가"라고 하였다. 위대한 지식과 통달한 견해가 어찌 이 같은 적이 있었는가?[22]

17세기 학자 김만중과 18세기 학자 홍대용은 시기도 달랐고 천문학 이론에 대한 이해 수준도 달랐다. 따라서 이들의 지구설 이해 수준이나 방식에는 분명한 차이가 있을 것이다. 그러나 적어도 이들이 예수회원들이 제안한 지구설을 이해하는데 전통적인 성리학적 이론과 지식을 교두보로 활용하고 있다는 점은 분명하다. 지구설은 수용했다 해도 그 논리와 맥락이 오로지 서학에서 기원했다고 보기는 어렵다. 이는 「곤여만국전도」에 제시된 가장 핵심적 이론인 십이중천설(十二重天說)도 마찬가지다.

마테오 리치는 「곤여만국전도」의 우수성을 인정하는 한, 그 안에 담긴 다양한 서양 지식 즉 우주론부터 천문학 이론, 지리적 정보 등 이종적인 정보들이 일관되게 혹은 논리적 연쇄를 통해 수용될 수 있을 것이라고 기대했을 것이다. 그 연쇄의 핵심이자 토대가 되었던 천문학적

---

22) 『西浦漫筆』, 구만옥, 『朝鮮後期 科學 思想史 研究』I, 혜안, 2004, 193쪽 재인용:
"惟西洋地球說, 以地準於天, 畫之爲三百六十度. 經度視南北極高下, 緯度驗之於日月蝕. 其理實, 其術核, 非但不可不信, 亦不容不信也. 今之學士大夫, 或以其地形球圓生齒環居爲疑. 此則井蛙夏忠之見也. 朱文公曰, 今座於此 但謂地不動, 安知天運於外, 而地不隨之以轉耶. 大知達觀, 何嘗如此."

지식 아니 신학적 지식 중이 구중천설 혹은 십이중천설23)이다. 마테오 리치는 프톨레마이우스의 이론을 바탕으로 여러 겹의 하늘이 지구를 중심으로 회전하는 가운데 가장 바깥에 천구의 운행을 가능하게 하는 종동천(Primum Mobile)과 천신들이 거주하는 영정부동천(Empyrean)이 존재한다는 신학적 우주론을 표현한 구중천설/십이중천설을 「곤여만국전도」에서 가장 중요한 정보로 여겼던 것으로 보인다. 발문을 제외하고 가장 먼저 등장하는 정보가 구중천도(九重天圖)와 구중천설이기 때문이다.

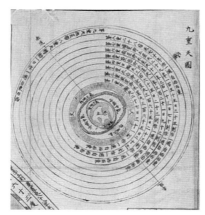

〈그림 2〉 구중천도_곤여만국전도 부분

「곤여만국전도」뿐 아니라 여러 서학서에 등장하는 십이중천설은 성

---

23) 디아즈가 저술한 『천문략』에 십이중천은 다음과 같이 서술되어 있다. '(십이중천은) 월륜천(月輪天), 진성(辰星) 즉 수성천(水星天), 태백(太白) 즉 금성천(金星天), 일륜천(日輪天), 형혹(熒惑) 즉 화성천(火星天), 세성(歲星) 즉 목성천(木星天), 전성(塡星) 즉 토성천(土星天), 삼원 이십팔수천(三垣二十八宿天), 동서 세차(東西歲差), 남북 세차(南北歲差)이고, 무성 종동천(無星宗動天), 천주 상제가 발현한 천당이자 여러 천신과 성인들이 머무는 영정부동천(永靜不動天)이다.(月輪天, 辰星卽水星天, 太白卽金星天, 日輪天, 熒惑卽火星天, 塡星卽土星天, 五二相卽三垣二十八宿天, 東西歲差天, 南北歲差天 ,無星宗動天, 天主上帝發現天堂諸神聖所居永靜不動天.)' 『天學初函』5, 「天問略」, 2638쪽.

호 이익[24] 등 조선 유학자들에게 상당한 반향을 일으켰다. 시헌력(時憲
曆)이 도입될 때 기존의 혼천설을 대신하게 되었고 영조 때에는 국가적
으로 공인되기에 이른다. 십이중천설은 비교적 큰 긴장 없이 조선에
수용되었다고 볼 수 있다. 그러나 수용의 배경을 곧바로 이론 자체의
우수성에서 찾기는 어려울 것이다.

중국과 조선에서 십이중천설이 수용되었던 배경 중 하나는 주희의
이론 가운데 이와 유사한 구중천설이 있었기 때문이다.[25] 주희는 이기
론에 근거해 땅이 기의 회전 과정을 통해 탄생한 것을 이해한다. 주희
는 하늘을 각기 운행의 속도가 다른 아홉 겹 즉 구중천(九重天)으로 나누
고 그 각각의 천에 일월과 오행성 항성 등을 배치한다. 성리학적 이론
체계 안에도 움직이지 않는 지구 위를 개별적인 하늘들이 겹을 이루어
돌고 있다는 발상이 존재했던 것이다.

---

24) 성호 이익은 「발천문략(跋天問略)」을 지어 십이중천설의 우수성을 인정하기도 한
   다. '(처음 역법을 만들었다는 전설의 인물인) 용성(容成) 이후로 몇천만 년 동안
   오히려 부족한 점이 없지 않았는데 서양 학사가 깨우쳐 준 덕분에 계발하여 마침
   내 완전한 경지를 얻었으니, 어찌 이 도가 밝아지는 데 명수(命數)가 있는 것이 아
   니겠는가. 『천문략』의 내용은 양마락이 중국 학사의 질문에 조목별로 답한 것이
   다. 십이중천설을 논한 부분이 매우 뛰어난데 마땅히 전서(全書)에 상세히 논하였
   으므로 다시 상세히 다루지 않는다.'고 하였으니, 애석하다(『星湖全集』 55, 「跋天
   問略」, "自容成以後幾千萬年, 猶不免有憾, 賴西士曉以啓之, 遂得十分地頭. 豈非此
   道之明, 有數存者耶. 天問略者, 卽陽瑪諾之條答中士也, 其論十二重天, 綮乎其至矣.
   而其言曰宜有全書備論, 不復致詳, 惜乎").'
25) 주희는 초년부터 『초사』에서 접한 구천(九天)의 설에 대해 고민하다가 구중천설을
   통해 고민을 해소했다고 한다. 야마다 케이지, 김석근 옮김, 『주자의 자연학』 통나
   무, 1991, 147쪽. 주희는 구중천에 대해 다음과 같이 설명한다. '내가 볼 때, 그것(九
   天)은 단지 아홉 층일 뿐이다. 아마도 하늘의 운행에는 여러 층이 있을 것이다. (중
   략) 안쪽의 층들은 비교적 부드럽고, 바깥에 이르면 점점 딱딱해진다. 제9층을 생
   각해 본다면 딱딱한 껍질과 같을 것이니, 그 곳에서는 더욱 긴밀하게 돌기 때문이
   다. (據某觀之, 只是九重. 蓋天運行有許多重數……自內繞出至外, 其數九. 裏面重數
   較軟, 至外面則漸硬. 想到第九重, 只成硬殼相似, 那裏轉得又愈緊矣. 『朱子語類』
   2:48條目)"

마테오 리치는 주희의 이론을 빌어와 프톨레마이우스의 지구중심적 우주론 모델(Ptolemy's Geocentric Model)과 각 천구(Celestial Sphere)들의 운동을 전달하고자 했다. 이때 마테오 리치가 '구중천'이라는 전통적 개념을 번역어로 선택하는 한, 이미 이론적 중첩은 피할 수 없는 결과였다. 전달의 수월성을 확보하기 위해, 마테오 리치는 프톨레마이우스 우주론이 원본의 맥락을 떠나 중국 우주론에 연결되는 이론적 중첩을 감수해야 했을 것이다. 현대 연구들이 마테오 리치 자신도 감수했을 이론적 중첩을 현대 연구가 고려하지 않는다면 이는 어쩌면 지식의 기원을 동양과 서양 각각에 두려는 발상 때문일지도 모른다.

이처럼 십이중천설은 하나의 지식 위에 중첩된 이질성과 혼종성이 지식-수용의 차원뿐만이 아니라 지식-전달의 차원에서도 발생할 수 있음을 보여주는 사례이다. 이런 맥락에서 십이중천설은 유럽의 천문학 지식으로 혹은 신학적 지식으로 수용된 것이 아니라 주희의 이론과의 절충 혹은 그 매개를 통해 수용된 것이라고 할 수 있다. 이런 방식은 다른 서학 이론들에도 적용될 수 있다. 이들이 서양 천문학을 연구하고 역법에 관심을 가졌던 것은 현재 우리가 기대하듯 순수한 '과학적' 관심 혹은 성리학을 이탈하려는 욕구 때문이라기보다는 성리학적 체계와 연동되어 있는 상수학, 역학 등 기존 사상의 체계를 바탕으로 우주 만물의 근원을 추구하려는 전통적인 지적 기획에서 비롯된 것일 가능성이 높다.

결과적으로 어떤 중국과 조선의 유학자들은 서학을 자신들의 지적 전통을 대체할 새로운 체계를 기대했다기보다는 세부를 개편하고 확장하기 위한 자원이자 지표로 활용하고자 했다고 볼 수 있다. 서학서를 접하고 적극적으로 연구한 중국과 조선의 지식인들 가운데 일부는 자기 전통의 학술적 담론들과 비교하는 과정을 거쳤고 그 과정에서 전통적인 이론들은 서학을 수용하기 위한 심리적 지지이자 이론적 정당화의 배후로 활용했던 것이다. 다시 말해 이들이 서학의 이론적 타당성을 수용한 뒤에 전통적 담론에서 유사한 발상을 찾아내어 서학 이론의 타당성을 승인하는 방식을 따랐다고 할 수 있다.[26] 결과적으로 매개적이며 절충적인 지식 수용은 진보한 지식을 소유한 타자, 서양과 유일한 정통으로서 유학-성리학을 모두 수용하려는 조선의 독자적인 이해-수용 방식이라고 볼 수 있을 것이다. 이런 조선적 이해-수용의 흥미로운 사례 중 하나가 조선식 세계 지도로 알려진 「천하도」다.

## Ⅲ. 상상된 미지 세계와 지식의 혼종으로서 「천하도」

본래 동아시아는 '직방'이라는 개념을 통해 중화의 영향력이 미치는 일종의 문명 세계를 상정하는 한편 그 외부 세계에 대해서는 '내버려 두고 논하지 않는다(聖人六合之外 存而勿論)'[27]는 인식을 공유했다. 이 모종의 불문율에 균열을 낸 것은 직방 외의 문명 세계를 묘사하고 소개했던 마테오 리치의 「곤여만국전도」였다. 주지하듯 이 지도는 북경에서 정식으로 간행된 지 1년 만인 1603년에 조선에 유입되었고 이후 「곤여만국전도」의 수정본인 「양의현람도(兩儀玄覽圖)」, 알레니의 지리서인 『직방외기』에 실린 「만국전도(萬國全圖)」, 페르비스트의 「곤여전도(坤

---

26) 담헌이나 성호가 대표적인 예가 될 것이다. 성호는 서양 천문학이나 뇌낭설, 삼혼설 등을 받아들인 후 전통적인 경전에서 그와 유사한 담론들을 발굴해내어 비교해 본다. 성호의 이러한 태도는 신후담이 스승인 성호와의 서학 관련 토론을 정리한 「기문편」에서 확인할 수 있다.

27) 『莊子』, 「濟物」.

輿全圖)」 등이 꾸준히 유입되었다. 유입보다 더 중요한 것은 확산이다. 「만국전도」가 실려 있는 『직방외기』는 성호와 그 제자들의 논쟁의 대상이 될 정도로 당시에 일반적인 서학서였고 18세기에 전해진 페르비스트의 「곤여전도」는 구대륙과 신대륙을 별개로 만든 양반구 세계 지도라는 특성 때문에 대중적으로 크게 확산되었다.[28]

이 확산의 과정에서 예수회 세계 지도는 전통적인 화이관을 토대로 직방 세계를 권력의 중심으로 형상화하던 조선의 지도 제작 전통에 새로운 변수를 만들었다. 예수회 세계 지도가 아닌 조선에서 독자적으로 생산된 세계 지도가 대중적으로 유통되었기 때문이다. 「천하도(天下圖)」 혹은 「천하총도(天下總圖)」로 불리는 조선식의 세계 지도는[29] 17세기에 처음 출연한 뒤 19세기까지 원형을 유지한 상태에서 수많은 판본이 간행된 독특한 지도 형식이다. 특히 천하도는 즉 세계 지도를 표방하면서도 많은 정보가 생략되어 있을 뿐 아니라 휴대가 가능한 소형 지도 책자에 첨부되어 있었기 때문에 많은 이들이 소유한 대중적 지도였다.

흥미로운 점은 이 지도가 세계 지도를 표방하면서도 그 실제 내용은 『산해경』 등에서 유래한 가상 국가의 명칭 등 다양한 도가적 정보들로 채워져 있다는 점이다. 천하도에는 중국과 일본 등 실제 국가의 지명도 표기되어 있지만 대인국(大人國), 여인국(女人國), 가슴이 뚫린 사람들이 산다는 천흉국(穿胸國) 또는 관흉국(貫胸國), 사람들이 죽지 않는 불사국(不死國) 등 『회남자(淮南子)』나 『산해경(山海經)』 등 도가 계열 문헌에

---

28) 양보경, 「『회입 곤여만국전도』와 조선후기의 서구식 지도」, 경기문화재단 실학박물관, 『마테오리치의 곤여만국전도와 조선 후기의 세계관』, 경인문화사, 2013, 131쪽.
29) 「천하도」에 대한 대표적인 연구는 다음과 같다. 배우성, 「서구식 세계 지도의 조선적 해석, 〈천하도〉」 『한국과학사학회지』 22:1, 한국과학사학회, 2000; 오상학, 『천하도 - 조선의 코스모그래피』, 문학동네, 2015.

등장하는 지명들도 보인다.

'원형 천하도'로도 불리는 이 조선 후기의 세계 지도는 기존의 「천하도」와 달리, 예수회의 세계 지도의 구성 방식을 차용하여 원형의 도면 안에 세계 전부를 그려 넣었다. 이는 직방 세계만을 강조하던 전통적인 화이도 계열의 「천하도」와 다른 점이다. 이보다 더 근본적인 특징은 예수회 세계 지도와의 연관성이다. 선행 연구들은 땅을 방형으로 가정하고 있는 동아시아의 전통적 우주관에 부합하지 않는 원형적 구성을 취하고 있다는 점에서 단원형 세계 지도의 영향을 지적한다. 이미 명대 간행된 유서(類書) 『삼재도회(三才圖會)』에 실린 마테오 리치의 「산해여지전도」가 '천하도'라는 이름으로 활용된 사례들이 있다는 점에서 원형 천하도에 대한 예수회 세계 지도의 영향은 폭넓게 인정되는 추세다.[30]

그러나 원형 천하도는 서구식 세계 지도와 전체적인 구도뿐 아니라 세부적인 형태면에서도 다르다. 바로 이러한 점 때문에 예수회 세계 지도가 원형 천하도 제작에 직접적으로 활용되었다고 보기 어렵다는 주장도 있다. '원형 천하도가 서구식 세계 지도를 포함한 기존의 지도에서 직접 연유했다기보다는 오히려 세계상을 새롭게 만들어냈을 가능성이 더 크다'[31]는 것이다. 이처럼 기존 연구는 원형 천하도가 구성적 측면에서 땅을 원형으로 상정하는 서구식 세계 지도의 영향을 받았다는 입장[32]과 서구식 세계 지도와 직접적 연관성이 없는, 도가적 지리 관념으로 중화적 세계 인식을 표현한 지도라는 입장[33]으로 나뉘지만

---

30) 위의 논문, 53쪽.

31) 오상학, 앞의 책, 53쪽.

32) 배우성, 앞의 논문; 海野一隆, 「李朝朝鮮における地圖と道敎」, 『東方宗敎』 57, 1981 등.

이 논문의 관점에서는 이 두 입장이 강력하게 충돌한다고 보지 않는다. 연구자에 따라 원형 천하도에 대한 예수회 세계 지도의 실질적 영향은 다르게 평가되지만 '영향'의 강도와 방식을 강한 의미로 새기지 않는다면 여전히 원형 천하도와 예수회 세계 지도 사이의 자극과 지적 전환을 추론할 수 있다고 보기 때문이다.

그러나 영향 관계를 넓은 차원에서 인정한다 해도 의문이 남는 부분이 있다. 이 지도의 창안자들이 서구식 세계 지도라는 관념과 도상을 활용하면서도 실질적인 세부의 내용은 도가적 정보들로 채워 넣은 점이다. 선행 연구는 「천하도」가 서구식 세계 지도가 중국 중심의 직방 세계를 넘어서는 보다 넓은 세계에 대한 지식을 전해주었고 원형 천하도의 창안자로 하여금 직방 세계를 넘어 선 확대된 세계를 담은 새로운 「천하도」를 구상하게 만들었다고 평가하면서 그럼에도 광대한 구역에 대한 지리 정보를 서구의 지리서가 아닌 중국 고대의 지리서에서 찾은 이유를 유가 전통에서 애초부터 직방 세계 바깥의 세계를 상정하지 않았기 때문이라고 설명하기도 한다.[34]

이런 설명은 타당하지만 그럼에도 의문이 남는다. 직방 세계 밖에 관심이 없었다는 사실과 관심 영역 밖의 세계를 '도가적 정보'로 구성하는 것 사이에는 분명한 격차가 있기 때문이다. 적어도 동아시아인들이 직방 세계 이외의 지리적 정보를 몰랐다고 말할 수는 없다. 당연한 얘기지만 서양 선교사들이 중국에 들어와 세계 지도나 지리서를 펴내기 전에도 중국에는 유서 깊은 지리 관련 담론과 연구들이 존재했으며 중국 이외의 지역들에 대한 정보도 축적되어 있었다. 비록 정보가 소

---

33) 오상학, 앞의 책.
34) 문중양, 『조선후기 과학사상사』, 들녘, 2016, 221~222쪽.

략하거나 부정확했을 지라도 중국이나 조선인들이 직방 세계 외부의 정보를 몰랐다고 보기 어렵다. 이들은 직방 세계 외부 정보를 몰랐던 것이 아니라 '가치'를 두지 않았던 것에 가깝다. 어쩌면 직방 세계 바깥 세계의 정보에 대해 모종의 '객관성'을 기대하지 않았다고 보는 편이 타당할 것이다. 다시 말해 이들에게 중요했던 것은 객관적 사실의 여부가 아닐 수 있다는 것이다. 중화 세계 질서 외부 영역은 어떤 정보로 대체되어도 크게 상관이 없었다는 의미이다.

원형 천하도에서 주목할 점은 '여인국(女人國)'이나 '대인국(大人國)' 직방 세계 외의 미지의 세계에 대한 정보를 유가의 지리적 인식 밖에 있는 도가 계열 전통에서 가져다 썼다는 점이다. 중국과 그 주변 국가들의 지명을 제외하고 나머지 지명들은 실존하지 않는 상상의 지명들로, 대체로 『산해경』에서 유래하는 것들이다.[35] 선행 연구는 이 지명들이 반서학적 분위기에서 도출된 것이라고 평가하기도 한다. 안정복, 이헌경, 신후담 등 반서학적 실학 지식인 중 일부가 지구구체설과 단원형 세계 지도에 대항할 수 있는 세계 지도를 만들기 위해 도교적 신선적 세계상을 도형화했다는 것이다.[36] 그러나 서학에 대한 반대급부가 반드시 도가 사유의 채용일 이유가 없다는 점에서 이런 설명 또한 세계 지도로서의 원형 천하도에 도가적 정보가 삽입되는 이유를 충분하게 설명해주지 못한다.

왜 조선 유학자들은 서구식 세계 지도의 발상을 활용하면서 왜 굳이 서학서나 서양 지도가 제공한 정보가 아니라 도가적 지식을 활용했던 것일까? 더 나아가 왜 조선 유학자들은 실존하지 않는 상상의 지명으

---

35) 오상학, 앞의 책, 90쪽.
36) 배우성, 앞의 논문, 53쪽.

로 채워진 지도를 휴대용 책자로 만들어 유통시켰던 것일까? 이 질문은 당시 어떤 지식이 권위를 확보했고 어떤 지식의 권위가 약화되었는가의 문제와 함께, 어떤 지적 욕구가 대중들을 자극하고 설득했는가 하는 문제와 관련된다. 다른 실제 지도들과 함께 지도 책자에 삽입된 원형 천하도의 존재는 이 시기 조선인들에게 '중국 외부'라는 미지의 세계에 대한 상상이 지적 욕구로 표출되고 있음을 보여준다.

이 맥락에서 고려해야 할 문제가 있다. 18세기 조선 지식인들 가운데 실제로 예수회원의 세계 지도를 접할 수 있었던 이들이 얼마나 되는가 하는 점이다. '서양의 글이 선조(宣祖) 말년부터 이미 우리나라에 들어와서 명경 석유(名卿碩儒)들이 보지 않은 사람이 없었으나, 제자(諸子)나 도가 또는 불가의 글 정도로 여겨서 서실(書室)의 구색으로 갖추었으며, 거기서 취택하는 것은 단지 상위(象緯)와 구고(句股)의 기술에 관한 것뿐이었다.'[37]는 안정복(安鼎福, 1712~1791)의 기사는 선조 말년부터 서학서의 유통이 가시화되었다는 점을 보여준다.

그러나 이러한 보고에도 불구하고 서학서가 경화 지역을 넘어서 영남이나 호남에까지 일반화되었다고 보기는 어려울 것이다. 다음의 사례가 이러한 정황을 보여준다. 1711년 일본에 다녀온 과정을 기록한 『동사일기』에서 통신 부사 임수간(任守幹, 1665~1721)은 에도의 유학자 아라이 하쿠세키(新井白石, 1657~1725)와의 대담을 「강관필담(江關筆談)」에 기록한 바 있다. 이 대담에 등장하는 '백석'은 당시 기독교 전교를 위해 일본에 밀입국했다 체포된 조반니 바티스타 시도티 신부를 심문하는 과정에서 얻은 서양 지식을 정리한 『서양기문(西洋紀聞)』의 저자이다.

---

[37] 『順菴先生文集』, 「天學考」: "西洋書, 自宣廟末年, 已來于東, 名卿碩儒, 無人不見. 視之如諸子道佛之屬, 以備書室之玩, 而所取者, 只象緯句股之術而已."

하쿠세키는 대화 중에 여러 서양 국가의 지명을 언급하며 자신의 경험을 자랑하자 임수간이 다음과 같이 묻는다.

> 청평(임수간)이 물었다. "대서양은 서역(西域)에 있는 나라 이름이지만, 유럽·이탈리아·네덜란드 등 여러 나라는 어느 곳에 있습니까?" 백석이 말했다. "귀국에는 만국전도(萬國全圖)가 없습니까?" 남강이 대답했다. "고본이 있기는 하나 이러한 나라들이 모두 기재되어 있지는 않습니다." 백석이 말했다. "서양이란 곳은 천축에서도 수천 리나 되는데, 이른바 대서양·소서양이 있습니다. 저의 집에 지도 한 장이 있으니 필요하다면 드릴 수 있습니다." 남강이 말했다. "간직한 것이 있으시다면 아낌없이 한번 보여 주시기 바랍니다."[38]

구라파(歐邏巴), 의다례아(意多禮亞), 화란(和蘭) 등의 지명은 「곤여만국전도」나 『직방외기』에 실린 「만국전도」에 등장하는 지명이다. 이 대화를 통해 당시 조선에서 실물 서양 지도를 구해 보기가 쉽지 않았음을 알 수 있다. 「만국전도」가 포함된 『직방외기』의 경우 성호와 그의 제자 신후담(慎後聃, 1702~1761)이 논쟁을 벌이는 등 성호학파 내에서 유통되었지만 이 책을 접한 이들 가운데 지도가 포함되어 있는 원본을 소장했거나 열람한 경우가 얼마나 되는지는 확인하기 어려울 것이다. 17세기 이후 조선 지식인들 사이에서 서구식 세계 지도의 존재와 대략적인 정보가 공유되고 확산되었고 그로 인한 강한 지적 자극이 존재했다는 점

---

38) 『東槎日記』, 「江關筆談」: "靑坪曰, 大西洋是西域國名, 歐邏巴, 意多禮亞和蘭等國, 未知在於何方耶. 白石曰, 貴邦無萬國全圖耶. 南崗曰, 有古本而此等國多不盡載矣. 白石曰, 西洋者去天竺國猶數千里, 有所謂大小西洋, 僕家藏有一本圖, 呈之梧右也否. 南崗曰, 果有所儲, 毌慳一示. 白石曰, 第恨其地名, 以本邦俗字記之, 諸公難解其圖義, 在月令廣義圖書編等書者卽是. 南崗曰, 吾邦無此書矣."

은 납득할 수 있다. 그러나 실제로 실물을 본 이들의 숫자는 그다지 많지 않을 수도 있다.

조선의 「천하도」를 마테오 리치의 세계 지도로 오해한 위백규의 예에서 알 수 있듯[39] 당시에 유학자들 사이에 세계 지도-「천하도」에 대한 기대와 요구가 있었지만 실물을 보지 못한 상태에서 세계 지도라는 관념을 자신들에게 익숙한 하위의 정보들로 채우는 방식이 시도되었을 가능성이 있다. 원형 천하도가 원형의 도상 안에 세계를 다 담으려 했다는 점에서 서구식 세계 지도의 자장 안에 있지만 그럼에도 예수회의 세계 지도와 형태적으로 일치하지 않는다는 점에서 직접적 영향을 유추할 수 없다는 점 역시 하나의 근거가 될 수 있을 것이다.

또 한 가지 고려할 것은 예수회의 지리 지식이 세계 지도라는 도상

---

39) 위백규(魏伯珪, 1727-1798)는 호남의 실학자로 천문, 세계 지리, 문물 등의 지식을 그림과 함께 엮은 『환영지(寰瀛誌)』라는 독특한 저술을 남겼다. 이 책에서는 「이마두천하도(利瑪竇天下圖)」라는 지도가 포함되어 있다. 그는 서문에서 '산림에 거하니 한가한 날이 많아 우연히 이마두(利瑪竇, 마테오 리치)의 구구주도(九九州圖)를 보았는데 끝내 웃음을 이기지 못하고 이런 것이 과연 있을 수 있는가, 비록 알 수 없으나 만약 편벽되고 용렬한 안목으로 억지로 의심한다면 바다 자라에게 비웃음을 당할까 염려된다고 생각하여 마침내 책에 베껴 넣고 이어 中州 13省과 우리나라 8道의 지도를 붙여놓았다.(『존재집(存齋集)』 21, 「新編標題纂圖寰瀛誌序」, "林居多閑, 偶閱九九州圖逐不勝自笑曰, 此之爲無是烏有, 雖未可知, 然若以僻耳劣目, 强以疑之則或恐爲海鼈所笑也, 遂摸之于冊, 因係之以中州十三省及我國八道地圖.")'고 말하며 저술의 동기가 마테오 리치의 세계 지도 임을 밝히고 있다. 그러나 흥미롭게도 이 지도는 실제 「곤여만국전도」나 알레니의 「만국전도」가 아니라 당시 유행하는 원형천하도였다. 이를 통해 그가 호남 지역에서 『환영지(寰瀛誌)』를 저술할 때 실제 예수회 세계 지도를 보지 못했다는 사실과 원형 천하도를 예수회 세계 지도로 오해할 정도로 원형 천하도가 세계 지도라는 인식이 일반화되어 있다는 사실을 알 수 있다. 한편 그는 『직방외기』에 수록된 「만국전도」를 보고 「서양제국도(西洋諸國圖)」라는 간략본 지도를 수록하기도 한다. 관련 연구로는 오상학, 「조선후기 세계 지리지에 대한 시론적 고찰」, 『규장각』 43, 서울대학교 규장각 한국학연구원, 2013; 배우성, 「『환영지』가 구상한 세계」, 『조선과 중화』, 돌베개, 2014; 김봉곤, 「『寰瀛誌(환영지)』를 통해 본 存齋 魏伯珪의 역사지리인식」, 『역사와 실학』 16, 역사실학회, 2016 등.

형태뿐 아니라 『직방외기』라는 지리지의 형태로도 전달되었다는 것이다. 이는 원형 천하도의 자원이 반드시 「곤여만국전도」일 필요는 없다는 것을 의미한다. 심지어 세계 지리에 대한 관심은 『직방외기』라는 책이 아니라 그 책에 대한 소문만으로도 충분히 환기될 수 있다. 조선에서 『직방외기』의 위상을 고려하면 충분히 가능한 일이라고 생각한다.

주지하듯 알레니가 저술한 인문지리서 『직방외기』는 「곤여만국전도」에 포함된 천문학적 정보나 데이터, 도상 및 각 지역의 지리지적 설명을 생략하고 지명만을 표기한 「만국전도(萬國全圖)」 뒤에 대륙별로 각 국가와 지역들을 소개하는 방식을 취하고 있다.[40] 이 책이 조선에서 어떤 정도로 유통되었는지 짐작할 수 있는 사례가 있다. 2019년 5월, 경찰은 도난당했던 조선시대 필사본 세계 지도가 회수되었다고 발표했다. 이 필사본 지도는 조선 중기 학자 박정설(朴廷薛, 1612~?)이 1661년에 『직방외기』에 실려 있는 「만국전도」를 확대해서 필사하고 채색한 것이다.[41] 목판에 인쇄된 지도를 필사하면서 확대하고 채색한 이 지도는 조선에

---

[40] 마테오 리치의 후임자였던 줄리오 알레니(Giulio Aleni, 1582~1649, 艾儒略)이 1623년 중국 항주(杭州)에서 6권으로 간행한 책으로 명나라 신종(神宗, 1573~1620)의 명을 받고 예수회 선교사 판토하(D. Pantoja, 龐迪我, 1571~1618)와 우르시스(Sabbatino de Usis, 熊三拔, 1575~1620)가 초안을 잡은 것을 후에 알레니가 최신 정보와 자신의 경험을 바탕으로 증보한 것이다. 중국 바깥의 세계에 관한 비교적 자세한 지리 지식을 담고 있어 중국과 조선에서 상당한 관심을 끌었다. 조선에는 일찍부터 유통되었던 것으로 보이는데 규장각의 중국 서적 서목 『內閣訪書錄』에 『奇器圖說』, 『西方要紀』 등과 함께 『직방외기』가 포함되어 있다. 노대환, 「정조시대 서기 수용 논의와 서학 정책」(1999), 김문식, 정옥자 편, 『정조시대의 사상과 문화』, 돌배개, 2007.

[41] 이는 보물 제1008호로 지정된 함양박씨 정랑공파 문중의 전적인 「만국전도(萬國全圖)」로 조선 중기 문신 여필(汝弼) 박정설(1612~?)이 1661년에 「만국전도」를 모사하여 채색한 것이다. 크기는 가로 133㎝, 세로 71.5㎝에 달한다. 이 지도는 1993년 9월 서울 휘경동에서 도난당했다가 2019년 경찰에 의해 회수되었다. 「25년전 도난당한 보물 '만국전도' 되찾았다」, 『서울경제』, 2019.05.29. https://www.sedaily.com/NewsView/1VJBXCRKFM.

서 조정뿐 아니라 민간의 지식인들 사이에서도 서양식 세계 지도에 대한 관심이 높았음을 보여준다.

실제로 『직방외기』에 대해 가장 집중적인 기록을 남긴 것은 성호 이익과 그의 문하들이다.[42] 스승인 성호 이익과 함께 서학에 관해 깊게 토론했던 신후담은 『직방외기』에 대해 '서양 선비의 책은 진실로 아직 깊이 연구하지 못했습니다. 단지 『직방외기』에 실려 있는 것만을 보았는데, 황탄(荒誕)한 내용이 많아 일찍이 윤형(윤동규)과 대화하며 그러한 바를 운운한 일이 있었습니다.'[43]라고 평한 일이 있다. 신후담과 같은 조선 유학자들에게 이 지식은 여전히 황탄하고 실증할 수 없는 비의적(秘義的) 정보들이 포함된 불확정의 텍스트였다. 이러한 인식을 바탕으로 신후담은 이 책을 다음과 같이 평가한다.

이제 한갓 그 토지의 크고 작음에 있어서는 대략 서로 비슷하다 할지라도 문득 감히 중국과 같은 반열에 두고 뒤섞어 일컫는 것은 진실로 심히 도리를 모르는 것이다. 또 천하의 수많은 지역 가운데 『직방외기』에 기록된 것 외에 천하 안[寰瀛]의 광막한 경계에 있는 나라들은 길이 멀고 끊겨 교통이 통하지 않으므로 비록 기이하고 낯선 나라가 그 가운데 흩어져 있을지라도 직접 겪어 그 실제를 징험하지 못했다면, 군자는 간직할 뿐 논하지 않는 것이다. 지금 서양 선비[西士]들이 비록 멀리 여행을 잘 한다고 하나 반드시 천지의 사방 끝까지는 이르지 못했을 것이다. 한갓 그 귀와 눈으로 경험한

---

42) 성호는 『성호사설』의 「일일칠조(一日七潮)」, 「여국(女國)」, 「육약한(陸若漢)」, 「화완포(火浣布)」 등의 기사와 「답황득보(答黃得甫)」, 「답족손휘조(答族孫輝祖)」, 「조석변(潮汐辨)」, 「발천주실의(跋天主實義)」 등의 글에서 『직방외기』를 언급한다. 무엇보다 성호는 「발직방외기(跋職方外紀)」라는 『직방외기』의 발문을 남긴다. 성호의 영향을 받아 안정복도 『직방외기』를 여러 차례 언급한다.
43) 『遯窩西學辨』, 「紀聞編」: "余對日, 西士之書, 固未深考之矣. 獨見職方外記所載, 多涉荒誕, 嘗對尹兄, 有所云云."

것만 가지고 구구절절 모아 기록하여, 다섯 대륙[五洲]이라고 지정하고는 오만하게 스스로 천하를 다 보았다고 말하니 어찌 소견이 그리 작은가? 마젤라니카[至如墨瓦蠟] 한 대륙[州]의 경우 이미 모두 전하는 바가 없다고 말하였는데, 무엇으로 고증할지도 모르면서 그것이 큰 (대륙이어서) 네 대륙[四洲]과 더불어 나란히 배열할 수 있음을 알았다는 말인가.[44]

신후담은 『직방외기』에 실린 지리적 정보들을 실제로 측량하고 관측했다는 명백한 증거가 없다면 받아들일 수 없다고 주장한다. 사실 신후담의 태도는 나름 합리적이다. 실제로 가보지 않았다면 혹은 실제로 가본 이들의 기록을 확인할 수 없다면 예수회원들이 지도에 담은 지리적 지식을 반드시 객관적이고 타당한 정보로 수용해야 할 이유가 없기 때문이다.

그러나 신후담의 말에서 가장 흥미로운 것은 실증적 증거 없이는 객관적 정보로 인정할 수 없다는 판단의 유보가 아니다. '기이하고 이상한 나라[奇形異狀之國]'라는 표현이다. 이 지점에서 『직방외기』는 '발달된 서양 지식에 기반해 저술된 세계 지리서'라는 일반적 인식을 벗어난다. 흥미롭게도 『직방외기』에는 『산해경』에 등장하는 비의적 지식들과 크게 다르지 않은 낯설고 기이한 내용들이 많이 등장하기 때문이다. 『직방외기』에는 유럽의 문명적 특징을 소개하는 내용과 함께 북해 바닷가에 있다는 소인국(北海濱有小人國)이나 남아메리카에 있다는 장인국(南亞墨

---

44) 『遯窩西學辨』,「職方外記」: "今乃徒以土地之大小略相彷彿, 而輒敢並列而混稱之, 固已不倫之甚矣. 且天下萬區, 自職方所記之外, 其在實瀛曠漠之際者, 道里絶遠, 梯船不通, 雖有奇形異狀之國, 棋布其中, 顧無以親歷而驗其實, 則君子所以存而不議也. 今西士雖善遠遊, 要不能極天地四窮之涯. 徒以耳目之所甞及者區區編錄, 指定五州, 傲然自謂已盡乎天下之觀, 何其爲見之小哉. 至如墨瓦蠟一州, 旣曰俱無傳說, 則不知於何考信, 知其爲大而得與四州並列哉."

利加之南爲智加, 卽長人國也), 활을 쏘기 위해 오른쪽 가슴을 도려내는 용맹한 여인들의 섬 이야기(又有一島, 女人善射, 又甚勇猛, 生數歲卽割其右乳, 以便弓矢) 등이 함께 등장한다. 이런 '기이하고 이상한 나라(奇形異狀之國)'의 지식들이 조선인들에게 어떻게 받아들여졌을지 추론할 수 있다.

'기이하고 이상한 나라(奇形異狀之國)'의 정보들은 아마도 조선 지식인들에게 동일한 범주에 속하는 『산해경』의 지리 정보들을 연상시켰을 가능성이 있다. 예수회원들의 세계 지도는 그들이 기대한 만큼 실질적인 정보를 담은 객관적 자료가 아니라 비의적 정보가 담긴, 다시 말해 미지의 세계에 대한 상상력이 개입될 수 있는 혼종적 성격의 매체였던 것이다. 도가적 정보들과 연관시키는 않았지만 안정복의 다음의 말 또한 '객관적 서양 지식'이라는 우리의 편견을 조정하도록 요구한다.

> 서사(西士)의 『직방외기(職方外記)』를 보니, "가아도국(哥阿島國) 사람들이 모두 역질을 앓고 있었는데, 어떤 유명한 의원이 나라 안팎에 두루 불을 크게 놓아 하루 밤낮을 태우게 하였다. 그랬더니 불이 꺼지면서 역질도 나았다. 대개 병이란 삿된 기운이 침입해서 생긴 것이다. 불기운이 맹렬하면 모든 사기(邪氣)를 씻어낼 수 있으니 사기가 없어지면 병이 낫는 것은 또한 지당한 이치이다." 하였다. 이것은 내 평소의 생각과 부합하는 것이다.[45]

예수회원들에게 『직방외기』는 세계에 대한 객관적 정보로 구성된 합리적 지식이었을 것이다. 그러나 실제로 이 책에는 근대적 의미의 과학성이나 객관성을 적용할 수 없는 비의적이며 혼종적인 지식이 포

---

45) 『順菴先生文集』 13 「橡軒隨筆」 下: "後見西士職方外記, 有云哥阿島國人盡患疫, 有名醫令內外遍擧大火. 燒一晝夜. 火息而病亦愈, 盖疾爲邪氣所侵, 火氣猛烈, 能盪滌諸邪, 邪盡而疾愈, 亦至理也云. 此與余平日所思相符矣."

함되어 있었다. 이러한『직방외기』의 비의적 성격은 세계 지도로서의 원형 천하도에 왜 도가적 정보들이 포함되었는지 설명하는 하나의 단서를 제공할 수도 있을 것이다. 다시 말해 세계 지도이자 세계 지리지로서의『직방외기』에 포함된 '세계'라는 미지의 공간과『산해경』을 연상시키는 비의적 정보의 두 층위가 원형 천하도 안에서 절충되었을 가능성이 있다는 것이다. 그렇게 본다면 원형 천하도의 창안자는 둘 중의 하나일 수 있다. 세계 지도라는 관념에 자극을 받아 독자적으로 세부를 채워나가려는 능동적 지식의 창안자이거나 혹은 예수회의 세계 지도에 담긴 정보를 선별적으로 활용하려는 선택적 지식의 활용자이거나. 만약 그렇다면 직방 세계 외부에 대한 관심을 전통적인 도가 지식을 통해 구성한 원형 천하도는 실체를 확증할 수 없는 미지의 정보로서 지도와 지지가 어떤 맥락과 논리로, 접합되고 절충되고 변용될 수있는지, 어떤 지식이 어떤 지식을 소환해서 어떤 중층성을 형성하는지 보여주는 예라고 할 수 있을 것이다.

더욱 중요한 것은 이 모종의 절충과 종합에 실질적 맥락과 논리를 제공하는 것은, 결코 원본의 층위나 전달자의 의도가 아니라는 점이다. 지금까지 살펴보았듯 조선에서 서학 지식들은 체계나 이념이 아니라 부분으로 소환되고 활용되어, 전통적 문맥 안에 배치되거나 전통적 지식 체계와의 경계가 모호한 상태로 절충되었다. 이런 관점에서 본다면 원형 천하도들이 결국 일종의 중국 중심적 세계관 또는 조선 중화주의로 회귀하는 이유 역시 일부 설명할 수 있을 것이다. 예수회원들이 제공한 낯선 이방 세계의 기이한 정보들은 예수회원들이 기대했던 것처럼 직방 세계 외부에 중국보다 뛰어난 문명국가가 존재한다는 사실을 납득시키는 대신 도리어 직방 세계에 의해 관리되고 통제되어야 할 '타자'들에 대한 상상을 자극했을 가능성이 있다. 『직방외기』에 등장하는 장인국, 소인국, 가슴을 도려낸 여인들만 산다는 여인국처럼 '기이하고 이상한 나라(奇形異狀之國)'들에 대해, 조선이 포함된 직방 세계는 여전히 강력하고 권위적인 진정한 문명의 중심 역할을 했을 것이다.

이러한 맥락에서 원형 천하도는 '부분'으로 전달된 외부 지식을 지식의 주체들이 어떤 방식으로 활용하고 절충하여 자기들의 맥락 안에 재구성하는지 보여주는 중요한 사례라고 평가할 수 있다. 원형 천하도의 창안자는 세계 지도와 지리지에 포함된 서양 지식을 학습하거나 수용한 것이 아니라 확대된 세계에 대한 자극과 호기심을 자극하는 자원으로 활용했다고 볼 수 있다. 이런 맥락에서 세계 지도에 대한 조선인들의 관심의 정도를 곧 수용의 강도로 해석하는 데에는 일정한 주의가 필요하다. 예수회원들이 전달하고자 했던 중국 이외의 '문명 세계'에 대한 정보들 역시 동아시아 지식인들 사이에서 여전히 신뢰할 수 없는, 유보적인 미지의 정보일 수밖에 없었기 때문이다. 따라서 이 외부 지식의 수용은 예수회원들이 기대했던 것과 달리 이성적 추론에 따른 결과가 아니라 합리적 의심에 의한 선별적 선택의 결과라는 관점에서 새롭게 평가되어야 한다.

지금까지 살펴보았듯 조선에서 서학을 수용한 어떤 이들은 세계 지도로부터 받은 자극을 지식의 전환이나 교체가 아닌, 동일한 범주의 지식과의 융합이라는 방식으로 발전시켜 나갔다. 지식을 선별적으로 수용하고 기존의 맥락과 범주 안에 융합하는 방식을 통해 이들은 여전히 전통적 지식의 권위와 지향을 유지하면서도 새로운 지적 자극을 자신들의 체계 안에 도입할 수 있었던 것이 아닐까. 여기서 확인할 수 있는 것은 당시 조선 지식인들에게 서학의 지식과 정보가 얼마든지 선별적으로 수용되거나 본래의 의미망을 떠나 조선의 지적 계보에 새로운 방식으로 등록될 수 있다는 점이다.

## Ⅳ. 지리 정보 수용과 변용의 맥락성

이 시기 조선의 지식인들이 서구 지식으로부터 받은 지적 자극을 자신들의 전통적 문맥에서 최대한으로 표출하고자 했음에도 서양 지식에 대한 체계적인 이해나 학습에 대한 강박이 없었다. 적어도 조선 후기 서학의 영향을 받은 「천하도」의 창안자들은 외부의 지적 자원들을 선별적으로 활용해 자신들의 체계를 확대하거나 세분화하는 자원으로 활용하고자 했을 뿐 이를 체계적으로 이해하거나 심도 깊게 양자를 종합하고자 했던 것은 아니었다. 적어도 이들에게 지식의 정합성이나 체계적 이해에 대한 관심이 없었다. 다시 말해 조선 후기, 서학의 영향을 받은 유학자들은 외부의 지적 자원들을 선별적으로 활용해 자신들의 지적 전통을 확장하거나 세분화하고자 했을 뿐 이를 체계적으로 학습해서 자신의 체계 자체를 대체하고자 한 예를 찾기 어렵다.

조선에서 마테오 리치의 세계 지도 역시 여전히 중층적이고 모호한 형태의 불투명한 지식의 상태로 남아 있었다. 서양식 세계 지도에 대한 유학자들의 승인은 결코 수용과 배척의 이분법으로 귀결되지 않았다. 예수회원들의 입장에서는 세계 지도 내부의 천문학적 정보들과 지리지들은 그 자체 정합성(consistency)을 가진 지식이었다 하더라도 어떤 정보를 선별적으로 수용할지, 어떤 지식에 연결해서 이해할지 결정하는 것은 동아시아 지식인이었다. 그렇다면 예수회를 통해 유럽에서 전이된 지식은 그 지식이 정당성과 정합성을 확보할 수 있는 근거였던 자신의 체계를 떠나 중국적 맥락 안에서 분해되고 각론적인 지식으로 흡수되었다고 보는 편이 타당할 것이다.

결과적으로 서학의 지식과 정보들은 본래의 유럽적 맥락에서 분해되어 전통적으로 작동하던 동아시아의 지적 네트워크의 세부 요소로 수렴되어 세부를 보완하고 강화하는 각론의 역할을 했다고 볼 수 있다. 서양 수학을 전통적 체계와 종합하고자 했던 청대 학자 매문정(梅文鼎, 1633~1721)의 '서구의 계산법을 녹여서 대통력의 모형에 넣는다. (鎔西算 以入大統之型模)'[46]는 말이 이러한 경향을 보여준다. 전근대 동아시아에서 서학은 세부에서 뛰어난 지식일 수 있어도 궁극적으로 동아시아의 전통적인 이념적 체계 자체를 전복시키거나 대체할 지식은 아니었다. 어떤 강력한 서학의 옹호자라도 자신들의 체계를 의심하거나 전복하는 단계까지 나아가지 않았던 것은 분명하다.

동아시아에서 연역 체계와의 세밀한 정합성이 없어도 세계관 안에서 이념과 지향을 공유하는 한 세부 차원의 지적 교체와 대체는 항상 지속되던 사건이었다. 그런 맥락에서 본다면 지도와 지리적 정보의 수용 역시 이 세부적 지식의 교체와 대체의 한 사례라고 볼 수 있다. 중국과 조선인들은 외래의 지적 자원을 통한 자극을 자신들의 전통에 다면적으로 적용하면서 때로는 의도와 관계없이 자기 이론의 틀에 도전해 나가고 있었고 때로는 자기 논리의 혼란을 겪으며 변화해가고 있었다. 이들을 단순히 서양 학술을 학습한 학습자나 일방적인 수용자의 관점에서 평가한다면 이 접촉과 변용의 맥락은 가려지기 쉬울 것이다.

---

46) 문중양, 앞의 책, 139쪽 재인용.

# '강완숙의 죽음'이 가진
# 종교적·여성사적 의미는
# 무엇인가

### 김윤경

# '강완숙의 죽음'이 가진 종교적·여성사적 의미는 무엇인가

## Ⅰ. 한 여성의 상징적 죽음

근래 조선의 교회사를 다루는 연구에서 텍스트의 진위 여부는 중요한 화두가 되고 있다. 최근 이슈가 된 위조 논쟁 가운데 대표적으로 李檗(1754-1785)의『聖教要旨』와 유한당의『言行實錄』등이 있다.[1] 위서로 규정한 연구에 의하면, 이들 자료는 1920-1930년대 성서를 대충 읽은

---

[1] 숭실대학교 기독교박물관에는 이승훈과 그의 지인들이 쓴 것으로 알려진『만천유고(蔓川遺稿)』가 있는데 이 안에는『성교요지(聖教要旨)』,『언행실록(言行實錄)』등이 있다. 윤민구 신부는 이 책들이 20세기 초에 만들어진 위작임을 말한 바 있다(『초기 한국천주교회사의 쟁점 연구 ─ 성교요지·십계명가·만천유고·이벽 전·유한당 언행실록은 사기다』, 국학자료원, 2014; 서종태,「윤민구(국학자료원, 2014)의 초기 한국천주교회사의 쟁점 연구」,『교회사연구』46, 한국교회사연구소, 2015).

사기꾼들이 '조선교회사' 관련 자료를 찾고 있는 신자-서구의 선교사 혹은 목회자 등-에게 속여 팔기 위해 위조하거나 베꼈다는 것이다.[2] 위서 논쟁 이전까지 유한당의 『언행실록』은 천주교의 영향 아래 유교의 여성 규범이 어떻게 변용되어 가는가를 보여주는 직접적인 자료이며, 18세기 여성이 어떻게 스스로를 규정했는가를 살필 수 있는 귀중한 직접적인 문헌이었다. 그렇다면 18세기 즉 서학(천주교)과 동아시아 문화가 충돌하는 시기, 유교의 여성상이 어떤 변화를 겪는가를 위서 논쟁과 관련 없이 다양한 자료를 활용하여 논의할 수 있는가? 이 논문은 유한당과 동 시대를 살았던 姜完淑(1760-1801)의 죽음과 신유박해(1801)를 중심으로 서학과 성리학이 충돌하는 시기 여성 인식의 변화를 고찰하고자 한다. 한 여성의 '상징적 죽음'이 18세기 종교·정치·사상에 어떠한 변화를 가져왔는가를 다양한 스펙트럼 안에서 탐구하고자 한다. 강완숙은 자신의 종교관과 세계관을 밝히는 직접적인 저작을 남기지 않았다. 따라서 본 논문은 신유박해(1801) 때 '강완숙의 죽음'을 기록한 종교·정치·사상 분야의 간접 텍스트를 통해 18세기 천주교를 신봉했던 여성들에 대해 평가 그리고 지배층의 정치적 위기의식 그리고 새로운 종교적 신념에 맞서려는 당대 지식인의 성리학적 대응을 살펴보고자 한다. 물론 이 때 인용된 지식인들은 직간접적으로 강완숙의 죽음을 언급한 학자들에 한정한다.

지금까지 강완숙에 관한 연구들은 조선천주교회사의 관점에서 여성

----

[2] 윤민구는 『초기 한국천주교회사의 쟁점 연구－성교요지·십계명가·만천유고·이벽 전·유한당 언행실록은 사기다』, 국학자료원, 2014에서 이와 같은 견해를 제기 하였다. 그러나 이 논문의 심사위원 중 한 분이 천주교 영향 아래 여성 규범의 변용 문제를 보여주는 직접적 자료가 이미 이순이 루갈다의 옥중편지 및 천주교 신도들의 신문 기록 등에 많이 남아있다는 견해를 주었다. 이들 자료가 유교 여성 규범의 변용을 직접적으로 다룰 수 있는 측면이 많은가는 후일의 연구를 기약한다.

신자의 의식변화 혹은 여성운동을 다루는 연구가 주를 이루었다.[3] 즉 조선의 천주교회사에 기여한 측면에 방점을 두고 여성 활동을 고찰하는 종교적 관점의 연구가 대다수였다. 본 논문은 종교적 관점에 한정하지 않고 1801년 '강완숙의 죽음'이 조선 사회에 불러온 정치 문화 사상적 측면을 고찰해 보고자 한다. 강완숙의 죽음을 바라보는 당대 지배층의 인식이 어떠했는지 그리고 당시 성리학적 세계관 안에서 한 여성의 인식변화를 바라보는 시각이 어떠했는가를 살펴보고, 나아가 당대 지배층이 천주교신앙 확산에 맞서는 성리학적 대응이 무엇인가를 고찰해 보고자 한다. 즉 천주학에 대한 성리학적 사상대응일 것이다. 이상의 연구가 앞으로 '강완숙'에 대한 고찰이 종교적 영역 안에서만 논의되지 않고 조선의 여성사 안에서 새롭고 다양하게 고찰될 수 있는 계기가 되기를 기대한다.

## II. 「황사영(黃嗣永)」「백서(帛書)」에 나타난 성인(聖人) 강완숙(姜完淑)

이 논문에서 다루고자 하는 것은 강완숙(세례명: 골롬바)의 죽음이다. 1801년 신유박해 때 그녀의 죽음이 미친 당대의 정치 사회적 현상과 사

---

[3] 안지숙, 「조선후기의 천주교여성 활동과 여성관의 발전」, 이화여대 교육대학원석 사학위논문, 1980; 송혜영, 「초기 천주교와 강완숙의 활동연구」, 성신여자대학원석 사학위논문, 1998; 박주, 「조선 후기 순조대의 왕실여성과 천주교」, 『여성과 역사』 8, 한국여성사학회, 2008; 김정숙, 「조선후기 서학수용과 여성관의 변화」, 『한국사 상사학』 20, 한국사상사학회, 2003; 이현아, 「18세기 조선 천주교 여성신자의 의식 변화」, 중앙대교육대학원 석사학위논문, 2005; 이연수, 「새 하늘 새 땅을 꿈 꾼 여 성, 강완숙 골롬바」, 『갈라진 시대의 기쁜 소식』 1058, 우리신학연구소, 2014.

상적 대응의 문제를 다루고자 한다. 강완숙은 기록을 남기지 않았다. 그녀의 죽음은 황사영(1775-1801)과 샤를달레(Charles Dallet, 1829-1878)의 글 속에 기록되어 있고, 왕실 자료로는 『朝鮮王朝實錄』과 여러 학자들의 글 속에서 인용된다.

강완숙은 한국교회사에서 다양하게 다루어졌다. 그녀에 대한 평가는 다음과 같다. 첫째는 18세기 강완숙은 '천주교의 영향 아래 가정에서 사회로 그 활동범위를 넓혔다'는 것이다.[4] 둘째는 '여성단체를 조직하고 복음을 전파하는 선교활동을 하였다'는 것이다. 셋째 '동정녀와 과녀들을 모아 교육활동을 하면서 명도회(明道會)의 여회장직을 맡았다'는 것이다. 신해년(辛亥年) 박해 때(1791) 주문모 신부가 입국하자 그녀를 여회장에 임명하고 여신도를 돌보게 했는데, 1794년 주신부를 본가에 숨겨두고 힘을 다해 보호하였다는 것이다.

강완숙은 스스로 기록을 남기지 않았고 위에 언급한 일반적인 설명은 모두 황사영의 「백서」 그리고 샤를 달레의 『한국천주교회사』의 기록에 의존한다. 그러나 강완숙의 죽음은 당시 지식인 사회에서 상당히 큰 사건이었다. 18세기 주자학의 교조주의가 심화되던 시기, 천주교의 확산은 집권 계급의 불안감을 고조시켰다. 본 논문은 신유박해(1801) 강완숙의 죽음을 계기로 조선 사회에 불었던 현상을 종교적 관점과 정치적 관점, 성리학자들의 서학에 대한 대응의 관점에서 논의하고자 한다. 우선 이 장에서는 신유박해의 과정을 기록한 黃嗣永의 '帛書'[5]를 중심

---

[4] 김옥희, 「강완숙-시대의 한계 극복하고 가톨릭 포교에 몸바친 여성 혁명가」, 『광장』 160, 세계평화교수협의회, 1986, 213~214쪽.

[5] 황사영의 「帛書」는 1785년(정조 9) 이후의 교회의 사정과 신유박해의 상세한 전개과정과 순교자들의 간단한 약전(略傳)을 적고 周文謨 신부의 활동과 자수와 그의 죽음에 대하여 증언하였다. 이 가운데는 서양의 배 수백 척과 군대 5만~6만 명을

으로 강완숙에 대해 고찰하고자 한다.

　　강골롬바는 명문가의 일원으로 재주와 분별력이 있었고 굳세고 용기가 있었으며 생각하는 것이 고상하였다. 아주 어려서 규중에서 지낼 때에도 이미 聖人이 되려는 생각이 있었지만 나갈 길을 몰라서 다른 사람을 따라 불교를 염두에 두었다. 10 여세에 지식이 조금 늘자 불교가 허황됨을 보고 더이상 불교를 따르지 않았다.[6]

여기서 주목되는 것은 그가 명문가의 일원임을 강조하고, 어릴 때부터 성인 혹은 성녀가 되기를 원했다는 내용을 담고 있다. 물론 조선후기 대표적인 여성 성리학자 임윤지당(1721-1793)과 강정일당(1772-1832)이 군자학을 지향하였지만[7] 이들은 여성의 학문 활동이 금지되는 사회에서 군자학에 대한 열정을 감추어야 했다.[8] 유교문화권에서 '성덕한 여자(聖德的女子)' 혹은 '聖女'는 왕 혹은 황제의 부인을 일컫는 용어였으며,[9] 당시에 일반적으로 '군자' '성인' 혹은 '성녀'는 여성이 될 수 있는

---

　　조선에 보내 신앙의 자유를 허용하도록 조정을 굴복하게 할 것 등이 있었다.

[6] 『帛書』, "姜葛隆巴, 一名家女子也. 才辨剛勇, 志趣高尙, 少小閨閣之中, 已有作聖之想. 而不明門路, 隨人念佛. 十餘歲, 知識稍開, 見其誕難信, 不復從事."

[7] 이숙인, 「조선시대 여성 지식인의 성격과 그 구성원리－임윤지당과 강정일당을 중심으로」, 『동양철학』 23, 한국동양철학회, 2005.

[8] 조선초기 여성의 존재는 개인보다 혼인을 통한 가족이라는 단위를 통해 인정되었으며(이숙인, 「조선초기 유학의 여성인식」, 『정신문화연구』 31, 한국학중앙연구원, 2008, 29쪽), 18세기 대표적인 여성 성리학자 강정일당(1772-1832)에 대한 기록을 보면, 그녀는 스스로 군자학에 대한 관심을 숨겨야 했다(이숙인, 위의 논문). 이 밖에 『朝鮮王朝實錄』의 성종 10년 7월 16일의 기사를 보면, 왕에게 聖政을 권장하고 여자를 경계하라는 의미로 "여자(女子)의 화(禍)는 적국(敵國)보다 심하다"라고 말한다. 여성은 聖政 혹은 聖學의 방해요소로서 등장한다.

[9] 劉向, 『古今列女傳評林』, 「齊宿瘤女」, "聖德的女子, 常指將爲后妃者, 亦指女神"; 『漢書』, 「元后傳」, "今日出遊, 得一聖女."

영역이 아니었다. 종교적 관점이 가미된 부분도 있겠지만, 여성이 당시에 유교에서 가장 이상적 인간으로 일컬어지는 聖人을 꿈꾸었다는 황사영의 설명은 시사하는 바가 크다. 또한 그녀의 사람됨을 설명하기 위해 쓰인 '재변이 강용함[才辨剛勇]'과 '총명하고 부지런함[聰明勤敏]' '열심히 하고 스스로를 이겨냄[熱心克己]' 등은 최상의 유학자에게 부여되는 가치이다.[10] 예를 들어 '才辨'과 '聰明'은 주희의 『論語集註』에서 증자의 학문을 설명하면서 성인의 학문을 설명하는 극찬이다.[11] 또한 '熱心克己'는 안회의 극기복례의 경지를 연상하게 한다.[12] 즉 이러한 강완숙에 대한 수사는 『論語』에서 그려내는 공자와 제자로 대표되는 성인 문하의 학도들을 칭송하는 표현과 맥을 같이 하며, 동시에 강완숙의 남편을 묘사하는 '庸劣하다'는 표현과는 대조를 이룬다.

그녀는 남편과의 종교적 불화 때문에 자녀를 데리고 서울로 와서 을묘년(1795)에 영세를 받는데, 이를 「帛書」에서는 '不可與同事'라고 묘사한다. 『禮記』나 『儀禮』에서 여성에게 부과되는 '三從之道'의 당위적 의무에서 완전히 벗어나 있음을 볼 수 있다. 강완숙은 아들을 교육하는 주체적 교육자이며, 남편을 대신해 집안을 다스리는 사람으로 묘사된다. 가정 외의 활동으로 강완숙은 여자 교우를 돌보는 회장의 직을 수행하게 된다. 종교적 공동체에서 중심역할을 하게 된 것이다. 그녀는

---

10) 샤를 달레의 『한국천주교회사』에 의하면 "강완숙은 비상한 정력과 활동력을 타고 났고, 하늘의 특별한 은총의 도움을 받아 모든 자선사업을 고무하고 지도하였다. 또한 모든 교우들이 그를 사랑하고 우러러 보았으며, 그녀는 교우들을 힘차고 슬기롭게 권고하였다."라고 기록되어 있다. 황사영의 유학적 수사와는 약간의 차이가 있다.

11) 『論語集註』, 「先進」, "又曰 曾子之學, 誠篤而已. 聖門學者, 聰明才辨, 不爲不多, 而卒傳其道, 乃質魯之人爾."

12) 실제로 이규경은 『五洲衍文長箋散稿』에서 야소교에서 말하는 7克은 自守의 학문이어서 유학과 유사하고, 성현이 말한 克己와 흡사하다고 말한다.

주문모 신부를 6년 간 자신의 집에서 숨겨주었고, 교회의 모든 일을 맡아서 하게 된다. 신부의 활동이 제약이 심했으므로 실제적 교회의 운영은 강완숙이 주도한 것으로 보인다. 신부는 강완숙을 절대적으로 총애하고 신임한 것으로 보인다.[13]

　천주교회사의 연구에서 강완숙은 굳센 종교적 신념의 소유자로 주로 논의되지만, 그녀는 중세 시기 한 여성으로서 사회가 강제하는 규범에서 벗어나 자유로운 해방감을 경험했을 것이라고 추측된다. 실제로 종교적 리더로서의 그녀의 모습은 周文謨 신부를 모신 것으로 기록되어 있지만, 그가 조선어가 능통하지 못한 중국인이었다는 점을 감안할 때 실제로 이 모든 공동체, '明道會'를 운영하고 이끌어 나간 것은 강완숙으로 보인다. 공동체 운영에서 주된 임무는 교회 내 살림과 연락, 그리고 여성교육, 방문선교 등이었다. 그녀가 종교적으로 칭송받는 이유는 신유년 모진 고문에도 불구하고 배교하지 않았고, 심지어 음성과 기색이 달라지지 않았다는 것이다. 황사영의 「백서」는 그녀가 어떻게 위대한 정신으로 강건하게 배교의 유혹을 이겨냈는가를 칭송하고 있다.

　조선천주교회사의 측면에서 강완숙은 초기교회 개척사에서 위대한 임무를 수행한 신자이다. 그러나 『백서』를 통해 묘사된 강완숙의 활동을 보면, 그녀는 어릴 때부터 聖人이 되기를 꿈꾸었던 인물로 묘사되며, 실제로 황사영은 그녀의 성품을 유교의 '성인'을 묘사할 때 쓰는 용어를 통해 구체화하고 있음도 알 수 있다. 아마도 그가 표현한 유교적 언어 세계 속에서 강완숙은 '성인'의 경지에 오른 사람으로 보인다. 이러한 표현은 천주교 서적 즉 『天主實義』와 『七克』이 유교의 용어로 번

---

13) 黃嗣永, 「帛書」, "神父寵任甚隆, 無人可擬".

역되었던 교섭의 역사와도 맥을 같이할 것이다. 그러나 18세기 한 여성을 '성인'이 되고자 했던 사람으로 등장시키고, 간접적 기록이지만 강완숙이 천주교를 통해 조선사회가 여성에게 강제했던 제약과 의무에서 벗어나, 주체적 교육가이자 열정적 종교 활동가로서 해방감을 경험한 사람으로 묘사했다는 것은 큰 의미를 지닌다.

## Ⅲ. 『조선왕조실록(朝鮮王朝實錄)』에 묘사된 괴수(魁首)와 요녀(妖女)

이 장에서는 교회사의 기록이 아닌 정치적 언어로 강완숙의 죽음이 어떻게 묘사되고 있는가를 살펴보고자 한다. 『朝鮮王朝實錄』에서 강완숙은 1801년(순조1) 신유사옥이 일어나자, 같은 해 2월 28일 체포되어 갖은 고문으로 주문모의 행방을 추궁당하면서도 끝내 함구하였고 7월 2일 서울 서소문 밖에서 참수되었다고 기록하고 있다.[14] 당시 강완숙의 나이는 41살 이었다. 여러 건의 『朝鮮王朝實錄』기록에서 강완숙은 여자로서 사교에 빠진 자로 묘사된다. 그리고 순조의 반교서에서는 하늘이 낸 妖女로 일컬어진다.

순조 1년 신유(1801) 10월 27일에 올린 이만수의 토사 주문을 보면, 몇 가지의 죄목이 그녀에게 명명된다. 첫 번째 죄목은 그녀가 '邪賊의 난'을 일으켜 삼강오륜을 어겼다는 것이다. 군부를 멸시하고, 제례를 폐지했으며 祠版을 훼손했다고 지적한다. 둘째는 강완숙을 포함한 천주교의 무리들이 符讖의 술법처럼 자신들의 책들을 숨기고 女流들과 결탁

---

14) 『日省錄』, 순조 1년(1801), 2월 25일.

하여 금수같은 행동(禽犢)을 했다는 것이다. 셋째는 이들이 '황건적'의 난과 백련교의 난과도 같은 혐의를 가진다는 것이다. 그리고 넷째는 부모를 버리고 수 백인이 도당을 체결해 실질적으로 역모한 것이라고 기록한다. 역모의 확증으로서는 황사영의 「백서」가 제시되었다. 이만수는 황사영이 정병 5-6만과 화포를 요청한 것을 두고, '바다 건너 도적을 불러들이고, 문을 열어 나라를 바칠 계획이었다'고 분노한다.[15]

이러한 기록에 따르면 당시 지배층이 두려워했던 것은 삼강오륜의 질서가 무너지는 것과 황건적과 백련교처럼 민간도교결사가 만들어져 정권을 전복시키는 것이었다고 생각된다. 여류들과의 '금독(禽犢)'이라는 혐의는 이들 조직이 사교이며 비윤리적이라는 규정을 강화하기 위한 표현으로 보인다. 이러한 논의는 뒤에서 다룰 『五洲衍文長箋散稿』의 「邪學辨證說」에서 확대 재생산된다. 요컨대 신유박해를 통해 조선의 지배층이 만들어낸 대응 논리는 '유교적 사회질서의 붕괴'와 '백련교 같은 사교적 민간도교' '성적 타락'이었던 것으로 보인다. 특히 강완숙은 특별히 자세히 기록한다.

여류로서 거기에 빠진 자는 홍필주의 어미 강완숙인데, 그들의 괴수가 되었다. 사당에서 신부라고 일컫는 주문모란 자를 집에 숨기고는 성명과 거주지를 물을 때 어지럽게 변경하고 분명하지 않게 간사하게 속이기를 수 없이 하여 여러 번 고문을 더하였으나, 죽기를 작정하고 버티었다.[16]

이 기록에 따르면 강완숙을 우두머리로 보았고, 주문모의 소재를 모

15) 『朝鮮王朝實錄』, 순조 1년(1801), 10월 27일.
16) 『五洲衍文長箋散稿』, 「經史篇」 3, 〈斥邪敎辨證說〉.

진 고문에도 발설하지 않았다고 말하고 있다. 그런데 이러한 강완숙의 죽음을 두려워하지 않는 태도는 지배층에게 일종의 공포감을 심어준 것으로 보인다. 더구나 강완숙은 많은 부녀자들을 감화하여 입교시켰는데, 특히 왕실의 은언군(恩彦君)의 처 송씨(宋氏)와 그의 며느리 신씨(申氏)에게 교리를 가르쳐, 주문모에게 직접 영세를 받게까지 하였다.[17] 왕족을 포교하고 영세를 받게 했다는 지점은 강완숙이 당시 조선에서 차지하는 사회적 지위를 추측하게 한다.

신유박해가 정순왕후를 중심으로 하는 노론 벽파가 노론 시파를 제거하기 위한 정치적 수단으로 활용되었다는 지적도 있다. 그러나 사회 지배층의 입장에서 천주교는 사회 지배세력으로 언제든 확장될 수 있는 이단 종파로 보였을 것이고, 더욱이 신도들이 고문과 죽음 앞에서도 배교하지 않는 지점들은 집권층의 불안감을 확대시켰을 것으로 보인다. 강완숙을 비롯해 다수가 참혹한 고문을 견디면서 보여준 죽음을 두려워하지 않는 태도들은 유교 안에서 '선비의 의로운 절개와 죽음'이라는 이미지를 떠올리기 충분했을 것이며, 이들의 의연한 태도는 신문을 하는 위정자를 도리어 '악인'으로 만드는 상황을 만들었을 것으로 보인다. 강완숙의 참수 이후, 이들이 잡혀왔던 2월 이후 거의 10개월이 지난 순조 1년 신유(1801) 12월 22일의 반교서를 보면 앞의 강완숙과 신유박해를 다룬 다른 기록보다 천주교를 어떻게 규정해야 하는가에 관한 논리를 새롭게 개발하고 보완한 흔적이 보인다.

천주교는 小中華의 나라에 느닷없이 불쑥 찾아온 위기라고 전제하고, 다음과 같은 대응 논리가 등장한다. 첫째, 천주교의 지옥과 천당에

---

17) 『日省錄』, 순조 1년(1801) 2월 25일.

관한 설이 문제라는 것이다. 살기를 즐거워하고 죽기를 싫어하는 것이 사람의 심성인데, 이러한 마음을 왜곡시켜서 죽기를 두려워하지 않고 형벌을 깔보게 만든다고 비판한다. 둘째, 조상의 덕을 생각하여 제사에 정성을 다하고 근본을 잊지 않고 은혜를 갚는 것은 천륜의 이치인데 제사를 지내지 않는다고 비판한다. 그리고 셋째, 시정의 거간꾼과 농부·직녀의 부류까지 불러 모아 명분을 혼란시키고 風敎를 더럽혔다고 비판한다. 넷째, 성경의 우주론과 존재론을 비판하면서, 원래 하늘은 소리도 냄새도 없다고 했는데, 천주교인들은 요사스럽고 황당한 영험을 말하니, 불가의 찌꺼기를 주워 모았고, 무당의 한 갈래와 비슷하다고 말한다. 즉 이들의 교리가 불교와 무당의 사술과 유사하다고 비판하는 것이다.[18] 이 가운데 세계관에 대한 인식의 차이는 뒷장에서 더 자세히 논의하겠다.

요컨대, 「반교서」에서는 이러한 사교를 단군이후 들은 적이 없다고 비판하고, "신하는 충성을 생각하고 아들은 효도를 생각하여 조정에 나와서 임금을 높이고 백성을 비호할 방도를 강론하며, 여자는 길쌈을 하고 남자는 밭갈이하여 〈집에〉 들어가서 어버이를 사랑하고 어른을 존경하는 절차를 힘쓰도록 하라."라고 말한다. 이 글에서 강완숙은 妖女로 호칭되는데, 『일성록』의 순조 1년 2월 25일의 기록에서는 천주교에 물든 자로[19] 7월에는 사교의 괴수로 12월에는 요녀로 묘사된다.

『조선왕조실록』에서 강완숙의 죽음은 조선 사회에서 다양한 문제들을 환기시켰다. 대표적으로 양반 가문의 여성을 어떻게 처리할 것인가에 대한 논의가 생겨났다. 황사영의 처가 붙잡혔을 때, '강완숙과 같은

---

18) 위 내용은 『朝鮮王朝實錄』 순조 1년(1801) 12월 22일의 〈반교서〉를 요약한 것임.
19) 『日省錄』, 순조 1년(1801) 2월 25일.

적극적 가담자는 사형으로 다스리되, 황사영의 처와 같이 다른 양반가의 여성들을 어떻게 처벌하는가'에 대한 문제가 대두되었다. 많은 지배계층이 연루되다 보니, 처벌을 결정하기가 쉽지 않았던 것으로 보인다.

> 이 일은 홍문갑 어미의 일(강완숙)과 대략 유사합니다. 그 자신이 죄악을 저지른 이상 그가 저지른 죄에 대해 형조에서 감당해야 합니다.…"하니, 심환지는 아뢰기를, "황사영은 아직 체포하지 못하였지만 포도청에서 그가 그의 집 독 속에 숨어 있다는 말을 듣고 그의 집을 수색해서 땅에 묻은 큰 독 하나를 찾아 파서 보니 邪書와 邪物이 그 속에 감추어져 있었습니다. 그의 처도 사학에 물든 것은 필연적인 형세이지만 이미 포착한 범죄의 진상이 없고 또 양반 가문의 여인을 아래에서 체포하는 것 또한 문제가 있습니다. 지금 특교가 있다면 형조에서 황가의 처를 잡아다 다스릴 수 있을 것입니다.[20]

위의 인용문을 보면, 천주교의 여성들을 처벌하는 것에 있어 하나의 기준이 되는 것이 강완숙이 되고 있음을 알 수 있다. 강완숙을 중심으로 적극 가담의 여부를 선별하고, 가담여부가 약한 황사영의 처는 다르게 처벌해야 한다고 하는 것이다. 그리고 양반의 여성들을 위해 임금의 특교가 있어야 하는지 아니면 모두 동일하게 처리해야 하는가에 대한 논의가 광범위하게 있었음도 볼 수 있다.

이 장에서 다룬 정치적 측면에서의 '강완숙의 죽음'은 당대 조선 지배층의 천주교에 대한 규정과 대응의 논리를 야기했다. 첫째 천주교는 유교질서의 붕괴를 가져오고, 중국의 '백련교'와 같은 민간도교 집단과 유사하다는 것이다. 즉 천주교를 민간도교 결사체로 규정함으로서 '이

---

[20] 『朝鮮王朝實錄』, 순조 1년(1801) 11월 5일.

단'의 성격을 강화시켰다. 천주교를 '반인륜적'이라고 규정하는데 가장 효과적인 예는 '여성을 성적으로 타락시킴' 이었다. 남성중심 세계관 안에서 공동체의 재산이라고 생각하는 여성을 성적으로 타락시킨다는 규정은 당시 천주교에 대한 혐오감을 극대화시키는데 큰 역할을 했던 것으로 보인다. 둘째는 『조선왕조실록』 안에서 천주교에 대한 대응논리가 점차 새롭게 보완되고 구성되고 있다는 점이다. 가장 관심을 가졌던 것은 천주교의 지옥과 천당에 관한 설이 황당하다는 비판, 조상의 제사를 존중하지 않는 것으로 보아 천륜을 지키지 않는다는 비판, 사회질서를 교란시킨다는 비판, 그리고 요사스러운 영험을 강조하는 무당 도교의 사술과 유사하다는 비판이다. 셋째는 강완숙의 죽음이 당시 양반의 여성들을 어떻게 처벌해야 하는가에 대한 논의를 촉발시켰다는 것이다. 그러나 동시에 절의를 연상시키는 강완숙의 의연한 죽음은 천주교가 지배층으로 확산될 수 있다는 불안감을 극대화했고, 당시의 계급구조 안에서 처벌의 형평성 등을 불러 일으켰음을 알 수 있다. 『조선왕조실록』에서 강완숙은 단지 사술에 빠진 자에서 그 공동체의 괴수가되었고 나중에는 성적으로 타락한 요녀가 되었다.


## Ⅳ. 강완숙의 죽음에 대한 천주교에 대한 대응

앞 장에서 강완숙의 죽음은 지배계층에게 두려움을 안겨주었고, 또한 조선사회를 다양한 측면에서 환기시켰음을 보았다. 당대 위정자들은 천주교도가 죽음을 두려워하지 않고 배교하지 않는 것을 보면서, 천주교의 교리 가운데 '천당 지옥설'에 관심을 가졌다. 이들은 야소교가 말하는 성경의 창조설이 동아시아에서 태초의 세계를 설명하기 위해 말해왔던 "방체가 없다(無方無體)"[21] "소리와 냄새가 없다(無聲無臭)"[22]와는 다르다고 비판한다. 천주교 우주관에 대한 비판인 것이다. 그러나 천주교의 확장 속도를 성리학에 기반 한 이론으로는 대응하기 어려웠던 것으로 보인다. 이 장에서는 '강완숙의 죽음'이 언급된 박지원과 이규경의 기록을 중심으로 당대의 지식인 계층의 천주교에 대한 대응을 살펴보고자 한다. 박지원과 이규경을 위주로 다루는 것은 '강완숙의 죽음'을 직간접적으로 언급하면서 자신들이 생각하는 천주교·야소교에 대한 견해를 피력하기 때문이다. 이 가운데 박지원은 '강완숙의 죽음'을 직접 언급하지는 않는다. 다만 박지원의 아들, 박종채가 강완숙과 신유년의 옥사를 언급하면서, 박지원이 관할하던 면천지방은 다행히 천주교의 화를 입지 않았는데, 박지원이 형벌을 쓰지 않고도 감복하여 깨닫게 하는 법이 있었다고 말한다. 박지원의 「答巡使書」가 바로 성리학자가 야소교도(예수교)를 심문할 때 어떻게 해야 하는가에 대한 방법론이라는 것이다. 신유박해는 당시 지식인 사회에서 큰 사건이었고, 각 지역 단위에서 천주교인들을 어떻게 심문해야 하는가는 관료들에게 큰 문제였던 것으로 보인다.

「答巡使書」에서 박지원은 사학도를 심문할 때 고문하고 처형하는 방식은 가장 하책이라고 말한다. 우선 '邪學을 왜 했는가'라고 물으면 안 된다고 말한다. 위정자들이 어리석은 백성들을 잡아다 "네가 왜 邪學을 했느냐"라고 묻는다면 거의 "소인은 邪學을 한 적이 없습니다"라고 말한다. 왜냐하면 그들 마음에서 천주교는 사학이 아니기 때문이라

---

21) 『周易』, 「繫辭傳」, "上天之載, 無聲無臭".
22) 『詩經』, 「大雅·文王」, "神無方而易無體".

는 것이다. 당시 위정자들이 대부분 강제로 굴복시키려고 태형을 가하고 엄포를 놓으며 때로는 야소(예수)를 저주하고 천주를 배반하도록 하는 시험을 하면서 진위를 살피는데 이것이 매우 잘못된 방법이라고 말한다.[23] 그는 만약 천주를 배반하도록 말하게 하면 오히려 그들은 '야소'에 대한 절개를 지키는 것으로 여기고, 유교에서 '의'를 지키기 위해 죽는 것처럼 생각할 수 있다고 말한다. 그리고 그렇게 관과 민이 각축한다면 하책에 불과하다고 말한다.

박지원이 천주교에서 비판해야 될 것으로 제시하는 이론적 대응은 4가지가 있다. 첫째는 火氣水土의 설이다. 『천주실의』에서 천지가 불 공기 물 흙으로 구성되어 있다는 설[24]에 대한 비판이다. 둘째는 선한 사람은 죽어서 천당에 올라가 상제 옆에 지내게 된다는 설[25]이다. 이러한 설은 불교의 아류에 불과하다 말한다. 그리고 셋째 父母模質설이다.[26] 여기서 부모모질이란 인류의 조상인 아담과 이브의 원죄설을 말한다. 박지원은 이 세 가지 설의 허구성을 밝히면서 대응하라는 것이다.[27]

---

23) 朴趾源, 『燕巖集』 2, 「答巡使書」, 煙湘閣選本(朴榮喆活字本), "此等愚民而庭跪之, 直以桁楊而臨之曰, 爾胡爲邪學也. 彼以片言遮截曰, 小人曾莫之邪學也. 爲長吏者, 旣不識其學之所以爲邪, 則詰話無稽, 先自啞謎, 因其所對, 而姑認輸服, 强捧侉音, 其黠者反笑其不誠, 其愚者滋惑於心曰, 吾所樂者善, 而所敬者天也. 如之何遏我善而禁吾敬也. 此無他, 原頭之未劈而欲澄末流, 窩窟之徒尋, 而自迷路陌, 或急於制服, 徑施桁擊, 或威剋匪道.

24) 『天主實義』 上, 3편, '火氣水土說' 참조.

25) 『天主實義』 下, 6편, '靈魂帝旁' 참조.

26) 『天主實義』 下, 8편, '父母模質' 참조.

27) 『燕巖集』 2, 「答巡使書」, "蓋其火氣水土之說, 靈魂帝旁之說, 不過是佛氏糟粕之糟粕也. 而若其所謂父母模質等句語, 極其悖倫, 無所逃於綱常之罪. 雖使孩提之童, 聽之猶知恥, 罵而呵斥之. 然獨其爲說也刱新而驚奇, 爲道也膚淺而易曉, 爲行也淫悖而無忌, 爲法也踈財而貴黨. 以此之故, 一種麤鼇之尙新而惡拘檢者, 犀然而悅之. 愚夫愚婦之苦貧窮而樂財利者, 靡然而從之, 甚至於子背其父而逃焉, 女棄其夫而奔焉, 上自縉紳章甫, 下至臺隸賤氓. 如獸走壙, 殆已半國, 非無朝家之禁令, 而其柰失之太寬,

박지원은 화기수토설은 불교의 지수화풍의 설과 유사하고, 지옥과 천당의 설도 불교의 내세관과 유사한 것으로 이해하였다.[28] 또한 부모 모질설은 유교 윤리로 보면 패륜적 요소라고 비판한다. 세 가지 이론적 대응 이외에 천주교가 '상도를 싫어하고 신기한 것을 좋아하며 방종을 즐기고 음란하고 더럽다'라고 비난하고 매도한다. 앞에 세 가지 비판은 모두 천주교의 천지창조설에 대한 비판이지만, 고려말 조선초, 불교는 허무주의를 불러오고, 천륜을 끊는 종교이며, 도교는 음란하고 도덕심이 없이 장생불사만을 목적으로 삼는 종교라고 비난했던 것과[29] 유사하다. 즉 천주교의 천지창조 세계관을 정면으로 비판한 것이지만 그것이 이론적 대응의 수준은 갖추지 못했다. 그리고 강완숙에게 가해졌던 妖女의 이미지를 구축해 천주교를 음란한 종교로 말하는 측면은 여전하다. 박지원의 아들은 강완숙의 옥사를 계기로 아버지의 사학에 대한 대응이 매우 효과가 있었다는 것을 말한다. 이를 통해 볼 때 당대 강완숙의 죽음은 천주교 신자들을 어떻게 심문해야 하는가와 같은 다양한 대응책을 야기한 것으로 보인다.

이러한 관점은 이규경의『오주연문장전산고』에서도 드러난다. 이규경은 邪敎에 대한 변증설에서 근래 최고의 邪學이 야소교라고 언급하고, 예수의 일생 교의 그리고 전래과정을 설명한다. 그도 강완숙에 대

---

誅殛只加於一二窮賤之類, 外補適足爲十百滋蔓之階. 如水益深, 如火益熾, 不出數年, 將見擧一國而皆歸, 末之何其禁止矣".

28)『燕巖集』2,「答巡使書」, "蓋其火氣水土之說, 靈魂帝旁之說, 不過是佛氏糟粕之糟粕也. 而若其所謂父母模質等句語, 極其悖倫, 無所逃於綱常之罪. 雖使孩提之童, 聽之猶知恥, 罵而呵斥之. 然獨其爲說也刱新而鶩奇, 爲道也膚淺而易曉, 爲行也淫悖而無忌, 爲法也疎財而貴黨." 이 밖에 당시 이익(1681-1763)의『성호사설』에서도 서학이 불교의 영향을 받은 것으로 묘사되어 있다.

29) 鄭道傳,『三峰集』1,「心氣理篇」, "老主乎氣, 以養生爲道……可死則死, 義重於身, 君子所以殺己成仁…不義而壽, 龜蛇矣哉"

해서 여자로서 사교에 깊이 빠진 자는 홍필주의 어미 강완숙이 있었는
데 그 사당의 괴수가 되었으며, 신부 주문모를 자신의 집에 숨겨줬다라
고 기록한다.[30] 자신의 신부를 집에 숨겨줬다는 것은 왜 강조되는가?
신유옥사가 성적 타락에 빠진 '邪黨'을 응징하는 합당한 사건이었음을
복기하는 것이다. 이 사건에 대한 규정이기도 하다.

> 옥사를 다스릴 때, 사교인들 가운데 여자인 권용좌의 딸은 용모와 재주
> 가 남달리 뛰어났으며 시문과 그림에도 능했지만 나신부가 점유하였고, 포
> 도청에 체포된 지 하룻밤 만에 달아났으며, 해상의 어미는 나이가 70이 다
> 되었는데 범주교와 간통하고 이내 부부가 되었다. 여자로서 이 교에 빠진
> 자들이 매우 많았는데, 심지어 다섯 살의 여자아이까지 신문에 맞서며 불복
> 하였다. 신유년에 죄를 받은 양반의 후손들이 모두 그 교에 들어갔다가 하
> 나도 남김없이 처형되었다.[31]

위 인용문은 예수교에 빠지면 젊은 여자, 늙은 여자, 어린 여자가 나
이와 상관없이 신부 혹은 주교에게 성적 유희의 대상이 될 수 있음을
경계하고 있다. 「사교변증설」에서 성적타락의 문제는 매우 자세하게
언급된다. "邪學 괴수의 교법에 의하면 여자들을 벌거벗게 하고 함께
큰 물통에 들어가서 이내 간음하는데 이것이 소위 '영세'로서 親屬도
가리지 않고 아울러 성교를 한다"[32] 등의 내용들이 소개된다. 따라서

---

30) 『五洲衍文長箋散稿』, 「經史篇」 3, 〈斥邪敎辨證說〉, "女流之沈溺者, 洪弼周母姜完淑
爲魁, 邪黨所稱神父周文謨者, 窩藏完淑家".
31) 『五洲衍文長箋散稿』, 「經史篇」 3, 〈斥邪敎辨證說〉, "邪漢中女流權用佐女, 美艶才慧
殊絕, 詩文書畫俱工, 爲羅所占, 自捕廳收係, 一夜逃躱, 海相母, 年至七旬, 爲范漢所
通, 仍作夫婦. 而女人投入者甚多, 至於五歲女, 抵賴不服. 辛酉班種餘孽, 盡入其中,
誅無噍類".
32) 『五洲衍文長箋散稿』, 「經史篇」 3, 〈斥邪敎辨證說〉, "又邪魁敎法, 使女流裸體, 共坐

신유옥사는 음란한 자들을 처벌하는 기회였다는 것을 주장한다. 천주
교가 확산되면 남성공동체의 자산이라고 할 수 있는 여성들이 성적도
구가 될 수 있다는 것을 경고하는 것이다. 이러한 관점은 앞서 논의한
『조선왕조실록』의 관점 그리고 박지원의 시각과도 동일하다. 다만 이
규경이 박지원의 견해와 다른 점은 '야소교'에 대해 이론적으로 자세히
소개하고 있다는 지점이다.

　이규경은 첫째, 야소교의 천지창조 과정은 타당하게 이해되는데, 그
과정에서 '천주가 꼭 필요한 존재인가'라고 비판한다. 천주의 내용은
억지로 만들어 넣은 것에 불과하다는 것이다. 둘째 천당과 지옥설은
불교에 가깝지만 세밀하게 차이가 있다고 말한다. 예를 들면 불교는
윤회를 말하지만 야소교는 윤회를 말하지 않으며, 윤리적 측면에서 야
소교는 윤리를 숭상하므로 우리 유교와 다른 점이 없다고 말하였다.

> 서양인들의 예수교는 본성(本性)을 회복하느니 하여 애당초 우리 유학
> (儒學)과 크게 다르지 않으므로 청정(淸淨)을 주장하는 황로학(黃老學)이나
> 적멸(寂滅)을 주장하는 불교와는 같이 말할 수 없을 듯하다.[33]

　위의 인용은 박지원이 세 가지 설을 들어 천주교를 불교 혹은 도교
와 유사하다고 비판했던 내용과는 다르다. 천주교의 교리 안에 불교에
서 말하는 윤회론과 황로학적 요소는[34] 없고, 오히려 천주교의 본성론

---

　　一大水筒, 仍淫之. 是所謂領洗, 且不避親屬, 竝聚麀云".

[33] 『五洲衍文長箋散稿』,「經史篇」3,〈斥邪敎辨證說〉, "與西洋人蘇霖戴往覆…而其言
　　以爲對越復性, 初似與吾儒無異, 不可與黃老之淸淨瞿曇之寂滅同一而論".

[34] 앞에서 논한 순조의 반교문 및 朝鮮王朝實錄을 보면 천주교를 황건적의 난과 백련
　　교와 같은 신흥 민간종교의 형태로 보려는 태도가 있다. '符讖' 등의 용어들이 그것
　　을 방증한다.

은 유학과 유사하다고 말한다. 이 밖에 신유박해는 조선에서 '여성의 사회적 지위'를 타자화 시켜 환기하는 역할을 했을 것으로 보인다. 샤를 달레의 기록을 보면, 당시 여성들의 열악한 사회적 지위에 대한 세밀한 기록이 있었으며,[35] 『오주연문장전산고』에서 이 교에 가담하면 처자와 재산을 공동으로 소유하고 부인과 동등하게 네 것 내 것의 구분이 없게 된다고 기록한 것이 그 예이다.[36] '열악하다'는 규정과 '동등하지 않다'는 평가는 당대의 여성들이 '당연하다'라고 느꼈던 사회적 관습을 '불합리한 것'으로 생각해 볼 수 있는 기회를 주었을 것이다.

그러나 여전히 두려운 것은 교세의 확장과 더불어 천주교도들의 죽음에 대한 의연함이었다. 박지원도 지적한 것처럼 '의'를 행하기 위해 목숨을 내놓을 수 있는 정신은 즉 유교의 핵심가치 '절의'와 합치 되는 부분이 있었다.

> 포도청의 초기에 이르기를 "서양의 사교를 믿는 자들은 엄하게 신문해도 전혀 두려워함이 없고 죽는 것을 즐거운 곳에 가는 것처럼 여기며 매에 견디기를 목석과 같이 해서 그 독하기가 양이 죽음이 무엇인지 모르고 두려워하지 않음과 다름이 없다.…… "하였다.[37]

이규경은 야소교를 자세히 설명하면서, '천주'는 '理'를 가리키는 것이며, 성령을 보전하는 학문이며, 私心이 악의 뿌리이므로, 성현이 말한 克己와 흡사하다고 말한다. 이규경은 천주를 '리'로 이해하고, 성령

---

35) 샤를 달레, 정기수 옮김, 『조선교회사 서론』, 탐구당, 2015, 191~207쪽.
36) 『五洲衍文長箋散稿』, 「經史篇」 3, 〈斥邪敎辨證說〉, "辛酉治獄時, 傳言邪黨一入敎中…通妻子貨財, 無分彼我, 當食及居, 恒以指必晝十字抄".
37) 『五洲衍文長箋散稿』, 「經史篇」 3, 〈斥邪敎辨證說〉, "捕廳草記有曰, 洋漢邪漢, 施威訊問, 全無畏怖, 視死如樂地, 忍杖若木石, 其狠毒. 無異羊性之不畏死云".

을 도덕심으로 이해한 것으로 보인다. 이러한 지점은 천주교를 성리학으로 이해한 부분이다. 그러나 그는 천주에 대한 일설은 금지되어야 한다고 말하는데, 이 때 말하는 천주에 대한 일설은 '인격신'으로의 '예수'를 의미하는 것으로 보인다. 따라서 이규경은 邪敎와 邪黨을 구분한다. 그에 따르면, '사교에 대한 기록은[38] 유학과 조금도 다름이 없는데, 사당(邪黨)들이 교를 행하는 것을 들어보면 짐승과 다름이 없으니, 중국 사람들은 어찌하여 짐승 같은 행동을 하는 사학을 감히 우리의 도와 비슷하다 했는가'라고 반문한다. 따라서 사교와 사당을 분리해서 볼 것을 말한다.

> 사당은 백련교나 부수(符水) · 끽채사마(喫菜事魔) · 방술 · 교문 등의 사술을 뭉쳐 만들어, 야소의 이름을 빌고 서양 사람들에게 붙어서 재색과 속임수를 이뤄 보려는 욕심에서 나온 것이다[39]

요컨대 이규경은 신유옥사를 '邪黨'에 대한 진압으로 간주하고, 학문으로서의 사교와 종교조직으로서의 사당을 분리해서 볼 것을 말한다. 사교는 인간의 본성론과 七克에 대한 논의로 미루어볼 때 천주는 理로서 이해될 수 있고, 유학의 본성론과 흡사하다고 규정한다. 그러나 사당은 부수를 일삼는 과의도교이자 신흥 민간도교 같은 것으로 속임수를 통해 재물을 쌓고 여색을 탐하는 욕망에서 비롯한 것으로 규정한다. 즉 그에게 있어 '강완숙의 죽음'은 학문으로서의 천주교와 종교공동체로서의 천주교를 분리해서 볼 수 있는 계기가 되었던 것이다.

---

38) 『天主實義』와 『七克』 등을 의미한다.
39) 『五洲衍文長箋散稿』, 「經史篇」 3, 〈斥邪敎辨證說〉, "今邪黨之所爲, 乃白蓮符水喫菜事魔房術敎門等邪術, 湊作一術, 托名耶蘇, 依附洋人, 濟其財色幻騙之慾也".

이규경은 천주를 '理'로 볼 것인가? 혹은 '神으로 볼 것인가?'의 갈림
길에서 천주학은 유학과 지향하는 바가 같으므로 용인할 수 있어도,
'천주'에 대한 신앙은 금기시해야 한다는 논리를 제시한다. 신유박해를
계기로 '천주학'에 대한 다양한 논의가 있었고, 이규경은 천주교를 종교
와 학문적 측면으로 나누어 보려는 시도를 하였다. 강완숙의 죽음을
언급하지는 않았지만, 노록 벽파였던 홍석주(1774-1842)는 천주교의 '천주'
와 유교의 '천주'가 어떻게 다른가를 말한 바 있다.

"(나는 그것이 누구의 자식인지 모르니) 상제보다 앞서 있는 듯하다"는
구절이 서양 천주설에서 말하는 것과 같습니까라고 묻는 사람들이 있다. 다
음과 같이 답할 수 있다. "서양인들이 말하는 천주는 형태를 가진 것이고
높이는 것이니 아마도 하나의 구체적 사물로 존재하는 것 같다. 그러나 이
것이 바로 잘못된 것이다." 노자가 말한 것은 『역경』에서 말한 '태극이 양의
를 낳는다'는 것이요, 주자가 말한 '천지가 있기 전 먼저 이런 이치가 있다'
는 것이니 어찌 서양인의 천주와 비교하겠는가? 그러나 성인께서 이런 것을
말할 때는 '하늘이 하는 일은 소리도 없고 냄새도 없다'고 할 뿐이다. 노자는
그렇지 않아서 '나는 누구의 자식인지 모른다'고 하고 또 '뒤섞여 이루어진
무엇인가가 천지가 나온 것보다 앞서 있다'라고 했으니…이런 점 때문에 성
인께서는 고원한 것에 대해서는 감히 가볍게 얘기하지 않은 것이다.[40]

그는 노자에서 말하는 상제가 (천주교에서 말하는) '천주'인가라고
묻는 사람이 있다고 말하면서, '서양의 천주는 형상이 있지만 노자에서

---

40) 洪奭周, 『訂老』, 4장 주, "日洋人之稱天主也, 形象之, 尊奉之, 殆若有一物可見者. 然
此其所以悖也. 老子之所云, 則易所謂太極生兩儀, 朱夫子所謂未有天地, 先有此理者
也. 豈可與洋人比哉. 然聖人之言此也, 則日上天之載無聲無臭而已. 老子則不然, 日
'吾不知誰之子', 又曰'有物混成, 先天地生.' 其爲辭, 鼓舞恍惚, 易以使不知者惑. 此聖
人所以不敢輕語高遠也."

말하는 상제는 주역에서 말하는 형이상자이므로 인간이 그 존재를 인식할 수 없다'고 설명한다. 상제가 천주보다 더 근원적인 존재라고 주장한 것이다. 샤를 달레가 19세기 조선유교의 '상제'를 선교하는데 위협이 되지 않는 존재로 규정하고자 했다면[41] 홍석주는 천주교의 세계관 성장에 위협을 느끼고, 이를 성리학적 이론체계로 방어하고자 하였다. 신유옥사의 시기를 보내면서 '천주'에 대한 논의는 오히려 긍정이든 부정이든 다양하게 확장된 것으로 보인다.

요컨대, '강완숙의 죽음'을 언급한 지식인 계층들에게 그녀의 죽음은 천주교에 대한 성리학적 대응을 구체화시키는 계기가 되었다. 박지원은 예수교들을 신문할 때 고문을 할 경우 오히려 그들이 '유교에서 의를 지키기 위해 죽는 것'과 같이 행동할 수 있다고 말하면서 위정자들에게 천주교를 공부해서 이론적으로 설득할 것을 권유한다. 그는 예수교의 설을 '화기수토설', '지옥천당설', '부모모질설'로 요약한다. '화기수토설'은 불교의 '지수화풍설'과 유사하며, 지옥천당설은 불교의 내세관과 유사하며, 부모모질설(아담과 이브, 천지창조설)은 패륜적 요소라고 비판한다. 물론 강완숙에게 가해졌던 요녀의 이미지를 구축해 천주교를 음란한 종교로 말하는 측면은 여전하다.

반면에 이규경은 '천주'는 '理'를 가리키는 것이며, 성령을 보전하는 학문이며, 사심이 악의 뿌리이므로, 유교의 성현이 말한 克己와 흡사하다고 말한다. 그는 인견신으로서의 천주는 반대하면서, 邪敎와 邪黨을 구분한다. 그는 천주학은 유학과 지향하는 바가 같지만, 종교로서의 천

---

41) 영역본: Charles Dallet, *Traditional Korea: Behavior science translations*, Human Relations Area Files, 1954. 번역본: 최석우 옮김, 『한국교회사의 탐구』, 한국교회사연구소, 1982; 정기수 옮김, 『조선교회사 서론』, 탐구당, 1966.

주교 단체는 금지해야 한다고 말한다. 학문으로서의 천주학과 종교단체로서의 '천주교'를 분리해서 보려한 것이다. 이러한 견해는 이후 천주교의 천주를 인격신으로 바라볼 것인가 혹은 유교의 상제와는 어떻게 다른가 등 다양한 대응 논리로 확대된 것으로 보인다.

## V. 강완숙의 죽음을 어떻게 볼 것인가

이 논문은 18세기, 서학(천주교)과 동아시아 문화가 충돌하는 시기, '강완숙(1760-1801)의 죽음'과 신유박해를 고찰하였다. 강완숙은 직접적 저작을 남기지 않았으므로, 신유박해 때 '강완숙의 죽음'을 기록한 종교ㆍ정치ㆍ사상 분야의 간접 텍스트를 통해 고찰하였다. 교회사의 측면에서의 강완숙, 정치적 측면에서 조선의 지배계층이 기록한 강완숙 그리고 사상적 대응의 측면에서 기록한 강완숙이다. 마지막 사상적 대응이란 신유박해와 강완숙의 죽음을 직간접적으로 언급한 당대의 대표적 지식인들이 성리학적 세계관 안에서 어떻게 천주교의 교리에 대해 대응했는가를 고찰하였다.

종교적 측면에서 천주교신자였던 강완숙의 죽음은 황사영의 『백서』를 통해 묘사되는데, 그녀는 성인이 되기를 꿈꾸었던 인물로 그려지며, 황사영의 그녀에 대한 수사는 '유교의 성인'을 묘사하는 언어로 이루어져 있다. 18세기 한 여성이 유교의 '성인'을 위한 용어로 묘사되고, 조선 사회가 여성에게 강제했던 제약과 의무에서 벗어나, 주체적 교육가이자 열정적 종교 활동가로서 활동했다는 것은 당대의 여성 인식 담론을 확대하는 계기가 된 것으로 보인다.

정치적 측면에서 강완숙의 죽음은 천주교가 삼강오륜의 유교질서를 붕괴시키고, 중국의 '황건적' '백련교'와 같은 민간도교 집단과 유사하다는 규정을 강화하였다. 또한 강완숙의 죽음은 양반의 여성들을 어떻게 처벌해야 하는가에 대한 논의를 촉발시켰다. 강완숙에 대한『조선왕조실록』의 기록은 '사술에 빠진 자'에서 그 '공동체의 괴수'가 되었으며, 마지막으로는 사술에 빠진 요녀로 기록되어 있다.

사상적 측면에서 '강완숙의 죽음'은 천주교에 대한 성리학적 대응을 구체화시키는 계기가 되었다. 박지원은 예수교도를 신문할 때 고문을 할 경우 오히려 그들이 '유교에서 의를 지키기 위해 죽는 것'과 같이 행동할 수 있다고 경고하면서, 예수교의 설을 '화기수토설', '지옥천당설', '부모모질설'로 요약하고 비판하였다. 반면에 이규경은 '천주'는 '理'를 가리키는 것이며, 성령을 보전하는 학문이며, 사심을 악의 뿌리라고 하므로, 유교의 가르침과 같다고 말한다. 그는 인격신으로서의 천주는 반대하면서, 邪敎와 邪黨을 구분해서 볼 것을 주문한다. 신앙단체로서의 천주교는 금지하면서 유학과 윤리적 지향점이 같은 천주학은 분리해서 보아야 한다는 것이다. 이러한 논의는 이 후 천주교의 천주가 유교의 상제와는 어떻게 다른가 등의 다양한 담론으로 확대되었다.

이상으로 18세기 '강완숙'이라는 한 사대부 여성의 죽음을 기존의 종교적 영역에 한정하지 않고, 종교, 정치, 사상의 세 방향에서 그녀의 죽음이 지니는 역사적 위상을 살펴보았다. '강완숙'은 당대의 지배세력들에게는 사교에 빠진 '요녀'로 규정되었지만, 종교적 측면에서는 유교의 성인에 버금가는 존재로 묘사되었으며, 당대의 사회 정치 문화 안에서 여성 인식을 확장시키는 계기가 되었다. 또한 그녀의 종교적 죽음은 18세기 성리학의 체계 속에서 천주교를 어떻게 규정해야 하는가에 관한 사상적 대응을 촉발시켰다.

# 유교 제사 음식의
# 메타모포시스

심일종

# 유교 제사 음식의 메타모포시스

## I. 종교적 성격의 제사음식

유교 제사음식의 메타모포시스(metamorphosis)는 크게 두 가지 차원으로 접근하여 논의 할 수 있을 것으로 본다. 그 하나는 제사음식도 '요리 행위(cooking)'의 과정을 거친다는 점 때문일 것이다. 여기에서 음식이란 자연(Nature)에서 문화(Culture)로, 즉 '날 것(le cru)'에서 '익힌 것(le cuit)'으로 나아가는 문화화의 결과물이라는 인식이 담긴다(Levi-Strauss, 2005). 이러한 인식은 기본적으로 날것: 익힌 것=자연: 문화의 관계설정을 통해 제사 음식을 보다 보편적으로 이해해 볼 수 있는 가능성을 열어준다. 왜냐 하면 의례음식에는 '자연성'의 어떤 부분이 탈각되거나 변형되는 메타 모포시스적 단계가 삽입된 까닭일 것이다. 또 다른 하나의 차원은 자연의 재료와 물질이 문화의 의례품목으로 선택되는 지점에서 일 것이다. 주지하다시피 모든 자연의 음식이 유교제사를 위한 의례음식으로 활용되거나 응용되는 것은 아니다. 그 이유는 유교의 사상·제도·심성론·생태인식 등과 같은 인문학적 사유가 유교제사음식에 작동하고 있기 때문으로 보아야 한다. 단적으로 특정한 제사에 봉헌되는 희생(sacrifice)이나 공물(offering) 가운데 생식(生食)이나 혈식(血食)을 두고 유교적 신관(神觀)으로 설명하는 것도 그 한 예라고 할 수 있다(黎靖德 1998 : 375~376). 그래서 유교의 음식 이해는 원재료를 굽고, 삶고, 익히고, 찌고, '삭히는' 등의 변용에만 주목해서는 안될 것이다. 왜냐하면 유교 제사에서 정성들여 올리는 음식의 상징과 의미를 포함한 인문학적 해석의 메타모포시스를 놓쳐서는 안되기 때문이다.

본고는 유교의 여러 제사형태 가운데 특히 조선후기 들어 조선민중들의 종교적 영성을 고양시켰다고 여겨지는 조상(祖上)을 제1원인에 둔 의례음식을 다루고자 한다. 사실 조상을 의례의 대상으로 상정하거나 제사하는 문화는 인류 역사에서 보편적으로 발견되지만, 한국문화에서는 조선 성리학의 사전(祀典)체계에서 발달한 제도적 측면도 크게 작용하였다. 특히 이 문화에서는 조상을 맞이하는 일을 길례(吉禮)로 여겼고 이때 음식 또한 일정한 형식에 갖추어 차리는 전통을 확립시켜 나갔다. 이처럼 조상과 제사음식 사이의 상관성은 유가철학의 현실론적 입장에서 수용되고 있었지만, 그 실천과정은 당대의 맥락과 국면에 따라 쉽지 않은 길을 걸어갔다고 해도 과언은 아니다. 이 과정에서 소위 조선적 '변례(變禮)'들이 '인정(人情)'과 '미안(未安)'의 감정논리 위에 구축되었고, 그만큼 '효(孝)'의 가치 또한 표면적으로 확산될 수 있었다. 오늘날 소위 제사음식에 대해 '가가례(家家禮)'라고 할 수 있는 까닭도 유가철학이 품고있는 조상과 제사음식 사이, 그리고 제사음식에 들어 있는 자연과 문화 사이의 간극에서 발생하는 효의 시대적 표현에 다름 아닐 것이다. 따라서 조상을 위한 제사음식을 논하는 일은 곧 한국인들의 의례문화의 번역과정을 제한적으로나마 구체적으로 확인할 수 있는 방법론적 틀을 제공하고 있다고 본다.

한편 위와 같은 기본적 입론에 서서 본고는 다음과 같이 논의를 전개해 나가려고 한다. 2장에서는 조선시대 유교의 의례실천을 추동하는 사상적·제도적 배경들이 제사에 어떻게 안착되고 있는지를 간단하게 살펴볼 것이다. 이는 조선후기 유학자들에 의해 생산되는 도설(進饌圖/陳設圖)을 이해의 기초가 되는 동시에 의례음식이 인간/비인간 행위자의 능동적/수동적 속성이 뒤섞여 구축되는 작동-망의 결과(이경묵 2016: 311)인 메타모포시스를 증언해주는 역할도 하게 될 것이기 때문이다. 그런 의미에서 조선후기는 의례음식에 있어서 '사회적 승인'을 필요로 했던 메타모포시스적 남설기(濫設期)라고 해도 지나치지 않을 것이다. 따라서 이 글은 그러한 시대의 분위기가 구체적으로 의례음식에 어떻게 진설되었고, 향후 20세기 가가례 연구를 위해 어디에서 누구에게 무엇을 질문할 것인지를 결정하는 요소들에 어떤 것이 있는지 파악해 보고자 할 것이다.

3장에서는 인류학적 현장을 통해 확인된 제사음식들의 메타모포시스적 검토를 본격화 해 보려고 한다. 이 때 주목할 점은 제상(祭床)에 오르는 제사음식은 대개 의례적 메시지가 규범적으로 지시하는 의미 이외에도 자기-정보적(self-informative) 관계의 역사를 써나갔다는 인식이다. 말하자면 제례의 진설도가 규정하는 음식의 자리와 배치 혹은 제기(祭器)의 종류와 수의 문제와는 별개로 제사상에 차려진 거의 모든 음식은 그 음식 자체의 자기 역사와 정보를 담고 있다는 사실이다. 그래서 이 음식들의 사물기원(事物紀原)을 밝히는 작업이 실질적인 의례음식연구이 기도 하다. 문제는 그것을 해명하기가 언제나처럼 쉽지 않다는 데 있다. 심지어 특정 음식으로 조상과 후손이 연결되고 있다는 사유에 이르면 그 어려움은 가중된다고 할 것이다. 그럼에도 불구하고 가능한 범위 내에서 역사를 거슬러 올라가서 실제의 의례음식이 시간적·공간적으로 어떠한 비교의 적점과 민속지식체계 내에서 해명되는 것이 타당한지를 검토할 것이다. 이 때 제상은 편의상 다섯줄[五行] 즉 (1) 반(飯)/잔(盞)/갱(羹) (2) 면(麵)/육(肉)/적(炙)/어(魚)/병(餠) (3) 탕(湯) (4) 포(脯)/채(菜)/해(醢) (5) 과(果) 등으로 구분하여 제수(祭需, 제사음식)와 진설(陳設)에 대해 논할 수 있다. 그러나 지면의 제한상 본고에서는 이 모든 것을 다루기는 어렵고, 각 행에서 쟁점이 되는 제사음식 혹은 진설에 대해 한두 가지 언급하는 선에서 멈추고자 한다. 이 때 주제의 성격상 근대 전환공간에서 종교적 성격으로의 제사음식의 이행과 흐름에 주목하며 글을 전개하고자 한다.[1]

## Ⅱ. 조선의 유교제사와 의례실현의 배경

### 1. 사상의 질서 만들기

조선조 들어 새롭게 정비된 국가사전체계와 가례사전체계는 제사대

---

[1] 2장과 3장의 주요한 요지와 내용은 필자의 박사학위논문(「유교제례의 구조와 조상 관념의 의미재현―제수와 진설의 지역적 비교를 중심으로」, 2017)의 일부 내용을 전재(轉載) 혹은 활용하고 있음을 밝혀둔다.

상인 조상의 대수는 물론이고 제사음식에도 큰 영향을 미쳤던 것으로 보인다. 이는 조선의 법전이었던 『經國大典(경국대전)』(1485, 성종16 반포)과 조선후기 제사문화에 지속적이고 심도 있게 취급되던 『(주자)가례』의 조상 이해에서 분명히 확인되고 있다. 먼저 『經國大典』「禮典(예전)」奉祀條(봉사조)를 살펴보면, "문·무관 6품 이상은 부모·조부모·증조부모의 3대를 제사하고 7품 이하는 2대를 제사하며, 서인은 단지 죽은 부모만을 제사한다."는 조항이 들어 있다. 이 규정은 "종자(宗子)가 품질이 낮고 지자(支子)가 품질이 높으면 제사할 대수(代數)는 지자를 쫓는다."는 각주로 인하여 고정적이라기보다 유동적 체계임도 분명하다. 즉 조선은 품계에 따라 조상에 대한 위계화를 시도했지만, 한편으로는 그것의 하위 조목과 논리적 모순관계가 현실적으로 발생할 수 있음을 인지하고 있었다고 본다.

그래서 '실제로 조상봉사를 몇 대로 할 것인가'는 각 집안에 따라 자의적 조정을 거치는 문제로 남을 수 있게 된다. 여기서 '자의적 조정'이라 함은 가령 『경국대전』「예전」과 『國朝五禮儀序例(국조오례의서례)』「俗祭(속제)」의 가례만 해도 자손의 신분이 조상봉사를 '선택적으로' '형식적으로' 결합시킬 수 있는 구조임을 의미한다. 이러한 문화적 선택은 조선의 대표적인 유학자인 퇴계 이황(1501~1570)의 영향력이 강했던 영남지역에서 17세기 전반에 이르러 그 움직임이 포착되고 있다. 즉 퇴계는 일찍이 고례(古禮)와 『경국대전』에 따라 사대부의 3대봉사가 정당하다고 보면서도 4대봉사의 가능성을 인정했으며, 제자인 학봉 김성일(1538~1593) 또한 실천하였던 것이다(박종천 2014). 여기서 본 발표자는 누가 먼저 사대봉사를 실천하고 있었느냐에 관심을 두기보다 그것을 발생시켰던 계기와 관련하여 후손들의 조상에 대한 인식이 더욱 중요한 사안으로 부각되고 있었다는 점을 강조하고 싶다. 그런데 의례음식과 관련하여서는 조상봉사의 대수 못지않게 조선의 성리학적 예론의 실천적 의례과정의 정립 또한 중요하다고 할 수 있다. 이와 관련하여 여기서 자세히 언급할 성격은 아니지만, 16~17세기 이후 활약했던 퇴계와 율곡 이이(1536~1584)를 비롯한 유학자들의 예론을 살펴보면『주자가례』가 상당히 큰 영향을 미치고 있었다는 것은 확인하는 것은 어렵지 않다. 그만큼 주자의 가례는 조선후기 사회의 의례문화의 밑거름이 되었다고 할 수 있다. 이는 의례음식의 조선적 해명 또한 (주자)가례의 관점에서 그 관심이 촉발되고 진전을 보이고 있었던 상황이 아닌가 여겨진다. 다만 아쉬운 대목은 유학자들 남긴 예서들을 통해 볼 때, 진설에 대한 높은 관심에 비하면 의례음식 물목의 구체성이 상대적으로 떨어진다는 데 있다. 이는 궁극적으로 성리학적 예론이 제사음식에 있어서 그 사물의 기원이나 요리의 과정 및 사용물목의 원산지를 확인하기 어렵게 하여 오늘날의 입장에서 다양한 정보를 취득하는데 한계를 보인다고 할 수 있다.

## 2. 제도의 문화적 토대

성리학적 예론이 제도를 통해 반영되는 것은 앞서『경국대전』의 사례를 통해서 확인할 수 있었다. 아울러 이보다 먼저 제작되고 도설까지 나온『국조오례의서례』(1474 편찬)의 집필자들이『주자가례』를 참조하고 있었던 것으로 볼 때, 조선시대 제도적 측면에서의 의례음식 연구는 일련의 연결성을 지니고 있었다고 해도 무방할 것이다. 그런 측면에서 보면, 20세기의 현장에서 발견되는 제사 관행 및 음식의 찬품(饌品)

과 진설 또한 『주자가례』와의 연속적 관계를 배제 할 수도 없다. 그래서 실천의 맥락에서 접근하면, 조선후기 전국적으로 확대·보급되던 제사의례문화에 '교과서'로 작용한 것으로 보이는 『주자가례』에 대한 이해는 향후 예학자들의 예서를 비롯하여 제사음식의 자기 변혁의 진화과정을 읽어내는 데 중요한 이정표를 제시할 것으로 보인다.

〈표 1〉『주자가례』, 「제례」 조에 보이는 제사

| 제사의 종류 | 제례 장소 | | 제사 시기 | 조상신의 범위 | 비고 |
|---|---|---|---|---|---|
| | 신주 | 제소 | | | |
| 四時祭 | 家廟 (祠堂) | 正寢 | 仲月(2,5,8,11) | 高祖以下考妣 | 宗子法에 따름 |
| 初祖 | | 祠堂 | 冬至 | 始祖 | |
| 先祖 | | | 立春 | 初祖以下高祖以上 | |
| 禰 | | 正寢 | 季秋 | 考妣 | 繼禰之宗以上, 皆得祭, 惟支子不祭 |
| 忌日 | | | 忌日 | 考妣以上(旁親可) | |
| 墓祭 | 墓 | | 寒食 等(節祀) | 不分明 | |

※ 『주자가례』를 기초로 정리

위의 〈표 1〉에 대해 지면상 여러 논의를 전개하기는 어렵고 여기서는 오늘날 한국적 제사음식과 특별히 깊은 관련을 맺고 있다고 여기는 묘제에 대해서만 간단히 언급하고 지나가기로 한다. 사실 20세기를 살아온 한국인 일반에게 '유교제사'라고 하면 대개 기일제(忌日祭)를 먼저 떠올리기 쉽다. 그런데 『주자가례』의 제사로 구분된 6가지 가운데 제사대상 조상의 측면에서나 제사의 성격에 있어서 가장 모호하면서도 한국적이라고 할 수 있는 제사가 「묘제(墓祭)」라고 할 수 있다. 그 이유는 묘제는 엄밀히 말해 제사의 종류라기보다는 유교적 제의 공간 즉 제장(祭場)을 가리키는 개념이고 여기서 바로 역사민속학적으로 의미 있는 조선적 제도가 창출되고 있었다고 필자는 보기 때문이다. 말하자 면 제사장소로서 묘제는 조선후기 「시제」/「초조」/「선조」 심지어 '녜제' 와 '기일제'까지 설행할 수 있는 장소로 더욱 중시되고 있었다. 그리고 이러한 묘제의 전통은 속절(俗節, 일명 절사(節祀), 설날·한식·단오·추석 등)에 성묘하는 풍속과 문화적으로 습합을 이루어 갔다고도 볼 수 있다. 이 는 조선의 종법질서와 문중의 형성과도 밀접하게 닿아 있는 문화현상 으로 결국 제사음식을 통한 조상과의 만남이 가족·친족으로 확대되고 공유되는 장소로써의 기능도 맡고 있었다고 할 수 있다(정승모 2009; 이해 준 2008). 이러한 추세가 한국적 제사문화와 제사음식이 지역적 단위의 가가례로 표현될 수 있는 기반이 된다고 보는 것이다(심일종 2017).

한편 『국조오례의서례』 「길례」 조와 『(주자)가례』 「제례」조의 도설 은 조선 후기 각종 예서에 등장하는 기제와 묘제의 음식을 이해하는 데 중요한 만큼 간단히 제시하고 넘어가고자 한다. 사실 『경국대전』 「예전」에서는 제수/진설과 관련한 직접적으로 언급한 곳은 적다. 그 런 면에서 의주(儀註)로 준용되고 있던 『국조오례의서례』에서 '진찬준뢰 도설(饌實樽罍圖說)'을 제의에 따라 구체적으로 밝혀 둔 것은 제례에 의당 행해져야 할 요소로 여겼음을 확인케 한다.

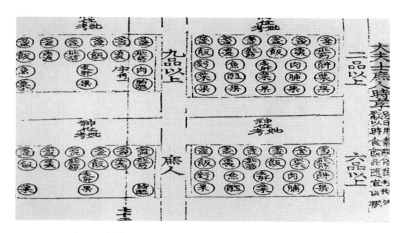

〈그림 1〉『國朝五禮儀序例』卷之一「吉禮」士大夫庶人時享

<표 2> 대부사서인시향 비교

| 時享진찬 | 제수품목(부족분) | 제기 수 (부족분) | 진설 행수 |
|---|---|---|---|
| 2품 이상 | 麵 1/ 魚 1/ 炙肝/ 肉 1/ 餠 1<br>菜 1/ 醢 1/ 菜 1/ 脯 1/ 菜 1<br>果 1/ 果 1/ 果 1/ 果 1/果 1 | 15 (기준) | 5행 |
| 6품 이상 | (果 −3/ 菜 −2) | 10 (−5) | 4행 |
| 9품 이상 | (果 −3/ 菜 −2)<br>(果 −1/ 麵 −1/ 餠 −1/ 脯醢 中 −1) | 6 (−9) | 4행 |
| 서인 | (菓 −4/ 菜 −2/ 麵 −1/ 餠 −1/ 脯醢 中 −1)<br>(魚 −1 / 肉 −1) | 4 (−11) | 4행 |

※ (1) 제수품목은 도설 참조.
　　(2) 잔/반/갱/시저는 동일하여 생략, 진설에서 신위 쪽 첫 두 행 또한 생략

　위에 제시된 〈그림 1〉은 조선전기 품계별로 다르게 제사음식을 차린
다는 것을 알려주는 「대부사서인시향」 진설진찬도설이다. 이를 2품 이

상의 시향 진찬을 기준으로 하여 이하의 품계에서 (제수)품목과 제기의 수가 줄어들어는 양상을 정리한 것이 〈표 2〉다.

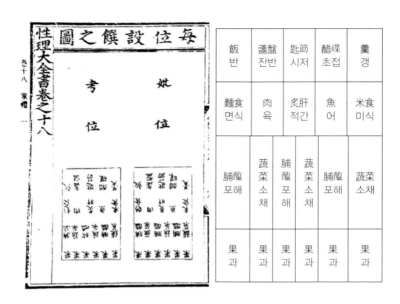

| 飯<br>반 | 盞盤<br>잔반 | 匙筯<br>시저 | 醋碟<br>초접 | 羹<br>갱 |
|---|---|---|---|---|
| 麵食<br>면식 | 肉<br>육 | 炙肝<br>적간 | 魚<br>어 | 米食<br>미식 |
| 脯醢<br>포해 | 蔬菜<br>소채 | 脯醢<br>포해 | 蔬菜<br>소채 | 脯醢<br>포해 | 蔬菜<br>소채 |
| 果<br>과 | 果<br>과 | 果<br>과 | 果<br>과 | 果<br>과 | 果<br>과 |

〈그림 2〉『성리대전전서』권 18,
매위설찬지도

〈그림 2-1〉『성리대전전서』권 18,
매위설찬지도 (고위진설 확대 모형)

〈그림 1〉을 위의 〈그림 2〉의『주자가례』「제례」와 비교해보면, 신분과 품계에 따라 조상의 봉사대수뿐만 아니라 제사음식에 차이를 보이던 계급성은 상대적으로 형식적 평준화가 마련되고 있었다고 볼 수 있다. 특히 가례가 보급/확산되는 조선후기에 이르면, 위의 〈그림 2〉에서 보듯이 제수에 있어서 '어(魚)'와 '육(肉)' 그리고 '면식[麵]'과 '미식[餠]'이 생민(生民), 곧 대다수의 서인들도 이전 시기와는 다른 찬품을 쓰는 것이

허용되는 단계라고 할 수 있다.

## 3. 의례를 있게 한 인정(人情)

조선시대 유교제사의 문화적 진화경로는, 이론적으로 주자 못지않게 정주학(程頤, 1033~1107, 北宋)의 의리론이 조선의 성리학적 풍토에서 조상에 대한 (심(心)의) 인정론(人情論)과 만나고 있었다고 평가할 수 있을 것 같다. 물론 이에 대해 구체적인 문헌으로 증거하기는 어렵지만, 앞서 봉제사의 대수가 확장될 수 있었던 기반은 정자의 의리적 해석[義起]에 따른 사회적 승인과 두터운 인정에 따른 결과로 파악할 수 있다는 연구들도 보이기 때문이다(김언종 1999; 유영옥 2005; 이현진 2008; 박종천 2014). 이러한 설명은 제사와 제사음식이 친(親)/근(近)으로 혈연적 친교를 공유하고, 소(疎)/원(遠)한 관계에 있을 수 있는 동종(同宗) 범위를 포괄하는 친족의식으로 연결되는 감정선의 통로임을 보여준다고 하겠다. 그런 의미에서 조상제사의 대수를 높이려는 시도는 곧 자신의 가족과 친족의 명예의식과 유비(analogy), 곧 닮음의 관계라고 할 수 있을 것 같다(Wagner 1997).

본고에서는 이러한 두터운 조선적 인정의 문화위에 꽃핀 조상제사로 '생신제'를 하나의 제시하고자 한다. 생신제는 돌아가신 부모의 생신에 제사하는 풍습으로 조선전기 이래 비례지례(非禮之禮, 예가 아닌 예)라고 지적받았지만, 조선후기 심지어 오늘날에도 일부지역에서 준행되는 의례다. 이는 다양한 조선 유교의례의 실현 배경을 이해하는 데 적절한 사례로 볼 수 있다.

예서에서 제변례(祭變禮)는 '제례가 변한다.'는 의미도 담지만, 일반적

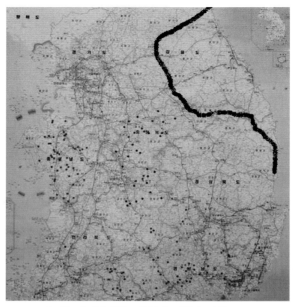

〈그림 3〉 현존하는 생신제 지역권_강원도

으로 변례는 '변칙적 상황에 따른 (바른) 제례'에 보다 더 가깝다는 뉘 앙스를 품고 사용된다. 문제는 의례에서 변례가 갖는 위상에 있다. 말 하자면 제례의 변례가 유교, 즉 조선의 성리학적 질서에 따른 의례로 '승인'되느냐에 따라 그 위상이 달라지기 때문이다. 정치권력적 차원에 서 보면, 성리학적으로 무장된 유자들에게 승인이 되지 않음은 곧 '비 례'로 낙인찍히게 되고 그것은 제사의 문법을 훼손하는 '음사(淫祀)'가 되 는 셈이다. 그런 까닭에 기든스(2003: 147)의 말을 빌리면, 변례는 사회 행 위자들의 행동과 동기화 및 가치합의의 필연적인 상호침투에 대한 원 리를 제공해주는 정당화의 구조에서 보면 경계면에 위치한다고 할 수 있다. 말하자면 앞서 언급한 생신제는 고비(考妣)를 애모하는 마음과 지

극한 효성은 인정되나 역시 예에 근거하지 않음으로 인하여 쉽게 받아
들여지지는 않은 의례임을 알 수 있다.

예조가 아뢰기를 "탄일(誕日)의 별제(別祭)를 직접 지내는 일을 대신에게
의논하니, 영의정 이덕형과 좌의정 이항복은 **'탄일의 제사는 예경(禮經)에**
**나타나 있지 않지만 우리나라 사람이 행하는 자가 많아 이미 속례(俗禮)가**
되었으니 직접 제사하심도 불가한 것은 없습니다.' 하였고, 우의정 **심희수**
**는 '생일의 제사는 예문(禮文)에 나타나 있지 않은데, 그것은 대체로 사람이**
**죽으면 곧 기일(忌日)이 있게 되므로 생일에 아울러 제사지내는 것이 적합**
**하지 않아서이니, 이치와 형세로 보아 그런 것입니다. 기제(忌祭)도 예문에**
**나타나 있지 않은데 더구나 생일의 제사이겠습니까. 다만 후세의 효자가 고**
**비(考妣)의 생일을 당하여 애모하는 마음을 감당하지 못하여 음식을 차려**
**놓고 고하기도 하면서 그것을 생기제(生忌祭)라 하는데**, 심지어 축사(祝辭)
를 지어 전하는 자가 있기도 합니다. (중략) 신이 진실로 **성효가 망극한 데**
**서 나온 것임을** 알기는 합니다만, 뒷날의 처치 또한 염려하지 않을 수 없기
때문에 감히 거칠고 옹졸한 견해를 진달하는 것입니다. 삼가 상께서 재결하
소서.' 하였습니다. 대신의 뜻이 이와 같음을 감히 아룁니다."하니, 알았으니
**이번 탄일에는 친행하는 일을 하지 말도록 하라고 전교하였다.** (광해군일기
[정초본] 1(1609), 11월 9일)

위의 글에서 확인할 수 있는 것은 왕으로서도 예에 없는 의례를 실
천하는 것이 어려웠다는 점이다. 그래서 기록상으로 보면 이 생신제는
그 이전에도 행해진 것으로 보이지만(심일종 2017: 89~90), 광해군 당시만
해도 사대부가에서 유교의례의 예로써는 인정받지 못하고 있었음을
알 수 있다. 그럼에도 불구하고 조선후기 그리고 20세기에도 유교식 의
례 범주로 인식되는 측면은 심성의 발로인 감정에 호소하는 측면이 주

효하게 작용한 결과라고 해석하는 것도 무리가 없다고 본다. 이처럼 유교 의례체계는 '인정'이나 '의리(義理)'가 합리적으로 이해 가능한 요건을 충족할 때 비례라고 비례지례로 구축될 수 있는 성격이 있다고 할 것이다.

## 4. 조상을 위한 생태인식

본 절에서는 이제 유교 제사와 의례의 실현배경으로 조선 유학자들의 생태인식에 대해 짧게 언급해 보고자 한다. 이 논의는 실제로 제사음식의 다양성과 지역성을 꽃피우는 가장 중요한 동인으로 평가할 수 있을 것이다. 사실 주자의 도설을 비롯하여 조선후기에 쏟아진 여러 예서의 도상에서 제사음식을 어떤 특정한 자리에 고정시키는 사례는 드물다. 그래서 제사음식이 자리를 갖는다는 말은 언어의 화용론적 측면 즉 지속, 변용 그리고 변화 등이 현실의 문화적 맥락에서 특정 음식을 선택할 수 있음을 사회적으로 승인하는 셈이 된다. 왜냐하면 1차적으로 진설의 도상이 고정될 수 없는 이유가 바로 제사음식으로 파생되었기 때문일 것이다. 따라서 대다수의 유학자들은 주저없이 제사 음식으로 "제사에는 그 지방의 것을 사용한다(祭用鄕土所有)"[2]라든가 "고금의 물품의 적의함이 다르다(古今物品異宜)"(『퇴계집』 권 39 「답정도가문목(答鄭道可問目)」) 등 여러 옛 글들에서 그 증좌를 확인 할 수 있게 된다. 특히 오늘날 많은 유교 제례의 현장에서 제보자들이 제수는 "평소 고인이 즐

---

[2] 『禮記』, "하늘이 낳지 않고, 땅이 기르지 않은 것은 군자가 예로 여기지 않으며, 귀신은 흠향하지 않는다. 산중에 살면서 물고기와 자라로 예를 삼고, 연못가에 살면서 사슴과 돼지로 예를 삼는다면, 군자는 예를 모른다고 말한다"(『(譯註) 禮記集說大全』 참고).

기던 것으로 올린다."라고 하는데, 이 또한 매우 현대화된 우리의 제사 음식관이라고 하지 않을 수 없다. 이는 갈암 이현일(1627~1704)의 다음과 입장을 비교하면서도 확인된다.

> 제사의 예는 평상시 올리던 것과 다르다. 평소 즐기던 것과 즐기지 않던 것으로 곧장 사용하거나 사용하지 않아서는 안 된다. 하물며 고금의 사람들 이 혹 술을 좋아하지 않은 자가 있다면 평소 좋아하지 않았다 하여 제사에 이 술을 쓰지 않겠는가?
> (『갈암집』 권 9 「답채문수헌징(答蔡文叟獻徵)」)

위의 갈암선생의 말을 오늘날 제사를 지내는 사람들이 읽으면 조금 은 갸우뚱거리게 될 것이다. 사실 우리는 '제사는 평소 좋아하시던 것' 을 올리거나 심지어 최근에는 '올리고 싶은 것'을 제물로 쓸 수 있음에 익숙해 있는지도 모른다. 그러나 갈암의 논리는 그 시대가 가지는 특 수성, 즉 제사의 법도를 포함하여 신분과 계급에 의해 제사의 격이 달 라지는 것이 마땅하던 시대에서는 "제사에는 즐기던 것을 사용하지 않 는다(祭不用所嗜)"와 같은 논리가 오히려 합당했을 수 있다. 오늘날과는 다른 환경에서 나온 발언임을 유의할 필요가 있는 것이다.

한편 경호 이의조(鏡湖 李宜朝 1727~1805)는 『家禮增解(가례증해)』「제례」 편에서 '찬물(饌物)'에 대해 다음과 같이 14개 조목에 대해 상세히 논의 하고 있다. 이 또한 궁극적으로 제사음식과 관련하여 유학자들의 생태 인식을 보여준다고 하겠다.

```
- 날 것과 익힌 것을 쓰는 절도[用腥用熟之節]
- 제찬을 갖추는 의리[具饌之義]
- 찬품은 편의를 따름[饌品從宜]
- 평소 좋아하고 좋아하지 않은 찬물[平日嗜不嗜饌物]
- 준하고 남은 음식으로 제사지내지 않음[餕餘不祭]
- 가까운 사당에만 풍성하게 하지 않음[無豊近廟]
- 과일은 짝수를 씀[果用偶數]
- 기름에 지진 것을 쓰는지의 여부[油煎用否]
- 복숭아를 쓰는지의 여부[桃之用否]
- 채소와 포와 해는 각각 3품의 수를 씀[蔬菜脯醢各三品之數]
- 생선과 고기는 꼭 탕으로 만들 필요는 없음[魚肉不必作湯]
- 생선과 육고기는 홀수를 씀[魚肉用奇數]
- 여러 가지 구이를 참작하여 씀[參用雜炙]
- 제사에 혜와 장을 씀[祭用醯醬]
```

위에서 언급되고 있는 제례에서의 찬물에 대해 규칙과 설명은 18세기 유학자들의 개인적인 생각, 즉 '안설(按設)'을 정리한 것이다. 여기에는 제수의 가지수와 종류를 비롯하여 특별히 지키거나 지키지 않아도 되는 제수의 '용불용(用/不用)'의 허용치가 비교적 자세히 언급되고 있다. 이 또한 주자의『가례』「제례」'사시제'에 나오는 진찬(進饌)과 진설(陳設) 및 그 의식 행위의 모습을 대체적으로 따르면서도 미세한 부분에서 조정이 가해지고 분화가 일어나고 있음을 확인해 볼 수 있다. 제사음식은 이처럼 진설이 되기 직전에 이미 생태적, 지역적 차이와 함께 계급과 가문에 의한 인문적 요소의 지배를 받고 있었고, 그런 차이의 입장들이 전승되어 오늘에도 영향을 주고 있다는 사유는 항상 인지해야 할 것이다.

본 장에서는 조선시대 제사음식을 가능케 한 다양한 의례실천의 배경을 거칠게나마 살펴보았다. 이들은 제사음식이 사상과 제도, 미안함

의 인정과 같은 감정 그리고 현실물질계에서 조상을 위한 생태인식 등
이 결합하고 허용되는 기반을 여는 요체가 아니었나 싶다. 이제 이를
염두에 두면서 다음 장에서는 구체적으로 조선의 제사음식이 발언하
는 목소리의 결을 시간과 공간 등에서 확인하고자 한다.


## Ⅲ. 제사음식의 유교와 진화 : 종교를 향한 메타모포시스

### 1. 반(飯)/잔(盞)/갱(羹) : '좌설'과 '우설'의 '오래된 미래'

앞선 장에서 살펴 본 바와 같이 『국조오례의서례』「속제」의 '찬실준
뢰도설'의 이념형은 조선 후기 들어서면서 『주자가례』의 '표본형'으로
바뀌어 나간 것으로 보인다. 이런 과정을 거치면서 유교 의례로 표상
되는 성리학적 세계관은 동속(東俗), 즉 우리의 풍속을 따르는 방향으로
실천되어 나갔다. 그만큼 예에 관한 제도는 단순히 한두 가지를 따르
고 고치는 선에서 그칠 수 있는 것이 아니다. 조선 중기 유학자 회재
이언적(1491-1553) 또한 『봉선잡의(奉先雜儀)』에서 『주자가례』를 우리의 현
실에 맞추어 적용하면서 국속(國俗)과 인정(人情)을 절충하는 모습을 여
실히 보여주었다. 그가 『(주자)가례』의 4대봉사를 3대까지로 하고, 고
조의 '사시제'를 '묘제'로 제안하는 것은 『경국대전』「예전」 봉사조에
따르는 조선적 현실인식을 반영하였다고 할 것이다. 또 묘제의 시속에
따라 정조, 한식, 단오, 중추로 한다든지, 인정의 조화에 따라 기제사에
서 고비(考妣)를 합설(合設)하는 의견을 낼 수 있는 것도 시의(時宜)를 중시
하는 구체적인 노력이었다. 이처럼 국속(國俗), 습속(習俗), 시속(時俗)이나

인정과 같은 마음의 문제는 예에 있어서 변례의 가능성을 열어주며, 풍속의 변주와 합주를 이끄는 실질적인 힘으로 작용했던 것이다. 이제부터는 오늘날 유교 제사의 현장에서 관찰할 수 있는 제수·진설을 통해 몇몇 구체적인 의례의 풍속 담론을 드러내보고자 한다.

참고로 본고에서 다루는 제사음식은 제상이라고 하는 공간에 배치되는 음식을 말한다. 이때 제상은 편의상 신위(神位)를 기준으로 그 바로 앞쪽의 음식차림을 1행으로 삼아 차례로 설명하는 방식을 취한다. 또한 경우에 따라서는 현대 유교제사의 제보자들이 말하는 방식처럼, '편줄'/'적줄'/'탕줄'/'채줄'/'과줄'하는 식으로 겸용하여 언급할 수도 있다. 그것이 아래의 〈표 3〉의 방식이다.

〈표 3〉 제상

| | 神<br>位<br>考　　妣 |
|---|---|
| 1행 | (편줄) or (면줄) |
| 2행 | (적줄) or (전줄) / (탕줄) |
| 3행 | (탕줄) or (적줄) / (전줄) |
| 4행 | (포줄) or (채줄) |
| 5행 | (과줄) |

1행의 경우 '편줄'이라고도 하지만 가장 기본적으로 "밥과 국이 온다." 진설도에 따라서는 때로 잔(盞)이 반(飯)과 갱(羹)보다 앞에 놓이기도 하는데, 이는 제사에서 술(酒)이 가지는 상징적 의미 때문이 아닌가 여겨진다. 특히 메(飯)와 갱 없이 오늘날에도 '잔만 한잔 붓는' 제사도 있는 만큼 잔은 밥과 국보다 선수로 취급되는 경향이 없지는 않다. 그러나

본질적으로 구분되기보다 여기서는 메와 갱과 같이 놓이는 배치적 성격으로 보기로 하겠다. 그런데 한편으로 제1행을 편(餠)줄 혹은 면(麵)줄로 부르는 현장의 제보자가 의외로 많은데, 진설에서 2행의 줄이 부족하게 되면서 실질적으로 밥과 국의 줄에 놓여온 과정 때문에 그렇게 불릴 수도 있다고 본다.

〈표 4〉 반·잔·갱의 진설형태

| 진설 | 형태 | |
|------|------|---|
| 반(飯) | 주식인 쌀을 기반으로 밥을 지어 올린다. 설차례의 떡국이나 추석의 송편은 "반"의 성격이 있다. 한편 과세에 만둣국을 올리는 경우도 '반'이 될 수 있는데, 이 때 주재료는 밀가루가 쓰인다. | |
| 잔(盞) | 제주는 청주, 막걸리, 소주 등이 대표적으로 쓰인다. 맑은술인 청주(淸酒)가 보편적이지만, 지역에 따라 막걸리가 우선시되기도 한다. | |
| 갱(羹) | 소고기 | 단독 재료: 소고기국<br>혼합 선택 재료: 무, 미역, 다시마, 두부 |
| | 돼지고기 | 혼합 재료: 무, 두부 |
| | 무 | 단독 재료: 무국(무채의 형태)<br>혼합 선택 재료: 소고기, 다시마, 미역, 콩나물 |
| | 미역 | 단독 재료: 미역국<br>혼합 선택 재료: 소고기, 무, 석화, 생선(살) |
| | 콩 | 단독 재료: 콩나물국<br>혼합 가능 재료: 무, 고사리 |
| | 토란(대) | 단독 재료: 토란갱<br>혼합 선택 재료: 다시마, 소고기 |
| | 머위 | 혼합 선택 재료: 무 |
| | 배추 | 배추국의 형태 |
| | 박 | 고지박국갱 가능 |
| | 생선 | 혼합 선택 재료: 볼락, 도다리 등 |

제사음식 못지않게 1행에서 역사적으로 쟁점이 되어 온 것은 좌설과 우설에 관한 논쟁이다. 소위 우설(右設)과 좌설(左設) 논쟁으로 불리는 이 논의는 16세기에 중후반 이후 나타나기 시작한 것으로 보인다. 이 우설

과 좌설의 논쟁은 사실 중봉 조헌(1544~1592)이 질문한 바와 같이 '생사에 따라 다르게 진설하는 것은 근거가 있느냐'에서 조심스럽게 볼 필요가 있다. 우설과 좌설은 국[羹]과 밥[飯]이 하나의 세트인데, 그렇다면 어디가 정위냐의 논쟁이다. 좌설은 밥은 오른쪽, 국은 왼쪽으로 주자가례에서 시제(時祭) 진찬도처럼 밥과 국이 놓이는 방식을 말한다. 우설은 그 반대로 놓이는 것을 의미한다. 사계 김장생(1548~1631)은 중봉의 질문에 동의하면서도 『주자가례』를 위주로 하는 데는 이견이 있을 수 없다고 하였다. 그 이야기는 여러 옛 문헌을 비교하고 참조하더라도 『주자가례』는 바로 고금을 손익하여 제정한 예제인 만큼 따라야 한다는 의미다. 이후 이러한 논의는 신을 섬기는 예가 산 사람의 경우에는 바뀐다는 논리를 찾아내게 되고, 결국 "喪祭에는 살아있음을 형상하여 모두 국을 오른쪽으로 함이 마땅하고, 국을 오른쪽으로 하면 밥은 왼쪽으로 하지 않을 수 없다. 시제 이하로는 신으로 섬겨서 모두 국을 왼쪽으로 함이 마땅하고, 국을 왼쪽으로 하면 밥은 오른쪽으로 하지 않을 수 없다."(경호 이의조:193)고 모두 고례를 근본으로 삼아 정리되어 갔다.

〈그림 4〉 좌설　　　　　　　　　　〈그림 5〉 우설

제사에서 신위 앞에 놓이는 밥과 국의 정위[正位, 바른자리] 문제는 오늘날까지도 기본적으로 이 틀이 유지되고 있지만, 조상을 이해하는 방식의 차이에 따라 위의 〈그림 4〉나 〈그림 5〉와 같이 다른 양상이 전개되는 것이 현실이기도 하다. 여기에는 '살아있음'을 해석하는 방식에 따라 메와 국의 정위는 바뀔 수 있다는 입장이 개입하고 있다. 이 문제는 조선 중기처럼 '상례-제례'의 논쟁의 문제가 아니라 어떤 현대인들에게는 조상이 '산사람'과 같은 방식으로 이해되어서 우설로 진설할 수 있다고 보기 때문이다. 바야흐로 20세기 이후 좌설/우설논쟁은 제사음식이 신관과 결부되어 새로운 국면에서 진설되고 논의될 필요도 있어 보인다. 이 때에도 중요한 것은 경호 이의조의 입장과 같이 고례의 근거를 찾아서 그렇게 되는 경위를 보충·해명하는 데 도움을 얻을 수도 있지만, 궁극에서는 중봉 조헌이 지적하는 바와 같이 그 근거라는 것도 문화적 승인의 문제가 아닐까 한다.

## 2. 면(麵)/육(肉)/적(炙)/어(魚)/병(餠) : 전(煎)의 출현과 그 내면

오늘날 한국의 제례에서 제사음식을 준비하는 주부의 수고로움이나 제수 비용 측면에 볼 때, 2행이 오랫동안 그리고 가장 큰 논란거리가 되고 있다. 이 줄은 현장의 제보자들에 따라 편의상 '면줄' 혹은 '적줄'로 부르기도 한다. 그러나 문제적 측면에서 보면 오히려 '전줄'이라고 명명하는 것도 과히 틀리다고 할 수 없을 것이다. 왜냐하면 2행에서 전을 올려야 하는 상황이 심지어 '제사 폐지론'으로 쟁론화 되고 있을 정도기 때문이다. 어찌되었든 '적줄의 문화'는 현재는 물론이고 가까운 과거 혹은 조선후기 음식사 연구에서 시사하는 바가 크다고 할 것이다.

이는 제사의 음식문화가 비록 맛(味)과 향(香)과 색(色)을 중시하지는 않았지만, 재료를 구입이나 조리시 재료의 조합과 배합이 우리의 일상의 식단의 얼굴이며 지문이며 살아있는 화석과도 같기 때문은 아닐까싶어서이다. 그처럼 제상은 한국인들의 식습관과 식생활에 어떤 원칙이나 기준 및 변화에 있어서 중요하게 작용해 왔던 점도 인정되고 있다 (배영동 1999: 85~110). 특히 한국의 제사음식 중에서도 적줄은 그 지역성을 가장 많이 담고 있다고 해도 과언이 아니다. 본 절에서는 다른 여러 제수를 다룰 수 있지만, 우선 전의 발달에 대해 그것이 논의되기 위해 어떤 접근이 필요한지를 언급하는 선에서 갈음하고자 한다.

〈표 5〉 전의 제수

| 재료 | 이칭/제수 | 재료 | 이칭/제수 |
|---|---|---|---|
| 배추 | 배차, 배추전 | 해삼 | 흑삼, 해삼전 |
| 명태 | 동태, 동태전, 명태전 | 가자미 | 나시매, 가자미전 |
| 부추 | 정구지, 부추전 | 가오리 | 가오리전 |
| 감자 | 감자전 | 오징어 | 오징어(튀김)전 |
| 고구마 | 고구마전 | 닭고기 | 닭고기전 |
| 녹두 | 환적(=환전), 녹두전 | 소고기 간 | 간전, 간납 |
| 메밀 | 메물전병, 메밀전 | 굴 | 굴전 |
| 호박 | 호박전 | 연근 | 연근전 |
| 미나리 | 미나리전 | 버섯 | 송이버섯, 표고버섯, 버섯전 |
| 무 | 무전, 환전 | 명태 (북어) | 노가리전, 북어전 |
| 멸치 | 멸치전 | 갈랍 | 동그랑땡, 육전 |

조선시대 대표적인 민간의 가례의 교과서라고 할 수 있는『주자가례』에는 전(煎)이 놓일 자리는 없다. 그것은 조선후기 유학자들이 문집류에 보이는 각종 진설도(陳設圖)나 제찬도(祭饌圖)에서도 마찬가지다. 즉 민간에서 두루 쓰이는 다양한 전의 종류가 언제부터 의례음식으로 활용되고 있었는지를 밝히는 작업이 선행되어야 할 것이다. 20세기 이전 문헌에서 민간의 제사의례에 전이 쓰이는 사례가 분명히 적시되면 더할 나위 없이 좋을 것이다. 그런 의미에서 〈그림 7〉에 보이는『언문후생록』이 제사음식에 "전유어"를 올랐던 보기 드문 사료라고 할 수 있다. 물론 의례 전반으로 확대하면 상황은 조금 더 나아질 수 있다. 즉 방법론적으로 조선왕실의 다양한 의례에 사용된 궁중음식을 살피는 일이 합리적이라고 본다. 그 이유는 대표적인 조선의 궁중의례음식의 기록물들이라고 할 수 있는 (進饌・進宴・進爵)「儀軌」나「撥記」(=撥記=件記) 등은 실제로 그 당시 실물로 쓰이고 있었던 음식이라는 점 때문이다. 그러나 이는 본고의 주제가 되는 제사음식의 맥락을 벗어나는 만큼 다루지는 않되, 왕실의 궁중의례음식이 민간으로의 자연스럽고 창조적인 전파(diffusion) 혹은 전화(transformation)가 이루어지고 있었다는 점을 점검하고 확인하는 일은 필요하다고 본다.

그래서 오늘날 한국인들이 접하는 제사의례음식인 '전'이 조선후기 어떠한 내적 분화과정을 거쳐나갔는지를 추적하는 또 다른 접근이 필요해 보인다. 이는 필자가 직전에서 전(煎)류의 속성과 궁중의례음식문화의 확산과 문화적 수용에 대한 접근과 결을 달리한다. 즉 음식문화를 추동하는 원인으로서의 조선후기가 20세기에 영향을 미치는데 이전의 출현이 감지되는 양상을 그려낼 필요가 있다는 데 따른 것이다. 그것이 곧 가족·친족의 문화와 연계되는 의례음식의 현대적 이해가 아닐까 한다. 이 지점은 유교와 그 의례의 음식문화적 요소가 현대 유교적 메타모포시스의 영성으로 이해될 수 있는 기반을 제공하고 있다고 본다. 가례를 둘러싼 의례의 메커니즘을 이해하는 측면에서 의례음식이 조선후기 가족·친족문화의 발달과 직접적인 연관관계에 놓여있었다는 점을 강조하면서 오늘날 사회에서의 문화적 이해의 측면을 촉구하고자 한다. 이는 19세기 '전'의 발달이 가족·친족과 동족촌에서의 묘제 혹은 시제를 비롯한 조상의례문화에서 배태되고 있다는 연결성의 관점에서 역사를 조망할 것을 요구하는 대목이기도 하다. 그것이 20세기 한국 현대사가 조선시대와 결별하고 일제강점기를 거쳐 대한민국기에 이르는 큰 변화의 조류 속에서 인간들의 삶과 죽음을 담당했던 문화적 영역에 대한 이해를 추구하는 데 음식연구가 기여하는 바라고 할 수 있다. 여기에 더하여 제사음식의 맥락에서 전이 '정구지', '부침개', '느리미', '소적', '대적', '화양적' 등 지역적으로 선호되는 명칭을 갖고, 어전, 육전, 채전 등 활용되는 재료에 따라 그 이름이 다양하게 분화되어 있는 양상이 점검되어야 할 것이다(심일종 2017: 146~157). 핵심은 『가례』「제례」에서 그동안 나타나지 않던 전이 조선 후기 어느 무렵부터 등장하고 있다는 사실이다. 왜냐하면 누차 언급하듯이 그 하나의 사건은 "사회적 승인"(호네트 2011)을 거쳐야 한다는 의례적 검열의 문제를 통과했다는 메시지 때문이다.

한편 전류와 관련하여 주목해야 할 또 다른 지점은 전반적으로 우리네 삶의 주기를 대표하는 세시풍속과 제사음식의 연결 짓는 일과 재료적 측면에서 전류가 무엇과 연동되는지를 함께 논의해야 할 것으로 생각된다. 먼저 조선후기 천신하는 풍속으로 봄철에 핀 꽃을 기름을 이용하는 조리하는 풍경에 대해 유자들이 서간으로 대화한 대목을 살펴보자.

　문: 지금 민간에서는 반드시 봄철의 화전병을 천묘합니다만, 이는 고례
에서 달이고 지지는 음식을 사용하지 말라는 뜻에 어긋납니다. 그러나 시절
에서 속상하는 반찬을 천헌할 수 없다면, 아마도 군자의 출척하는 마음3)을
펴지 못할까 두렵습니다. 어떠하겠습니까?

　답: 세속에서 숭상하는 것과 선조께서 평일에 기호하는 바를 전연 파탈
(벗어날)할 수 없으니, 요지는 작중하여 처하는데 달려있을 뿐입니다. 니산
의 여러 윤씨들에게 들건대, 선인은 밀과를 사용하지 않았다고 하는데, 만
약 선훈이 있었다면 여기에 처하는 것이 심히 안전할듯합니다.4)

　위에 대화를 보면 화전(花煎)의 문화는 또 하나의 '전'의 시초가 된다
고 할 수 있겠다. 물론 이 화전의 사례가 조선 후기에 국한된다는 점과
조선후기 기록 자료에서 확인할 수 있는 것이 시를 포함하여 30여회
이내라는 점은 실제의 모습에 접근하여 분석하기 어려운 점은 있다.
그러나 위의 우암 송시열과 그 제자사이의 문답에서 알 수 있듯이, '화
전병'이라는 것이 '조상이 평일의 기호'를 쫓아 유교의례에 충분히 가능

---

3) 선조를 사모하며 그린다는 뜻이다. 『예기』, 「제의(祭義)」에 "서리와 이슬이 내리면
　군자가 이것을 밟고 반드시 슬픈 마음이 있게 되니, 이는 추워서 그러는 것이 아니
　다. 봄에 비와 이슬에 젖으면 군자가 이것을 밟고서 반드시 두려운 마음이 있게
　되니, 돌아가신 부모님을 뵐 것 같은 느낌이 드는 것이다. [霜露旣降 君子履之 必
　有悽愴之心 非其寒之謂也 春雨露旣濡 君子履之 必有怵惕之心 如將見之]"라고 하
　였다.
4) 『宋子大全』103, 「書」 答尹爾和, "今俗必以春時花煎餅薦廟. 此非古禮不用煎熬之
　意. 然時節俗尙之饌. 不得薦獻. 則恐未伸君子怵惕之心. 如何?""俗尙及祖先平日之
　所嗜好. 不可全然擺脫. 要在酌中而處之. 聞尼山諸尹. 以先訓不用密果云. 若有先訓
　則處之甚安矣."

했을 것이라는 점과 함께 그가 지니는 영향력을 감안하면 조선 후기 전의 발달은 다양하게 추동되었을 것으로 본다. 특히 앞서 궁중의례에서도 살펴보아야 할 것으로 언급하였듯이, 실제로 정조 무렵에 이르러 '각색화전', '오색화전'이라는 어휘가 등장한다는 사실은 전류의 시초로서 화전을 천신하는 문화적 힘은 결코 무시할 만한 일은 아니라고 본다. 한편 성호 이익(1681~1763)의 논의도 의례와 화전의 문화적 만남에 주목할 대목이라고 본다.

> 한궁기자(漢宮棋子)에 대해 왕세정(王世貞)은, "밀가루 돈[麪錢]에 꽃을 박아서 구어 만든 떡이다." 했는데, 이는 지금 세속에서 화전(花煎)이라 하는 것으로, 봄에는 두견화(杜鵑花), 가을에는 국화(菊花)로 구어 만들어서 중삼(重三)·중구(重九)에 조상에게 드리게 되었다. 동래 제식(東萊祭式)에 적혀 있는 유국고(葽菊糕)란 것이 즉 이것이다.[5]

이렇게 화전을 세시풍속에서 천신하고 시절음식으로 활용해 왔다는 사실은 실제로 제사음식의 요리와 조리 과정에서 기름과 밀가루라는 조합이 조선후기에 이르러 어느 정도 용인되는 단계에 있었음을 의미한다. 유득공(1748~1807)의 『경도잡지』에서는 "구견화를 따다가 찹쌀가루와 섞어 둥근 떡을 만들고 참기름으로 지진 것을 화전이라고 한다.(採杜鵑花 糅糯米粉 作團糕 煎以芝麻油 號曰花煎)" 홍석모(1781~1857)의 『동국세시기』에는 이 화전(花煎)이 3월 3일의 일로 기록되고 있다.(採杜鵑花 拌糯米粉 作圓糕 以香油煮之名曰 花煎) 또 9월조 9일에는 국화로 화전을 만드는 모습이 보인다.(採黃菊花爲糯米糕 與三日鵑花糕同亦曰花煎) 그런 측면에서 20세기 벽두에

---

5) 李瀷, 『星湖僿說』 4, 萬物門, 漢宮棋子, "漢宮棋子者王世貞云麪錢印花賣也今俗謂之花煎春以鵑花秋以菊花爲重三重九之薦東萊祭式有葽菊糕即此物也."

장지연(1864~1921) 또한 이 풍속을 "我國俗은 採杜鵑花ᄒᆞ야 糅糯米粉 作餻煎 食曰 花煎이라 ᄒᆞ니라."라면서 「上巳祓除(附 上巳宴)」 즉 3월 첫 사일의 의례로 배치할 수 있는 것이다. 아울러 같은 책에서 風俗雜題 편 「重陽菊花糕」조에서 "九月 九日은 俗稱 重陽佳節이니, 採菊花 煎糕曰 菊花煎이라" 한 바 있는데, 이러한 사실이 규명되지 않으면 현재에도 여전히 유교제사음식에서 과물로 다식이나 조과를 쓰지 않은 문화를 이해하는 데는 한계가 있을 것이라고 본다.

## 3. 과(果) : 감과 감나무의 사례

또 다른 많은 제상의 제사음식이야기를 통해 20세기를 전후하여 종교적 성격으로 진화하는 유교의례의 조상과 음식의 연결은 계속해서 검토될 수 있을 것으로 본다. 그것을 필자는 박사논문에서 '신화적 제물'이라는 개념으로 살핀 바 있다(심일종 2017: 195~196). 여기서는 지면의 제약상 그 부분을 집중적으로 다루지는 않겠지만, 본 절에서는 과일 가운데 감이 유교 제사음식으로 수용되고 활용되면서 현대 한국의 문화적 특이성을 감당하는 물질로 진화하는 양상에 초점을 맞추고자 한다. 이는 다음과 같은 질문들이 가능하다고 보며 이를 해명해 보는 방식을 취하고자 한다. 첫째, 감은 조선의 '조상제사'의 의례음식으로 '가치의 층위(level of value)'를 높여나간 것으로 볼 수 있는가. 둘째, 20세기 이후 의례음식으로서 감의 위상이나 가치는 어떠한가. 이는 기존의 제사음식에서 과물이 올려지고 진설되는 방식, 예를 들어 조율이시(棗栗梨柿) 혹은 홍동백서(紅東白西)의 지역적 차이의 분포와는 사뭇 다른 접근이다. 그 보다는 자연적·생태적 사물로서의 감이 문화적으로 의미를 지닌 의례체계에 수용되고 활용되는 맥락을 살피는데 있다. 나아가 '유실수(有實樹)'로써 감나무는 어디에서 어떻게 인지되었고 또 그것을 식재해 나가는 인간적 노력이 기후적 제한요인을 만나는 과정에서 어떤 경계선을 그리고 있었는지 확인하는 것이 보다 더 감의 메타모포시스를 보이는 방식이라고 판단한 까닭이기도 하다

감이 조선시대 의례의 물질로 전환 가능한 양상을 크게 두 차원으로 나누어 접근해 볼 수 있겠다. 하나는 국가와 왕실의 제사와 같은 전례(典禮), 즉 국가사전체계의 틀에서며 다른 하나는 사서인(士庶人)의 예속(禮俗) 즉 가례체계에서의 이해방식이 그것이다. 먼저 국가사전체계를 언급하면 주지하다시피『삼국사기』(1145),『삼국유사』(1285)에도 왕제(王制)로서 종묘와 사직의 제사가 엄연히 기록되고 있음을 본다. 이는 고려와 조선에서도 마찬가지로 왕조국가의 가장 중요한 제사로 유지되고 있었다. 그래서 국가제사에 감이 어떻게 쓰이고 있었는지 확인해보는 작업은 필요해 보인다. 삼국시대와 고려시대의 종묘·사직 등의 대사(大祀)가 의궤나 도설(圖說)로 전해지지 않기 때문에 불가피하게 현재 남아 있는『국조오례의(서례)』(1474)에서 시작해 보도록 한다.

〈그림 6〉에서 확인 할 수 있는 것은 우선 종묘대제에서 물기가 없는 제찬을 담는 변(籩)의 찬물로 석염, 건어, 대추, 밤, 진자, 능인, 검인, 녹포, 백병, 흑병, 구이, 분자가 쓰이고 있음을 알겠다. 그래서 얻을 수 있는 하나의 사실은 당시 종묘제례에는 '홍시'나 '건시'는 쓰지 않았다는 것이다. 그 사실은 소급하여 조선에서 종묘제례의 음식물종체계의 모델로 삼은『周禮』「天官'冢宰' '籩人' 조목의 궤식지실(饋食之實)에도 등장하지 않는다는 것을 의미한다. 물론 한참 후대를 내려와 위계에 따라 국가사전체계를 정비한 당나라의『대당개원례』변12의 제찬에도 율

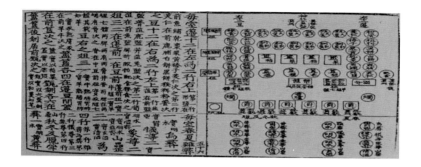

〈그림 6〉『國朝五禮儀序例』序例_吉禮_종묘대제 설찬도

황(栗黃)이나 건조(乾棗)는 보이나 '(乾)柿'는 눈에 띄지 않는다. 그렇다면 한 가지 의문은 중국의 실정을 차치하고서라도 조선에서 실제로 의례 음식으로 감을 사용하지 않았는지가 궁금하다.

이에 대해 『세종실록』의 「五禮 / 吉禮序例 / 時日」 조에 "무릇 제사에 좋은 날을 점쳐서 가리지 않는 것은 종묘에 천신하는 일이다." 하면서 10월에 감(柿)을 새로난 과물로 올린다는 기록이 있다. 말하자면 조선전기 국가사전체계에서 감이 사용된 전례가 없다고는 하지만, 천신(薦新)되고 있었음을 확인할 수 있다. 그리고 천신을 개념을 넘어 조선후기가 되면 국가제사에 감이 제물로 쓰이는 사례가 늘어나고 있음을 개경부 읍지인 『중경지(中京誌)』(1885)에서도 확인된다. "제후릉(齊厚陵)·사직(社稷)·송악(松嶽)·오관산(五冠山)·성균관(成均館)·팔서원(八書院)·성황(城隍)·여단(厲壇)"에 올리는 전물(奠物)을 분봉상시에서 제물을 받아 제사를 지내도록 건시삼첩(乾柿三貼)'을 선혜청에서 보내온다는 내용에서 감을 쓰고 있음이 보인다(『중경지(中京誌)』卷4「관해(官廨)」분봉상시(分奉常寺)조). 이는 조선 전기 천신품에서 볼 때 조선후기에 오면 의례 음식으로 감의 위상이 높아진 것으로 보아야 할 것이다. 이때 앞서 언급하였듯이 미안과 인정의 마음론은 좋은 것에 대해 조상을 위한 음식으로 활용될 수 있었기 때문에 가능했을 것으로 본다. 쉽게 말해 감을 쓸 자리가 없다고 조상을 위해 자손이 정성으로 효(孝)를 표하고자 하는 마음을 막을 재간은 국법으로서도 그리 녹록치 않을 것이기 때문이다. 이러한 지점이 곧 유교 "예속(禮俗)"(심일종, 2019)의 출발이고 "민간유학"(이연승, 2019)의 논리일 것이다. 아울러 감이 곧 조상과 만날 수 있는 물질화된 종교적 심성의 표현물이라고 할 수 있지 않을까.

그렇다면 언제 감은 제사음식으로 특정되어 자리를 차지하고 있을까. 즉 감이 유학자들의 도설에 기재되는 문제를 해결해야 하겠지만, 당장은 최소한 가례의 果의 자리에 특정한 과물이 올라오는 양상부터 해명될 필요가 있다. 여기에 대해 본 발표자가 지니고 있는 현재 남아 있는 가장 오래된 도설인 오휴자 안공(安玑 1569~1648)가 1628년 주자의 『가례』와 여러 선유(先儒)의 설과 시의(時宜)에 알맞은 예제를 부가하여 편찬한 『가례부췌』를 통해 어느 정도 윤곽을 그려볼 수도 있을 것이다. 여기에는 감 이전에 밤과 대추가 어엿하게 자리를 차지하고 있었다. '어떻게 밤과 대추가 17세기 초의 예서인 『가례부췌』에 한 자리씩을 차지할 수 있었을까'라는 질문은 지면상 생략하고 이후 감의 진로와 행방을 가치의 중심에서 정리해 보자.

아래의 〈그림 7〉와 〈그림 8〉은 가례에서 시[홍시/감]가 분명한 자리를 갖고 있는 초기 자료들이라고 할 수 있다. 『언문후생록』은 1800년대 후반에 작성된 것으로 여겨지며 여기에는 부녀자들의 실생활에 도움이 되는 내용으로 꾸며지고 있다. 〈그림 8〉은 금곡 정기연(1877~1952)이 남긴 습례국(習禮局) 진설도이다. 밤과 대추가 1600년대 제사음식의 과물이 되는 것에 비하면, 감과 배는 상대적으로 최근 100여년 상간에 불과

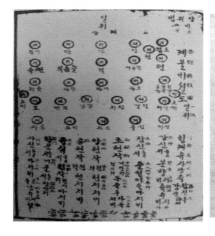

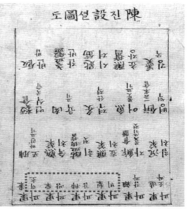

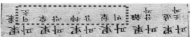

〈그림 7〉 언문후생록(19c 말)

〈그림 8〉 습례국
진설도(1919)_경북경산

한 일이라고 해야 할지 모를 일이다. 여기서 감을 주목해 본다면, 이 의미는 유교의례문화에서 감의 가치의 중요성이 충분히 확보된 것을 상징한다. 그렇다면 당장 드는 의문은 감의 물량이 충분한 사회였느냐에 이르게 된다. 왜냐하면 감이 과물로 고정된다는 것은 그 양이 조선 전역에서 충분히 확보되고 소비될 수 있는 유통구조를 가진다는 것을 의미하기 때문이다. 여기에 대해 본 발표자는 감나무와 관련하여 천여 건의 기록 자료는 조선후기에 이르면서 감나무 식생분포대의 경계면이 점차 북상하고 있었다는 사실에 주목해야 한다고 본다. 물론 조선 전기에도 경기도 남양에 국가에서 관리하는 시전이 있었으니 남양에도 식재가 가능했다고 본다. 또 남효온의 유람기나 실록의 자료에서 드물게 감나무나 감나무 숲이 보고되고 있기에 의지만 있었다면 조선 초에도 감나무의 식생분포대는 북상했을 것으로 본다. 그러나 왜 전반적으로 조선후기 이후의 일이 되었을까가 필자의 관심이라는 것이다. 그렇게 볼 때 조선시대 제사음식으로 감에 대한 긍정적 인식과 수요의 증가현상을 배제하기는 어렵다는 판단이다. 그리고 그 이면에는 유실수로서의 감이 식용에 앞서 의례의 과물로 긴요해진 시대에 접어들었다고 주장하고 싶다.

이 현상을 확인할 수 있는 두 가지는 방식은 감의 가치가 점차 증가한 결과 정치적으로도 유의미한 행위소(agent)가 되고 있었다는 점과 또 하나는 제물로 활용되는 사례를 찾아보면 될 것이다. 감나무의 식생대 북상의 측면에서 볼 때 조선후기의 기술은 20세기 이후 본격화된 감나무 품종개량과 육종기술에 비하면 비교할 수 없을 정도로 미약했다고 본다. 즉 20세기 일제강점기 이후 감나무와 감의 위상과 가치는 의례음식의 차원을 넘어서 자본재 상품성이라는 측면에서 접근되고 있었다고 본다. 물론 조선후기에도 감이 국가에 제물이나 천신을 위해 봉진할 대상으로만 소용되었다고 볼 수 없다. 매천 황현(1855~1910)이 그의 나이 43세(1897. 광무1년) 때 지은 시 「偶成」에서 "朱柿千林鄰舍富 悔從初寓未曾栽"(붉은 감나무 천 그루 이웃집은 부자로다 애당초 감나무 심지 않은 게 후회스럽네)라고 읊은 적이 있다. 조선시대 감나무의 대표적인 생산지였던 전라도 광양 출신이었던 그가 감이 돈이 되는 자본재였음을 몰랐을 리 없다. 즉 유학자로서의 그의 시선을 통해 볼 때, 이 당시 이미 조선의 민간에서 감은 유실수로써 농가의 중요한 소득원이 되고 있음을 알고 있었던 것이다. 결론적으로 보면 14세기 이후 종묘의례에 천신되는 홍시와 건시를 시작으로 조선후기를 지나면서 감은 그 가치가 더욱 높아지고 있었던 것으로 보인다. 물론 그 가치의 위상을 역사적으로 파악해 보면 생태적 조건과 유통의 제한요인으로 조상을 위한 제사음식으로 곧바로 진설되었다고 볼 수는 없다. 그 보다는 그 전단계의 시기동안 시나 운문을 통해 심미적 차원의 가치를 포함하여 다양한 차원의 가치를 담는 과일이 되고 있었다. 특히 조선시대 중요한 덕목인 효의 가치는 물론이고 교육적 가치, 뇌물로 가치 있는 물질이 되는가 하면 구황작물이나 약용으로도 그 가치가 올라가고 있었다는 것을 알아보았다. 이러한 전근대의 흐름에서 한껏 고양된 감의 가치는 일제강점기 농가부업의 주요 경제자본으로 활용되기도 하였다.

## Ⅳ. 조상종교의 상징과 의미

유교의 제사에는 항상 음식이 수반되었다. 이는 음사가 아닌 제사지낼 대상이 되는 조상의 죽음이 있는 곳에 제사가 있음으로 해서 제사음식은 조상과 연결된다고 할 수 있다. 제사 주재자가 의식하든 의식하지 못하든 이러한 시각은 현대 한국사회의 유교적 제사행위에서 음식이 조상의 "재인(la reconnaissance, recognition)", 즉 '(조상)알아봄'에 간여하며, "현재 속에서 과거를 다시 붙잡는 구체적인 작용"인 조상관념을 지속케 하는 물질이 됨을 의미한다. 이는 펄스(Pals, 2006[2012]: 72)가 말한 '정신적 연결은 물리적 연결을 반영한다.'고 하는 것을 유교제사가 증거해 주는 셈이다. 그래서 구조상 동기감응의 마음론을 내세우며 기능했던 종교적 성격의 유교가 '공감하는 기억의 장치'로서 음식의 발견과 진화를 통해 계속해서 종교의 길을 갈 수 있는 기반이 된다는 것을 본 발표에서는 웅변하고자 하였다.

한편 제사음식의 자기-정보적 역할과 달리 조선 유교의 운명은 현대 사회에서 종교로의 메타모포시스를 가뿐하게 수행하고 있다고 평하기에는 민망할 정도다. 이는 유교와 종교의 양 측에서 주로 필요조건으로 작용해 왔던 제사음식의 문제라고 할 수만은 없다. 유교를 있게 하는 또 다른 필요조건들과 충분조건들의 입지의 약화에 기인하는 탓도 크기 때문이다. 그래서 적어도 제사음식만을 놓고 보면 유교에서 종교로의 메타모포시스는 패러다임(paradigm)의 이행이라고 하기는 어려울 것 같다. 왜냐하면 종교음식으로서의 제사음식 자체의 소거나 파탈이 진행되었다고 볼 여지는 없기 때문이다. 그런 의미에서 유교에서 종교로의 메타모포시스는 오히려 '조상'을 종교화 하는 전략적 분파 활동들에 천착해 봄직도 하다. 여기에는 19세기~20세기에 걸쳐 이 땅에서 진행되고 있는 유교기반 민족종교들이 해당될 수 있을 것이다. 소위 '조상종교'라고 통칭될 수 있는 이 종교적 메타모포시스에서의 의례음식의 상징과 의미를 관찰할 때, 우리는 유교 사회 조선에서 감지할 수 없었던 종교물질의 작동원리와 그 연결-망에 대해 접근할 수 있는 기회를 갖게 될지도 모를 일이다.

# 참고문헌

## ▌동양에 전해진 서양고전(Classic)의 변용 – 에픽테토스의 『엥케이리디온』의 번안과 번역 ▌

마테오 리치, 송영배 옮김, 『교우론 외』, 서울대학교출판부, 2000.

Dobbin, R., *Epictetus: Discourses Book* 1, Oxford, 1998.
Oldfather, W. A. Epictetus: The Discourses as Reported by Arrian, the Manual, and Fragments(2viols., Harvard University Press, 1998)
에픽테토스, 김재홍 옮김, 『엥케이리디온』, 까치글방, 2003.
에픽테토스, 김재홍 옮김, 『왕보다 더 자유로운 삶』 – 에픽테토스의 『엥케이리디온』, 『대화록』 연구, 서광사, 2013.
에픽테토스, 정명옥 옮김, 『에픽테토스의 '잠언집'』, 까치글방, 1999.
김재홍, 「해제 – 헬레니즘 시기의 철학과 에픽테토스의 스토아 윤리학」, 에픽테토스 저, 김재홍 옮김, 『엥케이리디온 – 도덕에 관한 작은 책』, 까치글방, 2005.

김상근, 「스토아 철학과 明末 불교의 혼동 – 에픽테토스의 『엥케이리디온』을 『二十五言』으로 번역했던 예수회 선교사 마테오 리치의 선교 방식에 대한 의미론적 고찰」, 『선교

신학』 35, 한국기독교학회 선교신학회, 2014.

김선희, 『중세 기독교적 세계관의 유교적 변용에 관한 연구』, 이화여대 박사학위논문, 2008.


김재홍, 「상식의 철학자 에픽테토스와 스토아 윤리학」, 『서양고전학연구』 17, 한국서양고전
　　　학회, 2001.

김재홍, 「에픽테토스 『담화록』」, 서울대학교 철학사상연구소, 2006.

김혜경, 『예수회의 적응주의 선교 – 역사와 의미』, 서강대학교출판부, 2012.

송영배, 『동서 철학의 교섭과 동서양 사유 방식의 차이』, 논형, 2004.

신경수, 「에픽테토스의 도덕론에 대한 파스칼의 수용」, 『철학논총』 83, 새한철학회, 2016.

오지석, 「조선후기 지식인 사회의 서학 윤리사상 수용과 이해」, 숭실대학교 박사학위논문,
　　　2010.

오지석, 「동서 기독교윤리학의 가교로서의 서학윤리사상」, 『기독교사회윤리』, 21, 한국기독
　　　교사회윤리학회, 2011.

이창우, 「관조(觀照)와 복된 삶 –고대 스토아 윤리학의 신학적 기초」, 『서양고전학연구』, 한
　　　국서양고전학회, 2006.

이창우, 「「왕보다 자유로운 노예의 삶은 어떻게 가능한가? – 에픽테토스, 『엥케이리디온: 도
　　　덕에 관한 작은 책』, 김재홍 옮김, 까치, 2003」, 『인간연구』 5, 서강대학교 인간학
　　　연구소, 2003.

히라키와 스케히로, 노영희 옮김, 『마테오 리치 – 동서문명교류의 인문학 서사시』, 동아시아,
　　　2002.

# ▌『고백록』의 한국적 독해 – G. Engel(왕길지)의 해석을 중심으로 ▌

김진호 외, 『사회적 영성』, 현암사, 2014.

문시영, 「제자도에 근거한 사회적 영성의 모색 –하우어워스를 중심으로」, 『선교와 신학』
　　　50, 장로회신학대학교 세계선교연구원, 2020.

문시영, 「규칙서에 나타난 아우구스티누스의 내적 윤리」, 『남서울대학교 논문집』 22, 남서
　　　울대학교, 2018.

문시영, 「현자에서 제자로 – 아우구스티누스와 윤리 메타모포시스」, 『한국기독교문화연구』 12, 숭실대학교 한국기독교문화연구원, 2019.

변종찬, 「아우구스티누스의 규칙서에 나타난 복음적 권고」, 『사목연구』 19, 가톨릭대학교 사목연구소, 2007.

손병석, 「무정념 – 현인에 이르는 스토아적 이상과 현실」, 『철학연구』 80, 대한철학회, 2008.

왕길지, 「聖어구스듸노」, 『신학지남』 1, 신학지남사, 1918.

이덕주, 「엥겔(G. Engel)의 선교사역과 신학사상」, 『한국기독교와 역사』 32, 한국기독교역사연구소, 2010.

이상규, 『왕길지(Gelson Engel)의 한국선교』, 숭실대학교 한국기독교문화연구원, 2017.

이정석, 「한국교회의 성화론」, 『개신논집』 2, 개신대학원대학교, 1995.

정준영, 「근대 한국사회에서 서양중세철학의 수용과 번역의 문제」, 『시대와 철학』 30, 한국철학사상연구회, 2003.

한명근 외, 『한국기독교박물관 자료를 통해 본 근대의 수용과 변용』, 도서출판 선인, 2019.

Aurelius Augustinus, *Confessiones*, 선한용 옮김, 『고백록』, 대한기독교서회, 2019.

Arendt, Hannah, 서유경 옮김, *Love and St. Augustine*, edited and with an interpretive essay by Joanna Vecchiarelli and Scott Judith Chelius Stark, 『사랑 개념과 성 아우구스티누스』, 텍스트, 2013.

Boersma, Hans, 윤성현 옮김, *Violence, Hospitality, and the Cross*, 『십자가, 폭력인가 환대인가』, CLC, 2014.

Brown, Peter, 정기문 옮김, *Augustine of Hippo*, 『아우구스티누스』, 새물결, 2012.

Fitzgerald, Allan D. ed., *Augustine through the Ages, Grand Rapids*, MI: William B. Eerdmans Publishing Co., 1999.

Hauerwas, Stanley, Burrell, David, & Bondi, Richard, eds., *Truthfulness and Tragedy: Further Investigations into Christian Ethics, Notre Dame*, IN: University of Notre Dame Press, 1977.

Harvey, John, H., 문시영 옮김, *Moral theology of the confessions of Saint Augustin*, 『고백록 윤리를 말하다』, 북코리아, 2011.

Jesuit Centre for Faith and Justice, eds., *Windows on Social Spirituality*, Dublin,

Ireland: Columba Press, 2003.

Jipp, Joshua W., 송일 옮김, *Saved by Faith and Hospitality*, 『환대와 구원 혐오 – 배제, 탐욕, 공포를 넘어 사랑의 종교로 나아가기』, 새물결플러스, 2019.

Kent, Bonnie, "Augustine's ethics", in eds. Eleonore Stump and Norman Kretzmann, *The Cambridge Companion to Augustine,* Cambridge: Cambridge University Press, 2001.

O'Donnell, James J., *Augustine: Confessiones*, Oxford: Oxford University Press, 2012.

Stump, Eleonore and Kretzmann, Norman, *The Cambridge Companion to Augustine*, Cambridge: Cambridge University Press, 2001.

Wetzel, James, *Augustine and the Limits of Virtue*, Cambridge: Cambridge University Press, 1992.

Zumkeller, Adolar, 이형우 옮김, *Augustine's rule: a commentary*, 『아우구스티누스 규칙서』, 분도출판사, 2006.

전영준, 「아우구스티누스의 영성」, 『가톨릭평화신문』, 2017.4.30.

박명림, 「사회적 영성, 내면 윤리의 사회적 구성」, 『복음과 상황』 315
    *http://www.goscon.co.kr/news/articleView.html?idxno=29838(2019.12.9.접속)


# ▎전통적 덕목으로서의 관용과 시민적 덕목으로서의 관용 ▎

교육과학기술부, 『초등학교 교사용 지도서 도덕 6』, 지학사, 2011.

교육부, 『도덕 4 교사용 지도서』, 천재교육, 2014.

교육인적자원부, 『초등학교 교사용 지도서 도덕 6』, 대한교과서주식회사, 2002.

김용환, 『관용과 열린 사회』, 철학과 현실사, 1997.

노명식, 『자유주의의 원리와 역사 – 그 비판적 연구』, 민음사, 1991.

목영해, 「관용의 교육에 대한 연구」, 『교육철학』 18, 한국교육학회 교육철학연구회, 1997.

변순용, 「다문화 사회 및 글로벌 시대에 요구되는 도덕교육의 핵심덕목으로서의 관용에 대한 연구」, 『도덕윤리과교육』 31, 한국도덕윤리과교육학회, 2010.

이근식, 「자유주의와 한국사회」, 이근식 · 황경식 편, 『자유주의란 무엇인가』, 삼성경제연구소, 2001.

이선열, 「타자대우의 두 원칙: 관용과 서(恕)」, 『율곡사상연구』 24, 율곡학회, 2012.

조기제, 「초등교육에서의 관용교육」, 『초등도덕교육』 13, 한국초등도덕교육학회, 2003.

채인선, 『아름다운 가치 사전』, 한울림어린이, 2005.

추병완, 「다문화적 시민성 함양을 위한 도덕과 교육방안」, 『초등도덕교육』 27, 한국초등도
　　　덕교육학회, 2008.

하승우, 『희망의 사회 윤리 똘레랑스』, 책세상, 2003.

홍세화, 『나는 빠리의 택시 운전사』, 창작과 비평사, 1995.

Brown, Wendy, 이승철 옮김, *Regulating Aversion: Tolerance in the Age of Identity and Empire*(2006) 『관용: 다문화제국의 새로운 통치전략』, 갈무리, 2010.

Chua, Amy, 이순희 옮김, *Day of Empire*(2007), 『제국의 미래』, 비아북, 2008.

King, Preston, *Toleration*, George Allen Unwin, 1976.

Locke. John. 공진성 옮김, *Epistola de Tolerantia*(1689), 『관용에 관한 편지』, 책세상, 2008.

Marcuse, Herbert, "Repressive Tolerance", R. P. Wolff(ed.), *A Critique of Pure Tolerance*, Beacon Press, 1965.

Sassier, Philippe, 홍세화 옮김, *Pourquoi la tolérance*(1999), 『왜 똘레랑스인가』, 상형문자, 2000.

Sassier, Philippe, 홍세화 옮김, *Pourquoi la tolérance*(1999), 『민주주의의 무기, 똘레랑스』, 이상북스, 2010.

Vogt, W. Paul, *Tolerance and Education: Learning to Live with Diversity and Difference*, Sage Publications, 1997.

Voltaire, 송기형 외 옮김, *Traité sur la tolérance*(1763), 『관용론』, 한길사, 2001.

Walzer, Michael, 송재우 옮김, *On Toleration*(1997), 『관용에 대하여』, 미토, 2004.

Willem van Loon, Hendrick, 김희숙·정보라 옮김, *Tolerance*(1940), 『똘레랑스』, 길, 2000.

Willem van Loon, Hendrick, 이혜정 옮김, *Tolerance*(1940), 『관용』, 서해문집, 2005.

# ▌현대 사회에서 동도서기론(東道西器論)을 어떻게 볼 것인가 ▌

『雲養集』, 연세대학교 국학연구원, 2013.

구희진, 「한말 근대개혁의 추진과 格物致知 인식의 변화」, 『역사교육』 114, 2010.

권오영, 「東道西器論의 構造와 그 展開」, 『한국사시민강좌』 7, 일조각, 1990.

김문용, 「동도서기론은 아직도 유효할까」, 『가치청바지-동서양의 가치는 화해할 수 있을까』, 웅진지식하우스, 2007.

김상환, 「테크놀러지 시대의 東道西器論」, 『철학사상』 16, 서울대학교 철학사상연구소, 2003.

김성배, 「갑오개혁기 조선의 국가·자주 개념의 변화」, 『아시아리뷰』 4:2, 서울대학교 아시아연구소, 2015.

김성배, 「19세기 조선의 유교와 근대국제정치-운양 김윤식의 경우」, 『국제정치논총』 47:2, 한국국제정치학회, 2007.

김용태, 「애국계몽기 雲養 金允植의 사상과 활동」, 『漢文學報』 22, 우리한문학회, 2010.

노대환, 『동도서기론 형성 과정 연구』, 일지사, 2005.

노대환, 「19세기 후반 申箕善의 현실 인식과 사상적 변화」, 『동국사학』 53, 동국사학회, 2012.

박병주, 「갑신정변과 갑오경장 시기의 사대와 독립의 의미」, 『한국학연구』 34, 인하대학교 한국학연구소, 2010.

박정심, 「自强期 新舊學論의 '舊學(儒學)' 인식에 관한 연구」, 『동양철학연구』 66, 동양철학연구회, 2011.

배항섭, 「동도서기론의 구조와 전개양상」, 『사림(史林)』 42, 수선사학회, 2012.

백승철, 「운양 김윤식의 국제 정세인식과 외교론」, 『열상고전연구』 42, 열상고전연구회, 2014.

양현혜 「김교신의 '조선산 기독교'론과 우치무라 간조」, 『한국 근대지식인의 민족적 자아형성』, 소화, 2004.

이지양, 「근대 전환기 운양 김윤식의 활동과 『운양집』 해제」, 『운양집』, 연세대학교 국학연구원, 2013.

이지양, 「김윤식의 동도서기론과 개화론」, 『열상고전연구』 42, 열상고전연구회, 2014.

이행훈, 『학문의 고고학』, 소명출판, 2016.

임경석, 「운양 김윤식의 죽음을 하는 두개의 시각」, 『역사와 현실』 57, 한국역사연구회, 2005.

장영숙, 「동도서기론의 연구동향과 과제」, 『역사와 현실』 50, 한국역사연구회, 2003.

장영숙, 「동도서기론의 정치적 역할과 변화」, 『역사와 현실』, 한국역사연구회, 2006.

정수일, 『고대문명교류사』, 사계절, 2002.

짱롱시, 『도와 로고스』, 강, 1997.

J.J. 클라크, 『동양은 어떻게 서양을 계몽했는가』, 우물이 있는 집, 2004.

폴 리쾨르, 『해석이론』, 서광사, 2016.

## ▌최한기의 지구 지식은 어떤 문명론적 상상을 낳았는가 ▌

서계여(徐繼畬), 『영환지략(瀛環志略)』.

안정복(安鼎福), 『잡동산이(雜同散異)』.

위원(魏源), 『해국도지(海國圖志)』.

이규경(李圭景), 『오주연문장전산고(五洲衍文長箋散稿)』.

장우인(蔣友仁), 『지구도설(地球圖說)』.

최한기(崔漢綺), 『명남루전서(明南樓全集)』.

김영식, 『중국과 조선, 그리고 중화』, 아카넷, 2018.

김용구, 『만국공법』, 도서출판 소화, 2008.

쩌우전환, 한지은 옮김, 『지리학의 창으로 보는 중국의 근대』, 푸른역사, 2013.

파멜라 카일 크로슬리, 『글로벌 히스토리란 무엇인가?』, 휴머니스트, 2010.

김선희, 「19세기 지식장의 변동과 문명의식」, 『한국사상사학』 49, 한국사상사학회, 2015.

문중량, 「최한기의 기론적 서양과학 읽기와 기륜설」, 『대동문화연구』 43, 성균관대학교 대동문화연구원, 2003.

오상학, 『조선시대 세계지도와 세계인식』, 창비, 2011.

오영섭, 「개항 후 만국공법 인식의 추이」, 『동방학지』 124, 연세대학교 국학연구원, 2004.

이행훈, 「최한기의 기화적 문명관」, 『한국사상사학』 22, 한국사상사학회, 2004.

## ❙ 예수회 세계지도와 조선의 지적 변용 ❙

『湛軒書』
『東槎日記』
『遯窩西學辨』
『西浦漫筆』
『星湖僿說』
『星湖全集』
『順菴先生文集』
『芝峯類說』
『莊子』
『朱子語類』
『天學初函』

경기문화재단 실학박물관 편, 『마테오 리치의 곤여만국전도와 조선후기의 세계관』, 경인문
　　　　화사, 2013.
구만옥, 『朝鮮後期 科學 思想史 研究』Ⅰ, 혜안, 2004.
류강, 이재훈 옮김, 『고지도의 비밀』, 글항아리, 2010.
문중양, 『조선후기 과학사상사』, 들녘, 2016.
박성순, 『조선유학과 서양과학의 만남』, 고즈윈, 2005.
안상현, 「신구법천문도 병풍의 제작 시기」, 『고궁문화』 6, 국립고궁박물관, 2013.
앤서니 그래프턴, 서성철 옮김, 『신대륙과 케케묵은 텍스트들』, 일빛, 2000.
야마다 케이지, 김석근 옮김, 『주자의 자연학』, 통나무, 1991.
오상학, 『조선시대 세계 지도와 세계인식』, 창비, 2011.
오상학, 『천하도: 조선의 코스모그래피』, 문학동네, 2015.
정기준, 『고지도의 우주관과 제도원리의 비교 연구』, 경인문화사, 2013.
홍길주, 박무영 외 옮김, 『표롱을첨』, 태학사, 2006.
Natasha Reichle, ed. *China at the Center: Ricci and Verbiest World Maps,* San
　　　　Francisco: Asian Art Museum, 2016.

김봉곤, 「『寰瀛誌(환영지)』를 통해 본 存齋 魏伯珪의 역사지리인식」, 『역사와실학』 16, 역사실학회, 2016.

김선희, 「조선 후기 유서(類書)와 서학(西學) – 『성호사설』과 『오주연문장전산고』를 중심으로」, 『민족문화연구』 83, 고려대학교 민족문화연구원, 2019.

안상현, 『기하원본(幾何原本)』의 조선전래와 그 영향 – 천문학자 김영(金泳)의 사례」, 『문헌과 해석』 60, 2012.

양보경, 「조선 후기 서구식 지도의 수용과 『회입곤여만국전도』」, 『문화역사지리』 24:2, 한국문화역사지리학회, 2012.

양보경, 「『회입 곤여만국전도』와 조선후기의 서구식 지도」, 『마테오 리치의 곤여만국전도와 조선 후기의 세계관』, 경인문화사, 2013.

문중양, 「조선 후기 서양 천문도의 전래와 신 고법천문도의 절충」, 『한국과학사학회지』 26:1, 한국과학사학회, 2004.

박권수, 「서명응 (1716-1787) 의 역학적 천문관」, 『한국과학사학회지』 20:1, 한국과학사학회, 1998.

배우성, 「서구식 세계 지도의 조선적 해석, 〈천하도〉」, 『한국과학사학회지』 22:1, 한국과학사학회, 2000.

배우성, 「『환영지』가 구상한 세계」, 『조선과 중화』, 돌베개, 2014.

오상학, 「조선후기 세계 지리지에 대한 시론적 고찰」, 『규장각』 43, 서울대학교 규장각 한국학연구원, 2013.

이은희, 남문현, 「"박연혼천도" 소고」, 『한국과학사학회지』 22:1, 한국과학사학회, 2000.

전용훈, 「서양 성도를 통해 본 조선시대 「천문도」의 특징」, 『동국사학』 64, 동국사학회, 2018.

海野一隆, 「李朝朝鮮における地圖と道敎」, 『東方宗敎』 57, 1981.

# ▌'강완숙의 죽음'이 가진 종교적이고 여성사적 의미는 무엇인가 ▌

『周易』

『詩經』

『朝鮮王朝實錄』

『日省錄』

『漢書』

朱熹, 『論語集註』

鄭道傳, 『三峰集』, 규장각본.

劉向, 『古今列女傳評林』, 上海古籍出版社, 1994.

李圭景, 『五洲衍文長箋散稿』, 민족문화추진회. 1977.

洪奭周, 『訂老』, 『淵泉全書』, 민족문화추진회, 1984.

朴趾源, 『燕巖集』 2, 煙湘閣選本(朴榮喆活字本), 1932.

利瑪竇(마테오리치), 『天主實義』, 上海土山灣印書館, 1920.

黃嗣永, 「帛書와 異本」, 국학자료원, 2003.


윤민구, 『초기 한국천주교회사의 쟁점 연구－성교요지·십계명가·만천유고·이벽 전·유한당 언행실록은 사기다』, 국학자료원, 2014.

서종태, 「윤민구(국학자료원, 2014)의 초기 한국천주교회사의 쟁점 연구」, 『교회사연구』 46, 한국교회사연구소, 2015.

안지숙, 「조선후기의 천주교여성 활동과 여성관의 발전」, 이화여대 교육대학원석사학위논문, 1980.

송혜영, 「초기 천주교와 강완숙의 활동연구」, 성신여자대학원석사학위논문, 1998.

박 주, 「조선 후기 순조대의 왕실여성과 천주교」, 『여성과 역사』 8, 한국여성사학회, 2008.

이현아, 「18세기 조선 천주교 여성신자의 의식변화」, 중앙대교육대학원 석사학위논문, 2005.

이연수, 「새 하늘 새 땅을 꿈 꾼 여성, 강완숙 골롬바」, 『갈라진 시대의 기쁜 소식』 1058, 우리신학연구소, 2014.

김옥희, 「강완숙－시대의 한계 극복하고 가톨릭 포교에 몸바친 여성 혁명가」, 『광장』 160, 세계평화교수협의회, 1986.

샤를달레(Charles Dallet), 최석우 옮김, 『한국교회사의 탐구』, 한국교회사연구소, 1954.

샤를달레(Charles Dallet), 정기수 옮김, 『조선교회사 서론』, 탐구당, 2015(초판: 1966).

이숙인, 「조선초기 유학의 여성인식」, 『정신문화연구』 31, 한국학중앙연구원, 2008.

이숙인, 「조선시대 여성 지식인의 성격과 그 구성원리 – 임윤지당과 강정일당을 중심으로」, 『동양철학』 23, 한국동양철학회, 2005.
김정숙, 「조선후기 서학수용과 여성관의 변화」, 『한국사상사학』 20, 한국사상사학회, 2003.

## ▌유교 제사 음식의 메타모포시스 ▌

『삼국사기』
『삼국유사』
『朱子家禮』
『爾雅翼』
『小學』「선행(善行)」
『경국대전』
『國朝五禮儀序例』序例_吉禮
『세종실록』「五禮 / 吉禮序例 / 時日」
『세종실록』「지리지」
『광해군일기』 [정초본]
『언문후생록』
『퇴계집』 39 「답정도가문목(答鄭道可問目)」
『갈암집』 9 「답채문수헌징(答蔡文叟獻徵)」
李瀷, 『星湖僿說』 4
鏡湖 李宜朝, 『家禮增解』
安玌, 『가례부췌』
『경도잡지』
『동국세시기』

김미영, 「조상제사를 둘러싼 이론과 실제」, 『지방사와 지방문화』 9:1, 역사문화학회, 2006.
김 언, 「학봉 선생의 예학」, 『퇴계 문하 6철의 삶과 사상』, 예문서원, 1999.

김  언, 『페르낭 브로델: 지중해·물질문명과 자본주의』, 살림, 2006.

레비스트로스, 임봉길 옮김, 『신화학Ⅰ: 날 것과 익힌 것』, 한길사, 2005[1969].

박종천, 「『계암일록』에 나타난 17세기 예안현 사족들의 의례생활」, 『국학연구』 24, 국학연구소, 2014.

배영동, 「안동지역 일상음식과 제사음식의 비교」, 『민속연구』 9, 안동대학교 민속학연구소, 1999.

이경묵, 「물건의 힘과 작동-망(work-net)의 상상력 – 행위소로서의 인간비인간행위자에 대한 소고」, 『비교문화연구』 22(1), 서울대학교 비교문화연구소, 2016.

이해준, 『조선후기 문중서원 연구』, 경인문화사, 2008.

이현지, 「학봉 김성일의 예학과 『상례고증』」, 『역사문화논총』 4, 역사문화연구소, 2008.

장지연, 황재문 옮김, 『만물사물기원역사』, 한겨레출판, 1909[2014].

정승모, 『조선후기 지역사회구조 연구』, 민속원, 2010a.

# 논문출처

- 〈동양에 전해진 서양고전(Classic)의 변용 – 에픽테토스의 『엥케이리디온』의 번안과 번역〉

  오지석, 한국기독교사회윤리학회, 「마테오 리치와 에픽테토스의 '엥케이리디온'–동서 윤리학의 만남의 자리」, 『기독교사회윤리』, 2016.8.

- 『고백록』의 한국적 독해–G. Engel(왕길지)의 해석을 중심으로

  문시영, 「G. Engel의 "聖어구스딕노"에 나타난 『고백록』의 한국적 읽기」, 『한국기독교사회윤리학회』 47, 2020.

- 전통적 덕목으로서의 관용과 시민적 덕목으로서의 관용

  차미란, 「도덕교육의 내용으로서의 '관용'」, 『도덕윤리과교육』 45, 2014.

- 현대 사회에서 동도서기론(東道西器論)을 어떻게 볼 것인가?

  심의용, 「동도서기론의 변용에 대한 연구 - 운양 김윤식을 중심으로」, 『인문사회 21』 10, 2019.

- 최한기의 지구 지식은 어떤 문명론적 상상을 낳았는가?

  숭실대학교 HK+사업단 2018년 학술대회 발표논문.

- 예수회 세계지도와 조선의 지적 변용

  김선희, 「조선 후기 지적 승인의 이념과 그 변용 - 예수회의 세계 지도와 지리학 도입을 중심으로」, 『유교사상문화연구』 77, 한국유교학회, 2019.

- '강완숙의 죽음'이 가진 종교적이고 여성사적 의미는 무엇인가

  김윤경, 「'강완숙의 죽음'을 통한 여성·천주교 담론 변화」, 『열상고전연구』 69, 2019.10.

- 유교 제사 음식의 메타모포시스

  숭실대학교 HK+사업단 제10회 콜로키움 발표 논문

# 찾아보기

# 필자소개

**┃오지석**

숭실대학교 철학박사

숭실대학교 한국기독교문화연구원 조교수(HK교수), 한국기독교사회윤리학회장

『서양 기독교윤리의 주체적 수용과 변용: 갈등과 비판을 넘어서』,

『가치가 이끄는 삶』(공저)

『인간을 이해하는 아홉가지 단어』(공저)

『한국기독교박물관 자료를 통해 본 근대의 수용과 변용』(공저)

『개화기 조선 선교사의 삶』(해제)

**┃문시영**

숭실대학교 철학박사(윤리학)

장로회신학대학원

시카고대학, 에모리대학 visiting scholar

한국기독교사회윤리학회장

한국기독교학회 연구윤리위원장

국가생명윤리위원회 전문위원 등 역임.

현재 남서울대학교 교수/교목실장

## ▌차미란

서울대학교 교육학과 졸업

서울대학교 교육학 박사

현재 춘천교육대학교 교수

인디애나대학교 연구교수(visiting scholar)

서울대학교 객원교수

한국도덕교육학회장, 한국초등도덕교육학회 편집위원 등 역임

『오우크쇼트의 교육이론』, 『교육과 지식』(공저), 『예비교사를 위한 인성 · 도덕교육』(공저), 『경험과 이해의 성장』(공역)


## ▌심의용

숭실대학교 철학박사

고전번역연수원 연수과정 수료

충북대학교 인문연구원

국사편찬위원회 『비변사등록』 번역 프로젝트 참여

성신여자대학교 연구교수

현재 숭실대학교 HK+연구교수

『마흔의 단어들』, 『서사적 상상력으로 주역을 읽다』, 『주역, 마음속에 마르지 않는 우물을 파라』, 『주역과 운명』, 『귀곡자 교양강의』, 『세상과 소통하는 힘』, 『주역』, 『인역(人易)』, 『중국 지식인들과 정체성』, 『케임브리지 중국철학 입문』, 『장자 교양강의』, 『주역절중』(공역), 『성리대전』(공역), 『근대 사상의 수용과 변용 I』(공저), 『천문략례』(해제)

**▌김문용**

고려대학교 철학박사

호서대학교 겸임교수

한양대학교 연구교수

현재 고려대학교 HK교수

『홍대용 사상과 18세기 실학』, 『조선후기 자연학의 동향』, 『19세기 한 실학자의 발견-사상사의 이단아, 백운 심대윤』(공저)


**▌김선희**

이화여자대학교 철학박사

이화여자대학교 이화인문과학원 HK연구교수

서울대학교 규장각한국학연구원 HK연구교수

현재 이화여자대학교 철학과 교수

『마테오 리치와 주희 그리고 정약용』, 『서학, 조선 유학이 만난 낯선 거울』, 『實實, 세계를 만들다: 실천을 둘러싼 철학 논쟁들』등의 저서가 있고 『하빈 신후담의 돈와서학변』등의 역서가 있다.

## ▎김윤경

성균관대학교 철학박사

원광대 마음인문학연구소 박사후연구원

성균관대학교 초빙교수

국민대, 덕성여대, 원광대 등 강사

런던대학교 SOAS대학 박사후연구원

현재 인천대학교 윤리교육학과 교수

「조선후기 민간도교의 발현과 전개」, 「모리스꾸랑의 『한국서지』에 수록된 도교경전 연구」, 「북한의 권력세습과 유교의 성군신화」, 「Aspects of Korean FolkDaoism」, 『초원담노-양명학자 이충익의 노자 읽기』, 『한국도교사』


## ▎심일종

서울대학교 인류학 박사

서울대학교 인문학연구원 객원연구원

붓다아카데미 연구이사

현재 서울과학기술대학교 강의교수

「유교 제례의 구조와 조상관념의 의미재현 - 제수와 진설의 지역적 비교를 중심으로」, 「조선전기 국행수륙재 찬품연구 - 의례음식의 맥락론적 접근」, 「한국 유교종족의례의 특징과 의미 - 시제의 '순례화'와 '조상종교론'을 중심으로」